KB201810

가족 제도의 새로운
의미를 찾아서

비블로스성경인문학시리즈 5

가족 제도의 새로운 의미를 찾아서

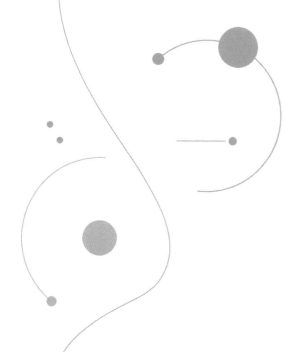

▶ ▶ ▶ ▷

▶ ▷

고재백, 김미화, 김민정, 김순영, 박유미, 안주봉, 오민수, 조내연 지음

박성철 책임편집

한국학술정보

고재백 박사

총신대학교를 졸업(B.A.)한 후 서울대학교 대학원 서양사학과에서 문학석사
(M.A.) 학위를 취득했고 동 대학원 박사과정을 수료했다. 독일 지겐 대학교
에서 역사학(전공)과 기독교 역사(부전공)를 연구하여 철학박사(Dr.Phil.) 학위
를 취득했다. 현재 국민대학교 교양대학에 조교수로 재직하면서 서울대학교
에서 강사로 강의하고 기독인문학연구원의 공동대표로 활동하고 있다. 저서
로『꿈은 소멸하지 않는다. 스파르타쿠스에서 아옌데까지 다시 보는 세계의
혁명가들』(2007, 공저),『크리스트교, 유럽의 중세를 지배하다』(2010),『서양사
강좌』(2022, 공저),『기후 위기 시대의 도전과 교회의 응답』(2022, 공저),『용서
와 화해 그리고 치유』(2023, 공저) 등이 있다.

김미화 박사

총신대학교 신학과와 신학대학원을 졸업한 후 신약성서에 관심을 두고 총신
대학교 일반대학원에서 신약학으로 신학석사(Th.M.)와「성경을 존중하는 알
레고리를 향하여: 사라-하갈 알레고리 해석연구」로 신약학 철학박사(Ph.D.)
학위를 받았다. 현재는 비블로스성경인문학연구소 연구위원으로 성경 해석
학 분야와 성경이 말하고 있는 여성에 대해 관심을 두고 연구하고 있다.

김민정 박사

건국대학교 히브리학과를 졸업한 후 구약성서에 대한 학문적 관심을 두기 시

작했고 성공회대학교 일반대학원에서 구약학으로 박사학위(Ph.D.)를 받았다. 현재 성공회대학교 신학연구원에서 연구교수로 재직 중이다. 저서로는『해설 이 있는 시편 읽기』(2019),『히브리어 기초』(2020),『출애굽의 여선지자 미리암과 이스라엘의 종교권력』(2020), 공저로『현대사회와 그리스도인의 경제윤리』(2023)가 있다. 인간과 사회에 대한 신학과 인문학의 대화에 관심을 두고 연구하고 있다.

김순영 박사

삶의 상황성과 일상을 신학의 자료로 삼는 구약성서 연구자다. 구약의 지혜문학과 영성, 여성, 생태 분야와의 융합적인 해석이 주된 관심사다. 백석대학교에서 전도서에 대한 모호성 연구로 박사학위를 받은 후 백석대학교 신학대학원과 평생 교육원, 안양대학교 신학대학원에서 구약학 강사로, 서울한영대학교 구약학 초빙교수로 일했고, 현재는 캘리포니아 프레스티지 대학교(전 미주장로회신학대학교) 구약학 강의 교수로 재직 중이다. 주요 저서로『어찌하여 그 여자와 이야기하십니까』,『일상의 신학 전도서』, 공저로『성서, 생태위기에 답하다』,『현대사회와 그리스도인의 경제 윤리』,『연대하는 여성신학』, 역서로『IVP 성경주석』(공역),『구약의 율법, 어떻게 해석할 것인가?』,『성서비평 방법론과 그 적용』(공역) 등이 있다.

박유미 박사

이화여자대학교를 졸업하고 총신대학교 신학대학원을 거쳐 총신대학교 일반대학원에서 박사학위(Ph.D.)를 받았다. 총신대학교에서 강의하였고 현재 안양대학교 구약학 겸임교수와 비블로스성경인문학연구소 소장으로 있다. 저서로는『이스라엘의 어머니 드보라』(2007),『내러티브로 읽는 사사기』(2018),

『오늘 다시 읽는 구약 여성』(2022)이 있고, 공저로는『혐오를 부르는 이름, 차별』(2020),『이런 악한 일을 내게 하지 말라』(2020),『샬롬 페미니즘입니다』(2021),『너는 주의 완전한 딸이라』(2024)가 있다. 구약과 여성과 생태에 관심을 가지고 연구하고 있다.

안주봉 박사

총신대학교 역사교육과를 졸업하고 고려대학교 사학과에서 박사학위를 받았다. 청교도 혁명 시대와 존 번연(John Bunyan)을 연구하였으며. 경희대학교, 고려대학교, 상명대학교, 순천향대학교, 총신대학교 등에서 강사, 안양대학교 겸임교수, 웨스트민스터신학대학원대학교 연구교수 등을 역임하였다. 홍치모 교수와의 공역서『영국혁명1640』(1998)이 있다. 현재 비블로스 성경인문학연구소 연구위원이다.

오민수 박사

총신대학교 신학과와 신학대학원을 졸업한 후, 독일 킬(Kiel) 대학교에서 「전도서, 잠언의 지혜전개 구문 비교」로 신학박사(Dr.Theol.) 학위(2014)를 취득하였다. 함부르크에서 5년간 담임목회자로 봉직 후, 불변의 소명에 따라 귀국하여 대신대학교와 총신대학교에서 '사본학', '히브리어', '오경', '예언서', '역사서', '지혜서', '시가서', '주경 신학', '구약 윤리', '쿰란과 묵시 문학'을 가르쳤다. 또한 기독교 대학(경민대학교, 한국국제대학교)에서 '창의 인성'과 '기독교의 이해'를 교수하였으며, 현재는 대신대학교 구약학 조교수로 봉직 중이다. 역서로는『세상에서의 삶: 윤리』(2019)와『꾸밈없는 사람들』(2021),『성경과 몸의 상징학』(2023),『간추린 고대 이스라엘 역사』(2024), 저서로는『지고, 지선, 지미』(2021),『고대근동 고대시대와 이스라엘의 역사』(2022),『전도서 연구』(2023)가 있다.

조내연 박사

한동대학교 상담심리사회복지학부를 졸업한 뒤, 서울신학대학교 신학대학원에서 목회학석사(M.Div.) 학위를 취득하였으며, 미국 버클리연합신학대학원에서 문학석사(M.A.) 학위를, 클레어몬트신학대학원에서 이사야서를 주제로 철학박사(Ph.D.) 학위를 받았다. 현재 명지대학교 방목기초교육대학에서 특임교수 및 교목으로 재직 중이며, 강서대학교 신학과에서 강사로 강의하고 있다.

| 책임편집 소개 |

박성철 박사

총신대학교 신학과와 신학대학원을 졸업한 후, 경희대학교 NGO대학원에서 시민사회학으로 석사학위를 받았고 독일 본(Bonn) 대학교에서 신학석사(Mag.Theol.) 학위와 정치신학연구로 철학박사(Dr.Phil.) 학위를 받았다. 총신대학교 신학대학원 강사와 횃불트리니티신학대학원대학교 초빙교수를 역임했으며, 현재 경희대학교 공공대학원 객원교수, 하나세정치신학연구소 대표로 재직하고 있다. 저서로『종교중독과 기독교 파시즘』(2020)과 공저로『칭의와 정의』(2017),『성폭력, 성경, 한국교회』(2019),『혐오를 부르는 이름, 차별』(2020),『생태 위기와 기독교』(2021) 등이 있다. 현대신학과 정치신학 그리고 성서 해석학을 중점적으로 연구하고 있다.

▶▶ 서문

　본서는 2024년 한 해 동안 비블로스성경인문학연구소의 연구위원들이 진행하였던 세미나 〈기독교와 가족 제도〉의 결과물이다. 필자들은 세미나를 시작하면서 전통적인 가족 이데올로기에 대한 집착으로 급변하는 현대 가족 제도의 현실을 제대로 파악하지 못하고 있는 한국 사회의 모순에 집중하였고 이러한 현실 인식은 현재의 변화를 정면으로 거부한 채 기존의 가족 제도로 담아낼 수 없는 새로운 가족 양식에 대한 차별과 혐오를 종교적으로 정당화하는 한국 교회의 잘못에 대한 비판으로 이어졌다. 그러므로 본서는 현재 진행형인 모순과 문제를 해결하기 위해 현대사회에서 가족 제도의 새로운 의미를 구성할 수 있는 이론적 기초를 다루고 있으며, 역사적 접근뿐 아니라 성서적 접근을 통해 가족 제도의 새로운 의미를 살펴보고 있다. 이러한 시도는 연구 과정에서 결국 단편적인 접근으로는 가족 제도에 대한 왜곡된 사회적 인식을 바로잡을 수 없다는 생각을 필자들이 공유했기에 가능한 것이었다.

　사실 과거 일상적으로 사용하던 '가족' 혹은 '가족 제도'는 특정한 역사적 상황 속에서 형성된 개념일 뿐 결코 불변하는 절대 개념이 아니다. 이는 단지 20세기 한국 사회의 급격한 변화 속에서 형성된 역사적 산물이었지만, 한국 사회에서 기존의 가족 제도를 한계 개념으로 바라보기 시작한 지는 얼마 되지 않았다. 그 이유는 기존 가족 제도에 대한 정당화의 논리가 단순히 개인적인 도덕규범뿐 아니라 왜곡된 사회체제를 유지하는 이데올로기로서 작동하였기 때문이다. 하지만 이러한 현실은 인습적 한계에서 발생하는 사회적 모순을 정당화함으로써 한국 사회의 발전에 걸림돌이 되고 있다. 그러므로 과거 한국 사회의 발전을 이끌었던 기성세대와 특권층이 기존의 가족 이데올로기를 절대화하려는 시도는 결국 기득권을 유지하려는 욕망의 발현일 뿐이다. 안타깝게도 이러한 모순된 현실을 유지하는 데 한국의 근본주의 교회와 극우 기독교는 큰 역할을 감당하고 있다. 본서에서 '가족 제도의 새로운 의미'를 찾기 위해 기독교적 가치 체계와의 연관성 속에서 가족 제도에 대한 비판과 재구성에 많은 공을 들이고 있는 이유가 바로 여기에 있다.

물론 우리의 시도가 현실의 문제를 단번에 해결할 수 있다고 생각하지는 않는다. 근대 사회의 등장 이후 진행된 신앙의 사사화(私事化)를 전면적으로 부정하거나 무시한 채 교회의 파수꾼으로서의 사명이나 공적 영역에서 그리스도인의 역할만을 강조한다면 그것은 오히려 현실을 왜곡되게 바라보는 것이다. 하지만 전 세계적으로 기세를 올리고 있는 극우 기독교 세력의 부정적인 영향력은 가족 제도와 관련된 다양한 사회적 갈등을 양산할 뿐 아니라 기독교 가치 체계를 심각하게 왜곡하고 있다. 그렇기에 필자들은 우리의 시도가 문제 해결의 전부는 아니라 할지라도 그 첫걸음으로서 가치 있는 시도라 확신하고 있다. 물론 그 노력의 결과가 성공적이었느냐는 본서의 저자나 편집자가 아닌 독자들에 의해 평가될 것이다.

형식적인 측면에서 본서는 제1부 〈성서적 의미 찾기〉와 제2부 〈역사적 · 현대적 의미 찾기〉로 구분된다.

제1부는 총 5개의 성서학적 연구를 포함하며, 제1장 〈모두가 행복한 평등한 가족 만들기〉(박유미), 제2장 〈정상 가족 위기와 '이상한 정상' 가족의 탄

생: 창세기 38장〉(김순영), 제3장 〈이름 없는 여 예언자는 말할 수 있는가?〉(조내연), 제4장 〈가족 죽음과 애도 윤리에 대한 신학적 고찰〉(김민정), 제5장 〈그리스도 안에서 새롭게 정의된 교회 가족에 대한 의미 고찰〉(김미화)로 구성되어 있다. 제1부는 소위 '정상 가족'과 성서적 가족 제도를 동일시하는 신학적 흐름에 대한 비판적 성찰에 집중한다.

제2부는 총 3개의 역사적 연구를 포함하며, 제1장 〈17세기 영국 청교도 가족의 이상과 한계〉(안주봉), 제2장 〈19세기 후반기 독일 부르주아의 가족 위기 담론〉(고재백), 제3장 〈부모와 자녀(EEK 4.2.3. 357~371쪽 발췌 번역)〉(오민수)로 구성되어 있다. 제2부는 근대 사회 속 가족 제도의 변화를 역사적으로 살펴봄으로써 현대사회에 필요한 새로운 가족 제도의 의미 찾기를 목표로 한다.

본서에서 다루고 있는 가족 제도와 관련된 다양한 담론은 비블로스성경인문학연구소의 연구위원들이 꿈꾸는 세상과 교회에 대한 소망을 담고 있다. 비블로스성경인문학연구소가 첫 번째 시리즈 『혐오를 부르는 이름, 차별』부터 네 번째 시리즈 『현대사회와 그리스도인의 경제윤리』를 출간하기까지 언제나 고민하는 것은 '학문이라는 이름으로 현실과 동떨어진 형이상학적 세계에 머물러 있지 않은가?'이다. 현실의 모순을 뛰어넘기 위한 지금까지의 노력은 연구위원들의 연대가 있었기에 가능했다. 앞으로도 현실에 두 발을 단단히 딛고 서서 이상을 꿈꾸며 나아갈 수 있기를 소망한다.

2024년 12월
남한산성 아래서
책임편집자 박성철

▶▶ 목차

제1부

성서적 의미 찾기

제1장

모두가 행복한
평등한 가족 만들기

박유미

I. 들어가는 말

현재 한국 사회는 가족 간의 관계가 빠르게 변화하고 있다. 전통적으로 가족은 가장 친밀하고 서로 사랑하는 관계이지만, 다른 한편으로는 엄격한 수직적 위계질서가 존재하는 곳이기도 하였다. '남편에게 순종' 혹은 '부모에게 복종'이란 말에서 보듯이 전통적이고 가부장적인 가족 관계는 부부나 부모와 자식 사이에도 수직관계가 존재하였다. 하지만 페미니즘의 영향으로 한국 사회에 양성평등이 보편적 가치로 자리 잡으며 부부 사이의 수직관계는 많이 개선되고 있다. 현재는 부부간의 결합을 평등한 수평관계로 정의 내릴 만큼[1] 한국 사회는 많이 변했다. 그래서 요즘은 남자가 집, 여자는 혼수라는 공식 대신 남녀가 비슷하게 비용을 내서 하는 반반 결혼이 유행하고 있으며 맞벌이는 필수이고 공동 살림, 공동 육아는 당연한 것으로 생각한다. 요즘 사람들은 남자가 하늘 여자가 땅, 혹은 남자가 돈 벌고 여자가 살림과 육아를 전담하는 것이 마땅하다고 말하면 전근대적인 이상한 사람으로 볼 정도이다.

하지만 아직도 부모 자식의 관계는 이런 변화를 따라가지 못하고 있다. 자식은 부모에게서 태어났기에 출산자와 피출산자의 자연적 관계이며 어린 자녀는 부모의 지원과 양육으로 성장했기에 원초적으로 불평등한 관계라고 할 수 있다. 가부장 사회에서는 자녀는 성년이 되어도 여전히 부모와 함께 수직적 관계를 유지하며 살았다. 하지만 사회가 개인주의화 되면서 핵가족이 보편적 가족 형태로 자리 잡게 되었고 결혼한 자녀가 부모의 그늘에서 독립하는 것이 당연하게 받아들여지고 있다. 이렇게 가족 중심축은 수직축에서 수평축으로 옮겨가고 있으며 이런 변화는 거스를 수 없는 대세이다. 이렇게 사회경제적 발전이 전개될수록 개인의 자율성을 존중하는 개인주의가 강해지고 있으며 이에 부합하는 수평축이 강화되면서 가족의 중심축 역할을 하고 있다. 반대로 이에 부합하지 못하는 수직축은 약화하여 보조 축 역할을 하면서 가족 중심축의 수평화가 진행되고 있다.[2]

하지만 우리 사회의 결혼과 가족 제도 안에서 수평적 관계가 완전히 정착한 것은 아니다. 왜냐하면, 자녀가 새로운 가정을 이룬 것을 독립적이고 동등한 가족의 탄생으로 보지 않고 원가족 아래 소속된 확대 가족으로 인식하고 부모가 자녀 가정에 대한 통제와 간섭과 지원을 계속하는 경향이 강하기 때문이다. 부부는 결혼을 하면 확대된 가족 관계 안에서 며느리나 사위같이 새로 부여받은 역할이나 기존에 가지고 있던 자녀의 역할을 해야 한다는 의무가 강조된다. 이에 따라 집안 차원에서 주어지는 역할과 의무들은 자신들의 의사와 상관없이 해내야 한다는 사회적 인식이 자리 잡고 있다. 부부가 자신들만의 방식으로 결혼 생활을 꾸려가려고 노력해도 확대 가족의 관계망 속에서의 위치가 주는 압력으로 인해 결국은 한국의 결혼 문화에 포섭되기 쉽고 평등한 관계를 만들려는 노력이 실패할 가능성이 높다. 왜냐하면, '가족의 도리'라는 말로 결혼 제도 안에 부모와 자녀 간의 수직관계가 아직 굳건하게 자리하고 있기 때문이다.[3]

　이런 확대 가족의 패러다임 안에서 부모가 권위를 가지고 계속해서 자녀의 가정을 통제하면 부부간의 수평적인 평등한 관계도 손상을 입게 된다. 한 가지 예로 이제상과 송유미의 성평등 주의와 출산율 관계 연구를 보면 산업화 단계에서 남녀 간의 평등이 진행되면서 출산율이 하락하지만, 후기 산업화 단계에서 부부간 평등이 진행되면서 출산율이 반등한다는 것이다. 산업화 단계에서 출산율이 낮은 원인은 결혼과 이혼 등 가족의 형성 측면에서는 수평축이 중심 역할을 하지만, 자녀 양육과 가사 노동 등 가족의 유지 측면에서는 수직축이 여전히 중심 역할을 하기 때문이다.[4] 이렇게 결혼 생활에서 부부간에 수직축이 작동하는 이유는 남성의 가부장적 사고도 있지만, 그보다는 확대 가족인 부모의 통제와 간섭 때문인 경우가 많다. 부모가 자녀 가정의 평등한 삶의 방식을 인정하지 않고 가부장적 사고방식을 '도리'라는 이름으로 강요하는 경우 여성에게 자녀 양육과 가사 노동이 집중되기에 여성은 출산을 기피한다.

　이런 연구 결과를 보면 우리 사회는 남녀 사이의 수평적 관계를 중요시하는 성평등 문화가 핵가족을 구성하는 부부 사이에서는 점점 자리를 잡아가고 있지만, 아직 부모 가정과 자녀 가정으로 이루어진 확대 가족 안에서는 자녀의 독립과 분리가 제대로 이루어지지 않고 있음을 발견하게 된다. 하지만 부모의 가정과 자녀의 가정이 각각 독립되고 분리된 수평적 가족으로 인정되어야 현재 결혼과 출산을 두고 일어나는 많은 갈등이 해결될 수 있다. 그러므로 이 글의 1장에서 현재 기독교 가정의 가족 관계의 현실을 살펴본 후, 2장에서 구약에 나타나는 가족 관계를 살펴보려고 한다. 그리고 3장에서는 이를 근거로 어떻게 부모 가정과 자녀 가정의 관계가 규정되는 것이 적절할지 제시해 보려고 한다.

II. 현재 한국 기독교 가정의 가족 관계

우리 사회나 교회는 자녀가 결혼하면 독립된 가정을 이루었다는 데 인식적으로는 동의한다. 하지만 실제로는 자녀가 결혼한 후에도 부모와 자녀의 수직적 관계를 지속하며 자녀의 결혼 생활에 영향을 미치고 있다. 그 이유는 앞에서 언급한 것처럼 결혼한 자녀의 가정을 원가정 아래로 들어오는 확대 가족으로 보며 부모가 결혼한 자녀와 분리되지 못하기 때문이다. 최지영의 "결혼 과정을 통해서 본 모-자녀 관계 변화에 관한 질적 연구: 기독교 가정을 중심으로"라는 논문은[5] 이런 문제를 잘 보여주는 좋은 예이다. 이 논문은 결혼과 결혼 과정에서 겪는 자녀와 어머니의 심리적, 경제적 관계가 어떻게 변화하는지를 관찰한 것으로 기독교 가정의 결혼한 남녀와 그들의 어머니 12쌍을 상담하는 방식으로 연구를 진행하였다. 다만 연구 대상이 어머니와 자녀로 한정되어 있기에 현재 기독교 가정의 전체적인 모습을 보기는 어렵지만, 기독교 가정에서 어머니의 영향력이 크기에 충분히 의미 있는 연구라고 생각한다.

연구 결과에 따르면 결혼 후 자녀들은 어머니로부터 심리적으로 분리되며 자신만의 새로운 가족에 대한 애착을 강하게 느끼지만, 어머니는 자녀로부터 분리되지 못하며 자녀의 결혼 과정을 가족의 확대로 인식하고 있다는 것이 가장 큰 특징이다.[6] 이 연구를 보면 어머니는 자기 자신에 대한 욕구보다는 자녀와의 관계에 대한 욕구가 두드러지게 나타난다. 자녀와의 관계 속에서 신앙의 모델이 되기도 하고 자녀를 위해 희생하기도 하면서 자신의 성취와 성장보다는 자녀에게 좋은 어머니가 되고 싶어 하는 욕구가 나타난다. 이는 한국의 가족 중심주의와 개인적 욕구의 성취보다는 가족을 위한 희생을 좋은 어머니의 모델로 강조해 온 전통적 유교주의 사상이 결합한 결과이다. 반면에 자녀는 어머니와의 관계뿐만 아니라 자녀 자신의 욕구를 충족시키려고 하는 특징을 가지고 있다. 또한 자녀는 행복에 대한 욕구, 인정 욕구, 성취 욕구, 분리 욕구, 애정 욕구 등이 있으며 자신이 막연히 소망하는 이상을 추구하거나 충동적으로 자신의 욕구를 충족시키고자 행동하기도 하고 자기중심적인 사고와 행동 등 개인주의적 경향을 보인다. 요약하면 어머니는 자녀와의 관계에 대한 욕구가 강하지만, 자녀는 자기와 자기 가정이 우선됨을 알 수 있었다.[7]

이렇게 어머니와 자녀가 분리되지 못하는 이유는 첫째, 어머니가 결혼한 자녀와 분리되어야 한다는 것을 인정하기 어렵기 때문이다. 어머니는 자녀와의 분리에서 야기되는 상실감으로 인해 빈둥지 증후군을 겪기도 하고, 새로운 가족을 형성한 자녀에게 결혼 전과 같은 자녀 역할을 계속 요구하기도 하고, 자신 역시 이전과 같은 부모 역할을 하려고 한다. 특히 결혼으로 인한 자녀의 분리는 통제 욕구가 강한 어머니나 의존적인 어머니의 분리불안을 고조시킨다. 하지만 자녀 가정에 대한 어머니의 과도한 간섭은 어머니와 자녀 사이에 많은 문제를 일으키게 된다. 예를 들어 자녀의 식사나 살림을 걱정해서 반찬을 해주거나 살림을 도와주거나 심지어 경제적 지원까지 하는 경우도 우리 주위에서 흔하게 볼 수 있다. 그렇기에 어머니는 결혼한 자녀의 가정을 하나의 독립된 가정으로 인정하고 정서적, 물리적, 경제적으로 독립시키는 훈련이 필요한 실정이다.

둘째, 현재 한국 가족문화에는 전통과 근대가 공존하고 있기 때문이다. 전통적으로 한국은 가부장적인 가족문화를 가지고 있어서 가족 간의 유대를 강화하려는 경향은 높은 반면, 자녀의 독립 및 분가에 대한 허용은 잘 되지 않는다. 그러나 근대에 들어서 개인주의가 확산하고, 가족 관계도 대가족에서 핵가족으로 변화하였다. 요즘 아이들은 부모와 자녀로 이루어진 핵가족을 가족이라고 생각한다. 이런 변화에도 불구하고 여전히 전통적 가족문화가 자리 잡고 있어서 자녀가 결혼하였을 때 따로 살고 '너희만 잘살면 된다', '부모는 신경 쓰지 않아도 된다'고 말하면서 자녀의 독립을 인정하는 것 같지만, 내면적으로는 여전히 전통적 가족주의적인 요소가 자리 잡고 있어 도리와 효도 혹은 가족 간의 화목이라는 가치를 강조하며 자녀 가정을 통제하려고 한다. 이렇게 전통적인 가족관을 가진 어머니와 근대적인 가족관을 가진 자녀 사이에 갈등이 유발된다.

셋째, 자녀가 부모, 특히 어머니에게 의존하려는 경향 때문이다. 전통적 가족관에 익숙한 자녀의 경우 부모의 통제를 깊은 관심과 애정으로 생각하며 긍정적으로 본다. 또한 부모의 도움과 경제적 지원을 당연하게 생각하거나 오히려 원하기도 하면서 부모에게서 독립하지 않으려는 경향도 있다. 현재 한국 사회 속에는 부모에게 경제적 도움을 요구하거나 어머니에게 육아와 살림을 요구하면서 부모에게 의존하려는 자녀로 인해 힘들어하는 부모도 상당히 많이 있다. 이렇게 부모의 지원과 희생에 대해 부모와 자녀가 모두 어느 정도 수용하는 경우 부모와 자녀 가정의 분리와 독립은 어렵다.

이렇게 우리 사회는 사상적으로는 독립적인 핵가족 문화를 지향하고 있지만, 실제로는 부모가 자녀를 자기 가족 밑에 두려는 확대 가족을 추구하거나 부모에게 의존하여 양육이나 경제적 지원을 받는 것을 당연하게 여기는 문화가 혼재하고 있다. 그 결과 현재 한국 사회는 부모 가정과 자녀 가정 사이의 갈등이 다양한 모습으로 분출되고 있다. 고부 갈등, 장서 갈등, 합가, 자녀 가정에 대한 지원, 황혼 육아로 인한 갈등, 손자녀 교육비 지원 등 현재 부모와 결혼한 자녀 간의 문제를 보면 부모 가정과 자녀 가정이 서로 하나의 독립된 가정으로 인정하고 존중하는 평등한 관계를 맺지 못해서라고 생각한다.

특히 교회가 가부장적인 관점을 성경적이라고 하며 부모와 자녀 간의 유대감을 강조한 나머지 변화하는 시대 속에서 부모 가정과 자녀 가정 사이의 건강하고 평등한 관계를 만드는 데 걸림돌이 되었다는 것이 사실이다. 그러므로 이 글에서는 구약 성경을 통해 건강한 가족 관계에 대한 모델을 만들어보려고 한다.

III. 구약에서 가족 관계: 수평적 모델 찾기

구약 시대는 가부장 시대이기 때문에 기본적으로 부모와 자식의 관계는 수직적 위계 관계에 있었다. 그리고 가부장은 자기 가족에 대해 절대적 권한을 소유하고 있었다. 한 부족 공동체의 중요성은 재산 소유 구조에 의해 강화되었는데 토지 소유의 지배적인 형태는 가족에 의한 소유였다.[8] 이렇게 가부장제는 가부장의 절대적 권위와 재산의 공동 소유를 통해 유지되는 사회였다. 그런데 창세기의 이야기를 보면 구약 성경 시대에 부모와 자식이 확고한 수직적 관계의 확대 가족 형태를 가졌을 것이라는 일반 통념과 다른 이야기들이 등장하는 것을 발견할 수 있다. 그러므로 이 장에서는 수평적 가족 관계의 원리를 보여주는 본문인 창세기 2장 24절과 이런 원리를 실제로 보여주는 족장들의 이야기를 살펴보려고 한다.

1. 결혼의 원리(창 2:24): 분리와 독립

창세기 2장 24절의 '남자가 부모를 떠나 그의 아내와 합하여 둘이 한 몸을 이룰지로다'라는 문장은 타락 이전의 이상적인 결혼에 관한 묘사 혹은 결혼에 대한 모델로 해석한다.[9] 이 문장은 원어로 '알-켄 야아조브-이쉬 에트-아비브 베에트-임모 베다바크 베이쉬토 베하유 레바싸르 에하드'(וְהָיוּ לְבָשָׂר אֶחָד

עַל-כֵּן יַעֲזָב-אִישׁ אֶת-אָבִיו וְאֶת-אִמּוֹ וְדָבַק בְּאִשְׁתּוֹ)인데 동사 아자브(עָזַב)는 '떠나다, 저 버리다'라는 뜻으로 완전히 떠나거나 사라진 상태를 표현한다.[10] 이것에 대해 절대적으로 버리라는 의미가 아니라 상대적 의미로 결혼한 남자가 우선으로 고려해야 할 것은 부모가 아니라 아내이며 새로운 가정이라는 것이라고 해석하기도 한다.[11]

하지만 이사야 49장 14절에서 동사 아자브는 '여호와께서 나를 버리셨다'로 번역되며 시편 38장 11절에서는 '내 눈의 빛도 나를 떠났다'로 번역된다. 이런 '버리다, 사라지다'라는 용례들을 보면 이 단어는 완전한 분리를 의미한다고 볼 수 있다. 그러므로 창세기 2장 24절에서 부모를 떠나는 것이란 우선순위를 바꾸는 정도의 의미가 아니라 부모와의 완전한 분리로 해석하는 것이 적당하다. 그리고 이 문장에서 '아자브'(עָזַב) 동사는 미완료형인 '야아조브'(יַעֲזָב)로 사용되었는데 여기서는 '떠나야 한다'는 당위(must)나 명령을 표현하는 것이다.[12] 즉, 이런 해석을 보면 결혼이란 부모를 떠나야만 한다는 의미로 경제적, 정서적, 장소적 독립을 반드시 해야 하며 부모와 독립된 가정을 이루어야 하는 것이다. 결혼을 하면 남편은 아버지 집이나 그 근처에서 살고 아내가 집을 떠나 남편의 집으로 들어가는 것이 당연한 가부장적 사회인 이스라엘에서 창세기 2장 24절의 명령은 결혼의 원리로 매우 획기적이고 충격적이었다. 그렇기에 웬함은 부모를 공경하는 것이 하나님을 공경하는 것 다음으로 중요한 인간의 책무인 이스라엘과 같은 전통적인 사회에서 부모를 저버리는 것에 관한 말은 매우 주목할 만한 것이라고 지적한다.[13]

그리고 남자는 그의 아내와 꼭 붙어야 한다. '합하다'로 번역된 동사 '다바크'(דָּבַק)는 '꼭 붙잡다, 달라붙다'라는 뜻을 갖는다. 이런 의미를 살려서 이 문장을 해석하면 결혼의 의미가 좀 더 분명하게 나타난다. '남자는 그의 아버지와 어머니를 반드시 떠나야 한다. 그리고 그의 아내와 딱 붙어야 한다. 그래서 한 몸이 되어야 한다.' 이 문장에서 동사 '떠나다'와 '붙다'가 대조를 이루며 결혼이란 부모와의 결합을 풀어내고 배우자와 새로운 결합을 만드는 것임을 잘 보여준다. 이것은 다른 말로 부모 자녀 간의 강고했던 수직적 관계를 풀고 수평적 관계로 재정립하는 중요한 과정이라는 것이다. 결혼을 통해 새로운 가정이 만들어지면 여성이 남성의 원가정 밑으로 들어가서 수직적 관계를 형성하는 것이 아니라 남성과 여성의 원가정과 분리된 독립적이고 평등한 수평적인 새로운 가정을 만들어야 한다는 의미이다.

이렇게 창세기 2장 24절에서 결혼이란 자녀가 부모에게 독립하여 새로운 독립된 가정을 이루는 것이라고 말하고 있지만, 한국 교회 안에 제대로 전달되지 못하고 있는 실정이다. 오히려 한국 교회는 십계명의 '네 부모를 공경하라'와 바울 서신의 '부모에게 순종하라'(엡 6:1)는 구절을 가족 관계에 가장 중요한 구절로 여기고 자녀의 효도를 기독교 가치로 설교하며 수직적 관계를 강화하였다. 이러한 수직적 관계의 강화는 결과적으로 새로운 자녀 가정의 독립을 막는 역할을 하였다. 그러나 이런 상황은 창세기의 결혼 원리를 올바로 실현하지 못한 것으로 이 부분에 대한 재고가 필요하다. 이런 재고를 위해 족장들 이야기와 창세기 2장 24절의 결혼 원리와의 관계를 살펴보려고 한다.

2. 족장 가족들을 통해 본 자녀의 독립

이 부분에서는 창세기 2장 24절의 결혼 원리가 창세기 족장들의 이야기 속에서 어떻게 적용되고 있는지 살펴보려고 한다. 구약에서 아브라함과 그 자손들의 이야기는 그동안 언약의 관점에서 주로 해석되었다. 하나님이 아브라함을 선택하시고 그에게 자손과 땅과 복의 언약을 주셨고 그 언약이 선택받은 이삭, 야곱, 요셉에게 주어졌다는 사실에 관심을 갖고 해석해 왔다. 하지만 이 글에서는 언약의 성취 관점이 아니라 결혼한 자녀의 독립이라는 관점에서 아브라함과 그의 자손 이야기를 살펴보려고 한다. 그 이유는 선택받은 이들이 공통으로 부모를 떠나 독립하는 모습을 보여주고 있기 때문이다.

1) 아브라함

하나님이 처음 아브라함에게 나타나 그를 부르셨을 때는 그의 아버지 데라가 죽은 후이며, 이때 아브라함에게 요구하신 것은 두 가지로 첫째는 고향, 친척, 아버지의 집에서 나오는 것이고, 둘째는 하나님이 보여줄 땅으로 가는 것이었다(창 12:1). 아브라함은 아버지의 죽음으로 아버지와 분리가 되었지만, 하나님은 거기서 만족하지 않고 그의 모든 가족과 친척과도 분리하라고 명령하신다. 본문은 '레크-레카 메아르체카 우미몰라드테카 우미베트 아비

카'(לֶךְ-לְךָ מֵאַרְצְךָ וּמִמּוֹלַדְתְּךָ וּמִבֵּית אָבִיךָ)인데 여기서 '할라크 민'(מִן הָלַךְ)은 '~에서 떠나다'라는 뜻으로 이것은 단순히 공간적으로 떠나는 것을 의미하는 것이 아니라 독립을 위한 떠남을 의미한다. 참고로 예레미야 3장 1절에서는 부부 간의 이혼을 표현하는데 '할라크 민'(מִן הָלַךְ)을 사용하였다. 이렇게 하나님은 아브라함을 처음 부르셨을 때 원가족에게서 떨어져 나와 지시한 새로운 땅으로 가라고 명령하셨다. 젠트리와 웰럼은 이 명령에 대해 "먼저 살고 있는 땅과 민족에서 분리되지 않으면 큰 민족을 이루고 영토 안에서 살 수 없다"고 해석한다.[14] 그리고 하나님이 선택하신 단위는 아브라함이란 개인이나 아브라함 가문이 속한 가문이 아니라 아브라함과 사라로 구성된 부부 중심의 가정이었다. 아브라함은 하나님의 명령에 순종하여 자기 집안에서 독립하는데 이런 물리적 독립은 신앙의 결단이었다고 평가할 수 있다.

처음 독립할 때는 아브라함이 아들처럼 생각하던 롯도 포함되어 있었지만, 시간이 지나면서 롯도 자신의 가정을 이루었고 어느 정도 규모의 재산을 얻자 독립해서 나갔다(창 13:11). 여기서도 '그들이 서로 떠난지라'라고 말하는데 이는 '바이파르두 이쉬 메알 아히브'(וַיִּפָּרְדוּ אִישׁ מֵעַל אָחִיו)로 동사 '파라드'(פָּרַד)는 '분리하다, 나누다'라는 뜻이다. 그러므로 아브라함 가정은 선택된 이후 아브라함 가정만 남을 때까지 계속해서 원가족과 조카와 분리했고 그 결과 하나님 언약의 가정은 아브라함과 사라로 이루어진 가정만 남게 되었다. 그때야 하나님은 분명하게 아브라함과 사라의 자손이 선택받은 자손이며 둘 사이에 아들이 태어날 것이라는 약속을 주셨다(창 17-18장). 그리고 마침내 그 약속의 성취로 이삭이 태어났고 하나님의 언약은 아브라함과 사라 사이에서 태어난 이삭이 계승하게 된다. 여기서 보여주는 것은 하나님의 언약은 원가족에서의 분리로 시작되며 부부를 하나의 팀으로 보고 이 둘에게 주어진다는 것이다.

2) 이삭

이삭 이야기에서는 이삭이 아버지 집을 떠나는 모습이 나타나지 않는다. 이삭은 어머니 사라의 죽음 이후 리브가를 맞이하여 새 가정을 이룬다. 구약 시대의 결혼은 부모의 간섭과 개입이 결정적이었기 때문에 이삭과 리브가의 결혼에서는 다른 사람들과 다르게 아내인 리브가가 고향과 친척과 어머니 집을 떠나 이삭과 결혼한다(창 24:61). 리브가가 아브라함 종의 기도 응답으로 선택된 것을 보면 하나님이 그녀를 믿음의 조상으로 선택하셨다는 것을 알 수 있다. 이삭의 이야기에서는 직접적으로 '떠나라'라는 뜻을 가진 동사는 나오지 않지만, 정황상 창세기 24장 61절에서 나오는 '일어나다'(쿰, קוּם)와 '가다'(할라크, הָלַךְ) 동사의 3인칭 여성 단수형을 통해 리브가가 적극적으로 고향과 어머니 집을 떠났음을 표현하고 있다. 이렇게 리브가는 부모와 완전히 분리되어 이삭과 가정을 이루었다. 이런 리브가의 모습은 여호와의 약속을 받고 고향과 친척과 아버지의 집을 떠난 아브라함의 모습과 닮았다.[15] 이렇게 이삭 이야기에서는 이삭이 아닌 리브가의 독립이 강조되어 이삭과 리브가가 독립된 가정을 이루었다는 것을 말하고 있다.

또한 창세기 24장 67절에서는 죽은 사라의 장막에서 새로운 가정생활을 시작하는데, 이것에 대해 일반적으로 사라의 지위를 리브가가 계승했다는 의미로 해석한다.[16] 하지만 사라의 죽음으로 이삭이 어머니에게서 분리된 후 새로운 가정을 이루었다는 것을 강조하는 것으로 해석할 수 있다. 천사무엘은 이 구절을 아브라함과 사라가 중심이었던 가족 공동체가 이삭과 리브가 중심으로 바뀌었다고 본다.[17] 또한 이삭이 새로운 가정을 이루자 바로 아브라함의 죽음이 나온다(창 25:8). 이렇게 이삭은 본인이 스스로 부모와 분리되진 않았지만, 어머니와 아버지의 죽음을 통해 리브가와 독립된 가정을 이루었고 그 이후 하나님의 언약을 계승하게 된다(창 25:11, 26:2-5).

3) 야곱

야곱은 결혼 전에 어머니 리브가와 매우 깊은 유대를 맺고 있었다. 이삭이 사냥꾼이 되어 맛있는 고기를 가져다주는 에서를 편애한 반면, 리브가는 쌍둥이 중에서 집에서 조용히 지내는 야곱을 편애하였다(창 25:27-28). 리브가의 야곱에 대한 사랑은 일반적인 어머니의 사랑을 넘어선다. 그녀는 이삭이 에서에게 장자의 축복을 하려고 하자 이 문제에 적극적으로 개입하여 결국 사랑하는 야곱이 장자의 축복을 받게 만든다. 그녀는 먼저 야곱을 설득하며 자신의 계획대로 하라고 야곱을 독려한다(창 27:8). 그리고 이삭을 속일 구체적인 방법도 같이 마련하여 이삭이 좋아하는 음식을 만들고 야곱을 에서처럼 만들기 위해 야곱에게 에서의 옷을 입히고 염소 새끼 가죽으로 그의 손과 목의 매끈한 곳을 덮어준다. 그런 뒤 자신이 만든 음식을 야곱의 손에 주기까지 한다. 창세기 27장 15-17절의 모든 동사의 주어는 리브가이며, 모든 일이 리브가의 주도로 이루어졌다는 것을 보여준다.

13절을 보면 그녀는 심지어 혹시 이삭에게 속임수가 들통났을 때 야곱이 받을 저주도 자신이 대신 받겠다고 말할 정도로 야곱에 대한 애착이 강하다. 웬함은 이삭이 야곱에게 내린 저주가 리브가에 갈 수 있을지에는 의문을 제기하지만, 이 말은 야곱이 자신의 계획을 실행하도록 만들기 위한 욕망의 잔인함을 보여준다고 하였다.[18] 그리고 야곱은 어머니가 하라는 대로 모두 따른다. 이 두 모자지간의 관계는 구약에서 가장 끈끈하고 단단하다고 할 수 있다.[19] 이런 리브가의 모습에서 사랑하는 아들을 위해 불이익까지도 감수하겠다는 열성적인 어머니의 전형적인 모습을 발견할 수 있다.[20] 결국 야곱과 리브가가 이삭을 속인 사실을 에서가 알았고 에서는 불같이 화를 내며 야곱을 죽이려고 한다(창 27:41). 이를 알게 된 리브가는 야곱을 자신의 오빠 라반의 집으로 피신시킨다. 그녀는 이 시간이 잠깐이라고 생각해서 '몇 날'이라고 말했지만(창 27:44), 리브가는 그 이후 야곱을 영영 보지 못한다. 왜냐하면, 야곱은 리브가가 죽은 후 가나안 땅으로 돌아오기 때문이다. 리브가가 야곱을 위해 적극적으로 움직인 결과는 가족의 깨짐과 아들과의 영원한 이별이었기에 긍정적으로 보기 어렵다.

야곱은 형과의 심각한 갈등으로 인해 더 이상 원가족과 함께 지내기 어려워졌기에 집을 떠나게 된다. 창세기 27장 43절은 리브가의 말에서 '일어나다'(쿰, קוּם)와 '도망가다, 떠나다'(바라흐, בָּרַח)란 단어를 사용하여 그가 부모의 집을 떠나야 한다는 것을 드러내고 있다. 이렇게 야곱은 아버지와 형과의 불화로 인해 강제적으로 집에서 독립하게 된다. 조영진은 야곱이 원가족인 이삭과 리브가로부터 외가인 브두엘의 집으로 출발하는 순간, 야곱은 개인의 심리적 탄생, 즉 심리적 분리 개별화를 경험하였다고 지적한다.[21] 그리고 그가 아버지 집인 브엘세바를 떠났을 때 하나님을 만난다(창 28:10). 언약적 관점에서도 이 순간이 하나님이 야곱을 언약의 족장으로 선택하는 순간이다.[22] 여기서도 동사 '야차'(יָצָא)는 전치사 '민'(מִן)과 함께 사용되며 '(어떤 장소에서) 나가다, 떠나다'로 번역된다. 즉, 여기서도 떠남의 주제가 반복해서 등장한다. 하나님은 집을 떠나는 야곱에게 나타나셔서 아브라함과 이삭에게 주셨던 약속을 그에게 주신다(창 28:13-14). 이에 더해 하나님은 야곱을 항상 지켜주실 것과 이 땅으로 다시 돌아오게 해주실 것을 약속하신다. 그는 부모를 떠나 독립하는 순간 하나님을 만났고 하나님의 약속을 받으며 새로운 족장으로서의 인생을 시작하였다.

야곱은 아버지 어머니에게서는 독립하였지만, 삼촌 라반의 집에서 삼촌의 딸들과 결혼하면서 다시 아내의 원가족인 삼촌 집에 종속되었다. 왜냐하면, 그는 사랑하는 라헬과의 결혼을 위해 삼촌의 집에서 14년을 봉사하며 데릴사위로 살았기 때문이다. 그런데 야곱이 아내의 원가족 안에서 함께 산 원인과 결과는 긍정적으로 보기 어렵다. 먼저 야곱은 가장인 삼촌이 신부를 바꿔치기해서 자신이 원하는 라헬이 아닌 레아랑 결혼하는 부당한 상황에 놓이지만, 이를 바로잡지 못한다. 그에겐 가장인 삼촌의 권위를 거스를 힘이 없었기 때문에 라헬을 위해 다시 7년을 일하라는 조건을 받아들일 수밖에 없었다. 구약에서 언급하는 신붓값은 50세겔 정도이다(출 22:15). 고대 바벨론 시대에 임시 노동자의 한 달 임금이 반 세겔에서 한 세겔 정도이니 야곱은 라헬을 위해 큰 대가를 치르며 결혼을 약속받은 것이다.[23] 그리고 그는 삼촌의 집에서 일하면서 제대로 된 임금도 받지 못했다. 그는 라반이 자신을 속여 품삯을 10번이나 변경하며 제대로 주지 않았다고 주장한다(창 31:7). 즉, 장인의 권위 아래서 지낸 야곱과 그의 아내들은 많은 불화와 부당함을 겪으며 힘든 생활을 하였다. 그러다 하나님의 은혜로 야곱이 큰 부를 이루게 되자 삼촌과 그의 아들들과 야곱의 사이는 더욱 악화하였고, 결국 일련의 충돌을 겪으며 야곱은 삼촌 집에서 완전히 독립하게 된다(창 31장).

이때 그의 독립을 지지한 것은 그의 아내들이다. 그녀들은 이미 아버지가 자신들을 '이방인'(노크리, נָכְרִי)처럼 여겼기 때문에 자신들은 아버지 집에 아무런 분깃이 없다고 말하며 미련 없이 아버지 집을 떠난다. 그녀들은 이미 아버지의 이기적인 행동으로 인해 아버지의 집에 살면서도 정서적으로 완전히 분리된 상태였다. 그렇기에 물리적, 경제적 분리에 대해 어떤 거부감도 없이 환영한 것이다. 이렇게 야곱의 가정은 장인이자 새로운 보호자였던 라반의 집에서 완전히 독립할 수 있었다. 그리고 이런 독립을 할 수 있도록 지원을 해주신 분이 바로 항상 야곱과 함께하시겠다고 약속하신 하나님이다. 하나님은 야곱이 많은 양과 염소를 얻을 수 있도록 경제적 지원을 해주셨고(창 31:9), 라반이 야곱을 잡으려고 쫓아올 때 라반을 말리셨다(창 31:24). 그리고 결정적으로 라반 집에서 나오라고 명령하신 분도 하나님이다(창 31:13). 이렇게 야곱은 자신에게 남다른 애착을 가진 어머니에게서 독립하였으나 삼촌의 가족에 종속되어 살다가 드디어 독립된 자신의 가정을 이룰 수 있었다.

야곱은 가나안 땅으로 돌아와도 형 에서나 아버지 이삭과 같이 살지 않았다. 하나님은 창세기 31장 3절에서 아버지의 땅과 너의 친척에게 돌아가라고 하신다. 이것은 아브라함이 받은 명령인 '본토 친척 아버지 집을 떠나라'라는 것과 반대되는 것처럼 보인다. 하지만 이 명령은 하나님께서 약속하신 땅인 가나안 땅으로 돌아가라는 것이지 아버지 집으로 돌아가라는 말은 아니다. 실제로 가나안 땅으로 돌아온 야곱은 세일에서 같이 살자는 에서의 제안을 받아들이지 않았으며 아버지 이삭에게도 돌아가지 않는다. 그는 숙곳에 자신을 위한 집을 짓고 그곳에 새로운 터전을 만든다(창 33:16-17). 야곱은 아버지 이삭의 죽음이 임박했을 때야 비로소 아버지가 사는 헤브론(기럇아르바)으로 가서 아버지를 만났고 에서와 함께 죽은 아버지를 장사 지낸다. 또한 성경 본문에 야곱이 아버지의 땅이나 재산을 물려받았다는 말도 나오지 않는데, 이미 하나님이 야곱에게 충분한 재산을 주셨기에 야곱은 이삭의 유산을 받을 필요가 없었을 것이다. 결론적으로 그가 가나안 땅에 돌아왔어도 그는 아버지 집으로 돌아가 아버지의 권위 아래 종속되어 산 것이 아니라 물리적, 경제적으로 독립된 가정을 이루고 살았다.

하나님은 아브라함의 자손을 선택하고 약속을 주시지만, 그 약속을 아버지가 자신의 권위 아래 있는 아들에게 주는 방식으로 전달하지 않았다. 하나님은 자식이 아버지에게 독립하거나 가정을 이루었을 때 새로운 언약의 후계자로 인정하시며 그에게 언약을 주셨다. 야곱에게 주어진 세 번의 약속은 모두 그가 의존하고 있던 곳을 떠났을 때 주어진 것이다(창 28:13-15, 창 32:26-29, 창 35:9-12). 하나님은 야곱을 이삭의 아들이 아니라 독립된 존재이며 독립된 가정을 일군 새로운 족장으로 보시고 아버지에게 주셨던 약속을 그에게 주신 것이다.

4) 요셉

요셉도 아버지 집에서 독립한 후에 하나님께 선택받은 인물이다. 그는 아버지의 편애 속에서 아버지의 집에서 아버지의 권위를 형제들에게 휘두르며 유복한 어린 시절을 보냈다. 그에 대한 아버지의 사랑은 각별하여 형제 중에 열한 번째이지만 아버지에게 형들을 감시하는 권한을 받았다. 창세기 37장 2절의 요셉 소개를 보면 그는 아버지에게 형들의 악한 일들을 전달하는 일을 하고 있었다. 즉, 그는 목자인 형들을 '보기 위해' 온 것이다(창 37:14). 여기서 '목자'(로에, רֹעֶה)와 '보다'(라아, רָאָה)는 음성학적으로 비슷한 발음으로 일종의 언어유희이다. 이런 문학적 장치를 통해 형들이 양을 보는 목자라면, 요셉은 이런 형을 감시하는 자였다는 것을 잘 드러낸다. 당시 요셉은 아버지 야곱과 깊이 연결된 관계 속에서 아버지의 수족으로 살고 있었다. 하지만 아버지 집에서 사는 동안 요셉과 그의 형제들 사이는 매우 불편하였고 다툼이 있었다. 왜냐하면, 아버지에게 자신들의 잘못을 알리는 감시자 요셉을 곱게 볼 형들은 없었기 때문이다.

이렇게 아버지의 편애를 받으며 살던 요셉은 결국 형들의 미움으로 인해 애굽의 종으로 팔리게 된다(창 37:28). 형들은 요셉을 미디안 사람에게 팔았고 그들은 요셉을 데리고 애굽으로 데려간다. 여기서 '그들이 데려갔다'(야비우, וַיָּבִיאוּ)는 '가다'(보, בּוֹא) 동사의 히필형으로 요셉은 미디안 사람들에 의해 강제로 가나안을 떠나 애굽으로 끌려갔다는 것을 표현한다. 이렇게 종으로 팔려 애굽으로 간 요셉에 대해 이지현은 하나님이 요셉을 야곱의 "병적인 편애의 환경에서 격리"해서 하나님의 뜻을 성취해 냈다고 설명하기도 한다.[24] 이렇게 요셉은 형제들과의 불화로 인해 강제로 아버지 집과 고향을 떠나게 된다. 28절의 원문에서 요셉의 이름이 세 번 반복되는 것에 대해 롱에커는 "야곱의 가족 안에서 그리고 태동하고 있는 민족의 역사 속에서 극도로 중요하고 섭리적인 사건을 표시한다"고 보았다.[25]

하지만 요셉은 아버지를 떠나서 간 애굽에서 하나님을 만난다. 그가 아버지에게서 독립했을 때 요셉을 찾아오신 것이다. 하나님은 요셉이 보디발의 종으로 있을 때도 축복하시고(창 39:5) 죄수로 감옥에 있을 때도 축복하신다(창 39:28). 그리고 심지어 꿈을 해석할 수 있는 능력도 주시어 애굽의 총리가 될 수 있도록 하신다(창 41:38-41). 이것은 야곱이 아버지 집을 떠났을 때, 그리고 라반의 집에 있을 때 하나님이 함께하신 것과 동일하다. 이런 하나님의 동행은 언약에 대한 하나님의 신실하심을 보여주는 것으로[26] 요셉이 언약의 족장임을 표시하는 것이다. 이후 요셉은 애굽의 제사장의 딸인 아스낫과 결혼하고[27] 두 아들을 낳으면서 독립된 가정을 이룬다(창 41:50).

그렇게 장성한 요셉은 야곱처럼 아버지 집과 가나안 땅으로 돌아오는 대신 아버지와 형제들을 애굽으로 부른다(창 47:1). 그는 가나안 땅에서 기근으로 고생하는 아버지와 형제들을 애굽으로 초청하고 그들을 고센 땅에서 살 수 있도록 기반을 만들어준 것이다. 이렇게 애굽 땅으로 아버지와 형제를 포함한 모든 아버지의 집 사람을 데려왔지만, 요셉이 다시 아버지의 권위 아래 들어가는 것은 아니다. 그는 독립적인 가정을 유지하며 아버지 집과 적당한 거리를 유지하며 그들의 생계를 도와주었다(창 47:12). 요셉 이야기의 특이점은 장성한 요셉이 곤경에 처한 부모와 형제들을 자신이 거주하는 애굽으로 불러들이고 이들이 생계를 유지할 수 있도록 적극적으로 도와주는 모습으로 독립이 가족 간의 단절이 아니라 서로 왕래하며 돕는 관계가 될 수 있다는 것을 보여준다는 것이다.

3. 족장들 이야기를 통해 본 수평적 관계

창세기 족장들의 이야기를 보면 족장들은 아버지 혹은 어머니를 떠난 후 하나님을 만나는 동일한 패턴을 보여준다. 아브라함은 아버지 하란이 죽은 이후 본토, 친척, 아버지 집을 떠나라는 명령을 직접 받으며 하나님과의 만남을 시작한다. 즉, 하나님을 만나고 하나님과 언약을 맺기 전에 선행되는 것이 아버지를 떠나 독립하는 것이다. 아브라함에게 제시된 이 원리는 후에 야곱과 요셉에게 그대로 적용되었고 이삭의 경우는 이삭 대신 리브가가 집을 떠났다. 그러나 이삭도 어머니인 사라의 죽음 이후 리브가와 결혼하며 독립했기에 어머니를 떠났다고 볼 수 있다.

신학적 관점으로 볼 때 창세기 족장 이야기(창 12-50장)의 중심적 관점은 하나님이 아브라함과 맺은 언약, 즉 땅과 자손과 복의 언약이 누구에게 계승되고 어떻게 이루어져 가는지를 보는 것이다. 그중에서도 아브라함의 자손을 통해 열국이 복을 받는다는 것이 핵심이다(창 12:3).[28] 그런데 월트키(B. K. Waltke)는 하나님의 세 가지 언약은 자기 고향과 가족을 포기하고 가나안 땅으로 가는 아브라함의 순종 여부에 달렸다고 지적한다.[29] 그는 가족과 고향을 떠나므로 기존에 가지고 있던 신앙과 권리와 보호를 포기하는 것으로 생각한 것이다. 하지만 떠남은 포기보다는 분리와 독립의 의미로 해석할 수 있다. 즉, 그가 맺고 있던 끈끈한 혈연, 지연 관계, 즉 기존의 관습과 문화와 의존적 관계를 끊고 한 인간으로 자기 생각과 의지를 갖는 개인으로 독립하여 새롭게 하나님과 언약을 맺는 것이다. 이렇게 족장들과 하나님과의 관계는 부모 집에서의 독립에서 시작하고 있다는 것을 발견할 수 있다. 부모의 신앙을 자녀들에게 그대로 대물림하는 고대 가부장 사회에서 이렇게 부모를 떠나 한 인간으로 독립할 때 비로소 하나님을 만나게 된다는 신앙의 패러다임은 상당히 독특하다고 할 수 있다. 필자는 이것이 하나님이 창세기 1장 26-27절에서 각 개인을 하나님의 형상으로 만든 것과 연결되며 구약의 신앙이 가부장 사회의 가족 중심적인 집단적 신앙과 대조적으로 한 인간이 개별적이고 독립적인 존재로 하나님과 만나야 한다는 개인주의적 성격을 포함하고 있음을 보여준다고 생각한다.

비록 아브라함은 예외지만 다른 족장들은 아버지 집에서 나온 뒤 결혼하여 독립적인 가정을 이루는데 이것은 창세기 2장 24절의 부모를 떠나 결혼하라는 명령을 문자적으로 실천하고 있다. 야곱의 경우는 결혼 후 장인 라반의 집에 속해 있었지만, 독립할 기반을 마련하자 그 수직관계도 끊어버리고 독립해서 나온다. 야곱이 라반의 집에서 나오는 과정에서도 하나님의 명령과 개입이 있는데(창 31:3), 이것은 야곱 가정의 독립을 하나님이 적극적으로 지지하고 있음을 보여준다.

그리고 독립된 가정을 이룬 후에 이들은 다시 아버지의 집으로 들어가지 않는다. 아브라함과 이삭과 야곱은 자녀의 결혼 이후에도 오랜 시간을 살았지만,[30] 창세기 본문에는 이들이 결혼한 자녀들과 함께 살며 자녀들이 아버지의 권위 아래 복종하고 사는 모습이 등장하지 않는다. 또한 아브라함의 가문은 하나님의 선택을 받아 하나님의 언약이 이삭, 야곱, 요셉에게로 이어졌지만, 아버지가 자녀에게 언약을 물려준 것이 아니라 하나님이 각 개인을 만나고 언약을 세우셨다. 그리고 선택받은 자손이 아버지의 재산까지 물려받은 경우는 이삭이 유일하고 야곱과 요셉은 경제적 독립까지 한다. 이런 이유로 창세기 족장 이야기 속에는 원가족에게서 독립하지 못하고 고통받는 자녀의 이야기는 등장하지 않는다. 왜냐하면, 모두 자의든 타의든 독립한 이후 독립적인 가정을 이루고 살아갔기 때문이다. 그러므로 족장들의 결혼과 가정 이야기는 창세기 2장 24절의 원리를 잘 실천하고 있다고 볼 수 있다.

Ⅳ. 나가는 말: 현대적 적용

필자는 창세기의 결혼 원리와 족장 이야기에서 관찰된 족장 가족의 모습이 현재 우리가 논의하는 수평적 가족 모델에 적용될 수 있을 것으로 생각한다. 구약 성경은 가부장 사회를 배경으로 하고 있음에도 불구하고 한 인간이 독립적인 존재로 서는 것의 시작을 부모와 분리되는 것으로 본다. 즉, 부모와의 분리가 온전한 존재로서의 시작이며 결혼을 위한 출발점이 되는 것이다. 구약의 이런 관점은 그동안 '네 부모를 공경하라'는 십계명 중 제5계명과 부모에게 패역한 아들은 돌로 쳐 죽이라는 신명기 18-21장의 말씀과 신약의 '자녀들아 주 안에서 너희 부모에게 순종하라'(엡 6:1)의 말씀과 부모에 대한 절대복종을 미덕으로 여긴 유교의 효 사상과 결합하여 무시되어 왔다. 그 결과 성경적 부모와 자녀의 관계는 자녀가 부모에게 순종하는 것이 올바른 것이며 이것은 결혼하여 독립한 자녀의 가정에도 그대로 적용되었다. 그중에서도 특히 아들이 이룬 새로운 가정이 남편 부모의 권위 아래에 들어가서 순종하는 수직적 관계가 성경적이라고 가르쳐왔다. 그 결과 기독교 가정은 일반 가정보다 더 부모가 결혼한 자녀와의 분리를 어려워하게 되었다.

그리고 가정의 달만 되면 자주 설교하는 에베소서의 가정에 대한 본문의 배열 순서를 보면 우리가 구약에서 발견한 부부 중심의 원리를 잘 따르고 있는 것을 볼 수 있다. 바울은 가정에 대한 조언에서 제일 먼저 부부 관계를 다룬다(5:21-33).[31] 그다음에 부모(6:1-3)와 자녀(6:4)의 관계를 다루고 있다. 바울이 이런 순서로 가정 문제를 다룬 이유는 가정의 중심이 부부라고 생각했기 때문이다. 이것은 부부로 구성된 독립된 가정을 전제하기에 가능한 그림이다. 부부가 독립된 가정을 이룬 상태에서 부모에게 잘하고 자녀들을 잘 키우라는 것이다. 그것도 '주 안에서' 혹은 '주의 교훈과 훈계로'라는 한계를 두었다. 부모에게 순종하는 것도 하나님의 말씀에 비추어 순종 여부를 결정할 수 있도록 자녀에게 자율성을 준 것이다.

창세기에 나온 결혼 원리의 관점에서 보면 자녀의 독립성을 훼손하고 부모의 권위 아래 종속시키려 한다든지 부부의 한 몸 됨을 갈라놓을 정도로 자녀에 대한 애착이나 간섭이 심하거나 결혼한 부부의 한 몸 됨을 인정하지 않고 여전히 자기 자녀로 묶어 놓으려고 하는 태도는 하나님의 뜻을 벗어난 요구이기에 자녀가 거절할 수 있는 것이다. 이렇게 신약도 자녀 가정의 독립성을 중요하게 여기고 있다. 그러므로 창세기의 결혼 원리와 족장 이야기 그리고 바울의 가정에 대한 조언을 볼 때 성경에서 말하고 있는 가족의 모습은 결혼한 자녀의 가정을 독립된 가정으로 인정하며 부모의 가정과 수평적 관계를 맺어야 한다고 말하고 있다.

이런 부모 가정과 자녀 가정의 수평적이고 독립적인 가족 관계의 인정은 비단 부모만이 기억하고 실천해야 할 문제는 아니다. 앞의 문제 제기에서 언급한 것처럼 많은 가정들이 부모 가정의 간섭 못지않게 자녀 가정의 의존으로 인해 심각한 갈등을 겪고 있다. 집값이 오르고 맞벌이가 당연한 시대 속에서 자녀 가정은 물리적, 정서적으로는 독립을 외치며 함께 살거나 간섭은 원하지 않는 반면에, 경제적 지원과 육아에 대한 지원을 요구하는 이중적인 모습을 가지고 있다. 이런 자녀의 모습으로 인해 부모 가정도 기준을 못 세우고 어떻게 해야 할지 고민하는 가정도 늘어나고 있다. 고령화가 심한 우리 사회에서 부모의 한정된 재원을 자식에게 다 줄 수도 없고 자녀도 심한 경쟁 사회 속에서 부모에게 의존하고 싶은 마음이 생길 수밖에 없으며 또한 나이 든 부모는 자녀의 돌봄을 기대하고 자녀는 이런 기대를 부담스러워하는 이런 상황 속에서 적절한 기준을 세우지 못하면 부모와 자녀 가정의 갈등은 점점 심화하여 결국 가족의 해체로 이어질 수 있다.

필자는 이런 혼란 속에서 부모의 가정과 결혼한 자녀의 가정을 독립적으로 분리된 온전한 하나의 가정으로 인정할 때 현재의 여러 갈등이 해소될 수 있을 것으로 생각한다. 자녀 가정의 독립성을 인정하고 존중할 때, 개인주의적 가치를 지닌 세대가 더 이상 결혼을 배우자 가족의 가치관과 그들에 대한 의무까지 떠안아야 한다거나 스스로 삶을 더 이상 통제할 수 없는 독립적인 삶을 잃어버릴 수 있다는 불안감을 가지지 않을 수 있다. '그렇게 된다면 결혼에 대한 두려움과 불안감이 많이 해소되어 결혼에 관한 생각이 긍정적으로 변할 수 있지 않을까?'라고 기대해 본다. 또한 자녀의 가정도 결혼이 물리적, 정서적 독립뿐만 아니라 경제적인 부분을 포함하여 육아와 살림 등 모든 영역에서의 독립이라는 것을 인정하게 된다면 생애 주기의 문제들을 가능한 한 부부가 해결해야 한다고 생각하고 노력하며 성장해 나갈 수 있을 것이다.

물론 이런 수평적 관계는 부모와 자녀가 서로를 멀리하거나 무시하라는 의미가 아니다. 수평적 관계는 상호 친밀성에 기반을 둔 관계로 '친밀성'이란 타인에 의해 흡수된 것이 아니라 상호 개방을 통해 상호 인정과 배려를 가능하게 하며, 서로의 개인적 경계를 인정받으면서 상호 신뢰를 구축하는 것이다.[32] 즉, 수평적 가족 관계란 부모는 자녀가 이룬 가정을 새로운 독립된 가정으로 인정하고 그들의 가치관, 질서를 존중하고 이해하며 자녀는 부모의 가정을 독립된 가정으로 인정하며 서로를 배려하고 돕는 관계를 말하는 것이다. 아무쪼록 현재 전통적 가족관이 해체되면서 개인주의와 대가족 중심주의가 갈등하는 상황에서 이 글이 작게나마 갈등을 해소하는 데 도움이 되길 기대한다.

[미주]

1 이제상 · 송유미, "사회경제적 발전, 양성평등 그리고 출산율의 결정요인-가족 중심축의 수평화 2단계 모형을 중심으로-", 「한국산학기술학회논문지」 17권 11호 (2016): 261.

2 앞의 논문, 261.

3 박수민, "비혼을 통해 본 결혼의 탈제도화와 문화적 영향력의 지속", 「가족과 문화」 29권 4호 (2017): 94-121, 114.

4 앞의 논문, 268.

5 최지영, "결혼 과정을 통해서 본 모-자녀 관계 변화에 관한 질적 연구: 기독교 가정을 중심으로", 「상담학연구」 10권 3호 (2009): 1697-1725.

6 이 연구는 어머니와 자녀의 관계를 다음과 같은 7개의 유형으로 분류하였다.

   a. 통제 대 통제 거부(통제 상실형): 통제하려고 하지만 자녀가 거부, 어머니는 확대 가족으로 여김.

   b. 통제 대 의존/의례(통제형): 어머니는 아들이 자신에게 의존하는 것을 당연히 여기며 아들의 결혼은 어머니 자신이 책임져야 할 식구가 늘어난 것으로 봄, 아들은 상호적으로 되었다고 보지만, 여전히 의존. 신앙적으로 통제하기도 함. 기도 수첩 체크, 효도하는 것이 신앙생활 잘하는 것으로 봄.

   c. 의존 대 의존(상호의존형): 어머니와 딸로 서로 경제적, 정서적으로 도와주며 같이 의존함.

   d. 의례 대 의례 거부(독립형): 어머니와 경직된 경계(밀착된 경계의 반대)를 가지고 있었기에 결혼 후 심리적, 경제적 독립을 이룸.

   e. 의례 대 의존/의례(의례형): 화목하지만, 명확한 경계를 가지고 성장. 결혼 과정을 거치며 모자 관계의 변화를 인식 못 함. 어머니는 아들이 필요로 할 때만 지원함.

   f. 희생 대 의존/의례(희생형): 어머니는 딸을 위해 희생하지만, 딸은 어머니에게 의존적이면서도 자신 가족을 중심으로 생활함.

   g. 통제 불가 대 통제 거부/의례(동일시): 어머니는 딸의 결혼 반대로 통제권을 상실하여 딸에 대해 동일시하며 가족이 확대되었다고 생각한 반면, 딸은 어머니로부터 독립하고 자기 가족에게 애착을 가짐.

7 최지영, "결혼 과정을 통해서 본 모-자녀 관계 변화에 관한 질적 연구", 1716.

8 거다 러너/강세영 옮김, 『가부장제의 창조』 (서울: 당대, 2004), 296.

9 브루스 왈트키/김귀탁 옮김, 『구약신학』 (서울: 부흥과개혁사, 2012), 304.

10 Brown, Drive, Briggs, Hebrew and English Lexicon, in *Bible Work 10*, #6938.

11 천사무엘, 『창세기』 (서울: 대한기독교서회, 1999), 86.

12 로날드 J. 윌리암스/김영욱 옮김, 『윌리엄스 히브리어 구문론』 (서울: 그리심, 2012), #173a.

13 고든 웬함/박영호 옮김, 『WBC 성경주석 1 창세기 1-15』 (서울: 솔로몬, 2001), 188.

14 피터 J. 젠트리 · 스티브 J. 웰럼/김귀탁 옮김, 『언약과 하나님 나라』 (서울: 새물결플러스, 2017), 340.

15 박유미, 『오늘 다시 만나는 구약 여성』 (서울: 햅시바, 2022), 68.

16 고든 웬함/윤상문 · 황수철 옮김, 『WBC 성경주석 2 창세기 16-50』 (서울: 솔로몬, 2001), 301.

17 천사무엘, 『창세기』, 336.

18 웬함, 『창세기 16-50』, 385.

19 하지만 조영진은 리브가가 말러의 분리 개별화 개념의 전제조건인 '정상적인 어머니로서 모성의 정체성'을 유지하고 있다고 주장한다. 조영진, "『리브가 - 야곱』 서사(敍事)의 기독상담적 사례 연구: 분리 개별화와 문화원형(原形)에 대한 이해를 중심으로", 「목회와 상담」 33 (2019): 347.

20 박유미, "어머니 부재가 딸에게 끼치는 영향-구약의 딸에 대한 어머니의 역할 연구", 「구약논단」 88 (2023): 83.

21 조영진, "『리브가 - 야곱』 서사(敍事)의 기독상담적 사례 연구: 분리 개별화와 문화원형(原形)에 대한 이해를 중심으로", 「목회와 상담」 33 (2019): 351.

22 참고로 야곱이 하나님을 가장 강하게 만난 것도 얍복강가에서 홀로 남아 있을 때였다(창 32:24).

23 웬함, 『창세기 16-50』, 427.

24 이지현, "[미션톡!] 화목한 가정 만들기... 성경에 답있다", 국민일보(2017.05.01.) http//news.kmib.co.kr/article/view.asp?arcid=0923739633 (2019.03.12. 접속).

25 브루스 K. 월키 · 캐시 J. 프래드릭스/김경열 옮김, 『창세기 주석』 (서울: 새물결플러스, 2018), 907.

26 앞의 책, 943.

27 신실한 여호와 신앙을 가진 요셉이 이방 제사장의 딸인 아스낫과 결혼한 것에 대해선 오랫동안 이해하기 힘든 일로 여겨졌다. 이 문제를 해결하기 위해 고대 유대인들은 신구약 중간사 시기에 "요셉과 아스낫"이라는 문학작품을 출간하였고 여기서 아스낫을 신실한 여호와 신앙의 소유자로 그리고 있다. 요셉과 아스낫의 이야기에 의하면 아스낫은 요셉과 결혼하기 위해 이집트 종교를 버리고 여호와 종교로 개종하였고 이 과정에서 자기 가족과 지인들로부터 격리되고 소외되었다고 기록한다. 이윤경, "위경 요셉과 아스낫: 온의 제사장 뵈베라의 딸 아스낫과 결혼한 요셉", 「문학과 종교」 제12권 2호(2007): 145, 154. 여기서도 아버지 집에서 분리된 아스낫이 요셉과 결혼하는 모습을 보여준다.

28 김창대, 『예레미야서의 해석과 신학』 (서울: 새물결플러스, 2020), 44.

29 브루스 월트키/김귀탁 옮김, 『구약신학』 (서울: 부흥과개혁사, 2012), 371.

30 이삭이 결혼한 나이에 관한 언급이 없지만, 사라가 127세에 죽었기에(창 23:1), 대략 40세라고 보면 아브라함은 이삭이 결혼한 지 35년을 더 살았다고 추측할 수 있다(창 25:7). 이삭은 야곱이 밧단아람에서 돌아온 후에도 오랫동안 살다 180세에 죽는다(창 35:27-28). 야곱은 요셉을 만난 후 147세에 죽는다(창 47:28).

31 바울은 부부가 상호 복종하는 가운데 사랑하고 존경하라고 조언한다.

32 최소정, "가족공동체간의 수평적 관계 형성을 위한 커뮤니티 댄스 기획", 「모드니 예술」 12호 (2015): 57.

제2장

정상 가족 위기와
'이상한 정상' 가족의 탄생
창세기 38장[*]

김순영

I. 들어가는 말

지금은 이른바 '정상 가족' 위기의 시대다. 가장 큰 원인은 출생률의 급격한 하락 때문이다. 통계청은 2023년 2월에 2022년 인구 동향 조사에서 합계출산율이 0.78명이라는 역대 최저치의 기록을 발표했다.[1] 이 수치를 본 미국 캘리포니아 법대 명예교수 조앤 윌리엄스는 "대한민국 완전히 망했네요. 와!"라고 반응했다.[2] 이 통계는 한국 사회가 급격한 속도로 소멸하고 있다는 공포감을 낳았다. 인구학자 데이비드 콜먼은 이미 2006년 유엔 인구 포럼에서 한국의 심각한 저출생 현상이 계속되면 지구상에서 사라지는 첫 번째 나라가 될 것이라고 말한 바 있다.[3] 그러나 한국의 출생률 저하는 단지 가족을 구성

---

[*] 이 글은 "정상 가족 위기와 '이상한' 정상 가족의 탄생: 창세기 38장을 중심으로", 「신학과 사회」 38권 1호 (2024): 1-40에 게재된 논문을 일부 수정한 것임.

하는 결혼과 출산의 문제만은 아니다. 중년에서 노년으로 생애 전환을 통과하는 노년 인구의 빠른 증가와 연결된다.[4] 그리고 다양한 형태의 새로운 가족의 등장은 우리 사회가 풀어야 할 난해한 문제다.

둘째, 정상 가족 위기는 '정상 가족 이데올로기'와 "부성 우선주의"[5]에 기초한 오래된 전통적인 가족 제도의 위기에서 비롯된다. 무엇보다 이혼, 비혼, 비혼모 가족, 동거 가족, 동성 커플 가족, 대리모 양육 가족, 혈연이나 법적 관계에 국한되지 않고 가족을 이루는 공동체 형태의 가족에 이르기까지 새로운 가족 형태의 등장이 이른바 '정상 가족' 위기에 대한 반증이다. 필자는 구약학 연구자로서 이러한 사회 현상을 능숙하게 다룰 능력은 부족하다. 다만 이 글은 급격한 사회적 변화의 물결에서 정상 가족 이데올로기에 갇혀 다양성과 복잡성을 수용하지 못하는 기독교회의 가부장적인 가족 문화와 신학이 시대성을 담지 못한다는 동기에서 시작되었다. 말하자면 이 글은 가부장 중심의 낡은 가족 제도를 해체하라는 목소리 증가와 출생률 하락이라는 시대의 현장성을 반영하여 창세기 38장을 재의미화하려는 시도다.

따라서 이 글의 목적은 창세기 38장을 재해석하여 혈족 범위를 넘어 새롭게 부상하는 다양한 가족 형태에 대한 신학적인 질문과 방향성을 찾기 위함이다. 특히 창세기 38장은 요셉 내러티브(37-50장) 사이에 '끼워진' 가족 서사에 대한 "히브리 내러티브 기술의 좋은 예"[6]로서 성서 연구의 새로운 접근 방식을 위한 풍부한 토양이다. 그 점에서 이 글은 구약을 읽는 전통적인 관점이 아니라 '사회비판적인'(socio-critical) 해석학을 활용한 것이며, 본문에 면면히 흐르는 가부장성이 빚어낸 가족 위기에 대한 비판적 읽기다. 앤서니 티슬턴(Anthony C. Thiselton)의 말처럼 사회비판적 해석학은 자기 이익을 위해서 혹은 지배적인 권력구조의 이익을 위해 텍스트를 사용하는 시도의 가면을 벗기는 일이다.[7] 무엇보다 이 글은 루트비히 비트겐슈타인(Ludwig Wittgenstein)의 '언어 게임'(Language Game) 이론을 느슨하게 적용한 읽기다. 이러한 읽기 방법은 기독교 공동체에 익숙한 정체성이나 삶의 방식을 재확인하는 성서 읽기에 제동을 걸지만, 하나의 비판적 틀을 갖는 것이지 전통적인 해석을 무조건 부정하는 것은 아니다. 이 글은 시시각각 변하는 새롭고 다양한 상황 속에서 구약의 텍스트가 새로운 맥락에 놓일 때 새로운 의미 생산 과정에 엉켜 있는 복잡한 문제들을 직면하는 것이지 정답을 제시하려는 것이 아니다.

II. 창세기 38장 해석의 맥락들과 해석 방법론

1. 창세기 38장의 최근 논의들

창세기 38장 이야기는 매끄럽지 않고 울퉁불퉁하여 신앙의 독자들을 불편하게 했다. 왜냐하면, 유다와 그의 며느리 사이 성관계가 부적절하거니와 이후 체계화된 언약 백성의 거룩한 삶을 위한 가르침에도 어긋난 죄이기 때문이다. 레위기 법은 근친상간을 혐오스러운 풍속으로 규정하고 악행으로 간주하여 금지한다(레 18:1-17). 설령 다말과 유다의 근친상간이 모세의 법 적용 이전이라 해도 정경으로서 구약 성서의 완결된 본문을 읽는 신앙의 독자에게 시간 순서는 큰 문제가 되지 않는다.

그동안 해석자들은 요셉 내러티브(37-50장) 사이에 끼어들어 요셉 이야기의 흐름을 끊는 유다-다말 이야기에 관심을 두었다. 해석자들은 38장이 구성적 측면에서 주변 문맥과 분리된 독립적인 이야기처럼 보이기에 37장과 39

장 사이에서 어떻게 서로 어울리고 연관되는지를 규명하려고 애썼다.[8] 예컨대 고든 웬함(Gordon Wenham)은 38장을 요셉이 형제들에 의해 노예로 팔리는 장면(37장)과 보디발의 집에 노예로 등장하는 이야기(39장) 사이의 문학적인 단절로 읽지 않고 요셉 운명에 대한 호기심을 증폭시키는 쉼표로 읽었다. 그리고 다윗 왕국을 수립하는 유력한 유다 지파의 조상 유다의 관점에서 38장의 양식과 구조가 요셉 내러티브 전체에 공헌한다고 보았다.[9] 이후 매리 아이작(Mary Anne Isaac)은 38장을 37장의 불의한 요셉과 보디발 아내 요구에 타협하지 않은 39장의 요셉을 비교했다.[10] 최근 피터 베킨스(Peter Bekins)는 요셉과 다말의 책략가적 기질을 비교했다. 그는 창세기 38장을 요셉 이야기의 중요한 요소들을 강조하는 '이야기 안에 또 하나의 이야기'로서 걸출한 책략가 기질을 지닌 요셉의 일화들처럼 다말의 책략가적인 기질에 초점을 두었다.[11] 이러한 논의는 창세기 38장을 더 풍성하게 읽을 수 있는 길을 열었다.

최근 리앤 스노우 플래셔(LeAnn Snow Flesher)는 젠더 정의 측면에서 히브리 서사의 예술적 복잡성을 미투 운동과 연결하여 논했다.[12] 가장 최근 데이빗 주커(David J. Zucker)는 고대 아람어 역, 타르굼에서 다말이 기민하고 끈기 있고 창의적이고 의지가 강하고 자제력 있고 용감한 여성으로 묘사된 것에 근거하여 다말을 승리자로 표했다.[13] 이렇게 창세기 38장에 대한 해석의 무게 중심은 다말을 비난하거나 그녀의 행동을 수치로 여기는 것이 아니라 유다의 실책에 집중하는 경향성을 보이며 더 나아가 "트렌스 해석"(trans hermeneutic)[14] 관점에서도 논의되었다. 이렇듯 최근 38장의 유다와 다말 이야기는 히브리 내러티브라는 문학성과 예술성의 토대 위에 다양한 해석이 실험되고 있다.

2. 언어 게임과 극적 아이러니

해석학의 큰 흐름에서 신비평(New Criticism) 이후 해석은 독자의 판단에 의지한다는 이론이 형성되었다. 이 운동은 1960년대 후반에서 80년대에 이르기까지 텍스트의 의미 생산에서 결정적 요소를 독자로 규정했다. 즉 의미를 저자와 텍스트 사이의 관계에서 출발한 산물로 보는 것이 아니라 텍스트와 독자 사이의 산물로 보게 된 것이다. 이러한 흐름에 발맞춰 '지식의 표준화'를 거부하는 '탈근대성'(postmodernity)이나 메타-내러티브에 대한 불신의 분위기를 형성하는 포스트모더니즘(postmodernism)이 하나의 문화운동으로 태동했다. 당시 유럽의 포스트모더니즘을 대표하는 인물은 자크 데리다(Jacques Derrida), 장-프랑수아 리오타르(Jean-François Lyotard), 미셸 푸코(Michel Foucault)였다. 이들 중에서 포스트모던 사상의 사회적 함의를 논했던 장-프랑수아 리오타르(1924-1998)는 갈등의 상황에서 모든 것이 권력을 중심으로 작동한다는 점에 관심을 두었다.

필자는 리오타르가 논했던 비트겐슈타인의 책 『철학적 탐구』에 소개된 '언어 게임'(Sprachspiel) 이론과[15] 문학 기법으로서 독자나 관객은 인지하지만, 극중인물은 인지하지 못하는 '극적 아이러니'를 활용할 것이다. 아이러니는 표면에 나타난 페르소나 시점에서 가면을 쓰고, 이면에 숨은 페르소나를 통해 현실을 비판한다. 아이러니는 지적 날카로움을 지닌다는 점에서 기발한 지혜와 통하고, 간접적인 비난의 뜻을 암시한다는 점에서 풍자와 통하며, 겉과 속이 다른 것에 차질이 발생했을 때 발생하는 유머를 포함한다.[16] 이 두 방법은 창세기 38장의 언어와 언어 행위로 짜인 히브리 내러티브의 구성적 예술과 의미 탐색을 돕는 좋은 도구다.

비트겐슈타인은 일상 언어철학의 독창적 사유를 제시했고, 〈철학과 언어 사이의 연관성〉으로 현대철학의 새로운 담론을 만든 사람으로 평가받았다. 무엇보다 그는 단어의 의미가 주어진 언어-게임 안에서 가장 잘 이해된다고 주장하면서 언어 게임을 통한 의사소통의 본질을 탐구했다.[17] 즉 언어는 정보 전달뿐만 아니라 사회적, 문화적 기능은 물론 인간관계 형성과 유지에 중요한 역할을 한다는 뜻이다. 비록 언어가 현실을 완벽하게 재현할 수 없는 한계가 있지만, 비트겐슈타인은 언어가 문맥에 따라 변할 수 있고 의사소통은 언어 게임의 복잡한 네트워크에서 형성된다고 논했다. 즉 언어 게임은 언어와 현실, 의미와 사용 사이의 관계 탐구는 물론이고 언어의 복잡성에 대한 이해를 돕는다.

이러한 방법을 적용한 탐구는 저자의 역사 속 그때 그 위치에 의해 형성되는 본문 의미에 멈추지 않고, 독자가 속한 사회적 변화의 지표에 따라 새롭게 의미가 생성됨을 보여준다. 다시 말해 독자가 속한 특정한 상황이나 사건, 그리고 그 사회 내에서 일어나고 있는 광범위한 변화를 고려하는 것이다. 텍스트가 저자의 맥락이 아니라 독자의 새로운 맥락에 놓일 때 어떤 의미가 발생하는가를 논하는 것이다. 따라서 이 논제는 현대 독자의 새로운 맥락, 즉 가부장 질서의 가족 제도가 한계에 봉착한 상황성을 기반으로 창세기 38장 유다와 다말 이야기의 전복적 서사의 힘을 재조명하는 것이다.

III. 창세기 38장의 가부장성과 정상 가족의 위기

1. 가부장 의미와 창세기 38장의 가부장 가족의 갈등

창세기 38장 유다와 다말 이야기는 족장 내러티브(창 12-50장)라는 큰 흐름에서 가부장제 가족의 전형성을 드러낸다. 그러면 족장 또는 가부장의 뜻은 무엇인가? 일반적으로 '족장'(patriarch)은 부족이나 씨족 공동체를 대표하는 지도자로서 혈연관계로 묶인 작은 공동체의 우두머리를 가리킨다. 위키피디아에서 족장 또는 가부장을 뜻하는 영어 "patriarch"는, "대가족의 가장을 의미하며 독재적인 권위를 행사하는 사람"이다. 더 나아가 나이 많은 남성이 가족을 지배하는 가부장제 시스템을 가리키는 용어이기도 하다.[18] 한자 '가부장제'(家父長制)는 글자 그대로 가정의 아버지 연장자 중심의 제도를 가리킨다. 한국민족문화대백과 사전에서 '가부장제'는 가장 남성이 강력한 가장권을 가지고 가족 구성원을 통솔하는 가족 형태 또는 가족 구성원에 대한 가장의 지배를 뒷받침해 주는 사회체계라고 정의한다. 가족을 의미하는 영어 '패밀리'(Family)도 '가장에게 속한 소유물'을 뜻하는 라틴어 '파밀리아'(familia)에서 비롯되었다. 그 기원에 있어서 가족은 엘리트 계층이 지배하는 소유물을 지칭하는 용어였다.[19] 이러한 가부장 가족의 특징은 구약 족장 역사에서 잘 드러나 있다.

족장 역사는 하나님의 선택과 구원을 여는 이스라엘 역사의 출발점이지만, 안타깝게도 창세기의 가부장 가족사는 갈등과 위기의 역사였다. 유다와 다말 이야기가 그중 하나다. 주커는 창세기 38장 다말과 유다 이야기가 복잡한 가족관계의 미묘한 네트워크로 가득하다고 평했다.[20] 실제로 이 이야기는 음모와 속임수가 이야기 흐름을 이끌어간다. 그런 측면에서 38장은 당시 가부장 중심의 정상 가족 질서를 뒤엎는다. 김도형은 38장을 가족 형성, 수치, 속임수라는 세 가지 공통 주제를 다루면서 본문에 담긴 대칭적 구성의 예술성을 드러냈다.[21] 이 글은 여기서 한 걸음 더 들어가 본문 언어와 행위의 관계망에서 포착되는 아이러니와 언어 게임 현상에서 포착된 가족 서사의 전복적 요소를 드러낼 것이다. 창세기 저자는 도덕적으로 비난받을 수밖에 없는 시아버지와 며느리의 성관계 사건을 삭제 또는 은폐하는 편이 더 나을 수 있지만, 기록으로 남겼다. 따라서 이 글은 매끄럽지 않은 가족 갈등의 서사 이면의 진짜 의미를 탐색하는 데 초점을 둔다. 이 과정에서 독자는 가부장 사회가 이상화하는 매끄러운 가족 각본이 아니라 껄끄러움의 부정성을 통해 이야기의 예술성을 맛볼 것이다.

2. 창세기 38장의 언어 게임과 극적 아이러니의 구성적 흐름

38장 이야기 흐름의 핵심은 일반적인 영웅적 서사의 전형성을 탈피한 다말의 의외성에 있다. 이것은 히브리 내러티브 기술 중 등장인물에 대한 화자의 전지적 관점과 특정 단어 반복과 의도적인 언어 게임에서 포착된다. 언어 게임은 사건 과정을 추정하거나 익살과 같은 요소들을 포함한다. 우리는 이러한 요소들이 어우러진 38장의 전체적인 구성적 흐름을 크게 세 단락으로 구분하여 읽고, 사건 전개에 따른 두 주인공의 주도권 변화와 화자의 의도성이 짙은 극적 아이러니에 초점을 둘 것이다.

첫 단락(38:1-11)은 이야기 전체의 배경이다. 유다를 소개하는 화자의 목소리와 어쩌다 가나안 여자와 결혼하여 세 아들을 얻은 유다의 위태로운 상황에서 시작한다. 이야기 전개는 전지적 화자 시점에서 화자와 유다가 중심이다. 첫 단락은 유다의 계획에 따라 진행된다. 그러나 둘째 단락(38:12-26)은 다말의 계획에 따라 속도감 넘치게 진행된다. 이때 시아버지 유다와 며느리 다말의 성관계는 극적인 아이러니 속에서 긴장감을 고조시키고 위험과 반전의 역설적인 상황으로 몰아간다. 극적 아이러니는 화자의 언어 게임과 맞물려 다말의 대범한 활약으로 이어져 이야기의 절정을 이끌어간다. 이때 독자나 관객은 인지하지만, 극중인물은 인지하지 못하는 상황이 극적 아이러니 효과를 높인다. 마지막 셋째 단락(38:27-30)은 다말의 쌍둥이 출산에 대한 화자의 보도로 끝맺지만, 초점이 유다가 아니라 다말이다. 이야기 시작은 화자와 유다 목소리에 집중되지만, 갈등-절정-결말은 점차 다말의 역할 비중을 높여 가며 혼외 자식 출생으로 마무리된다.

1) 가부장 유다의 위태로움

38장 이야기 시작은 전형적인 족보체계다.[22] 그러나 동시에 "그리고 이것은 그 후에 일어났다"라는 히브리 내러티브의 전형적인 구문으로 시작된다. 시점은 야곱의 아들들이 유다의 제안대로 요셉을 미디안 상인들에게 팔고 난 이후다(37:25-36). 얼마만큼의 시간이 흘렀는지 밝히지 않지만, 화자는 유다가 형제들과 떨어져 아둘람 사람 히라와 머물기 위해 내려갔다고 한다(38:1). 화자는 시간보다 장소 변화에 관심을 두었다. 강화구는 아둘람을 38장 전체의 지리적 배경으로 인식하고 유다가 가나안 땅으로 '내려갔다'는 것에 주목했다.[23] 이는 유다의 영적 퇴보를 '내려감'과 지리적 정보를 연결하여 이야기 전개의 상징성과 신학적 의도를 담아낸 것이다.[24] 거기서 유다는 가나안 사람 수아의 딸과 결혼하고 세 명의 아들을 얻는데, 아들의 이름은 엘, 오난, 셀라였다(38:4-5).

유다가 가나안 여자와 결혼하여 아들을 낳고 가나안 땅에 성공적으로 정
착한 듯 보였지만, 묘한 긴장감과 불길한 징조가 포착된다. 가나안 땅은 정착
해야 할 약속의 땅이지만, 그곳은 정치 사회 문화적으로 거리 두기를 해야 할
땅이었다. 더군다나 아브라함은 늘그막에 자기 아들 이삭에게 가나안 여자
를 선택하지 말라고 당부했었다(24:3-4). 유다의 조부모 이삭과 리브가 역시
이방 여자와 결혼한 에서를 못마땅하게 여겼고(26:34-35; 27:46), 이삭은 아들
야곱에게 가나안 사람의 딸과 결혼하지 말라고 당부했었다(28:1).

그러나 유다는 엘을 다말과 결혼시켰다. 화자는 다말이 어떤 여자인지 어
떤 정보도 제공하지 않는다. 그저 유다가 가부장으로서 큰아들 혼사에 적극
개입한 것을 알릴 뿐이다. 시간이 얼마나 흘렀는지 알 수 없지만, 결혼 후 엘
이 죽었다. 이때 화자는 엘의 죽음을 간결하게 보도한다. "엘이 여호와의 눈
에 악했다. 그래서 그가 죽었다"(38:7). 이 간결함이 더 치명적으로 들린다. 이
말은 둘째 아들 오난의 행동을 비난할 때도 반복된다. 유다는 곧바로 둘째 아
들 오난을 다말에게 보내 죽은 형제의 의무를 이행하게 했다(38:8). 아들의 죽
음을 애도하는 의례적인 시간은 생략되었다. 유다의 신속한 행동을 비난하듯
보인다.

유다는 둘째 아들 오난에게 "네 형을 위하여 씨가 있게 하라"(38:8)고 명령
한다. 이것은 남편의 죽음으로 인해 홀로 남겨진 여성이 남편의 동생과 결혼
하는 풍습이다. 형의 끊긴 대를 잇는, 이른바 '계대결혼'(levirate marriage) 또는
'시형제 결혼법'으로 불린다. 이때 유다가 아들에게 명령한 결혼은 다말을 위
한 것이 아니라 죽은 큰아들을 위한 것이었다. 유다는 '씨'(제라)에 관심이 있
을 뿐 며느리 다말의 슬픔은 안중에 없다.

계대결혼은 고대 이스라엘과 이웃하는 아시리아와 헷 사람들의 관습이었고, 그 흔적은 이라크 북동부 고대 유적지 누지의 토판이나 시리아의 우가릿 토판에서 발견되었다.[25] 신명기도 남편의 죽음 때문에 홀로 된 여성이 고인의 형제와 결혼하는 의무를 명시한다(신 25:5-10). '시형제 결혼법'은 한마디로 고인의 동생이 자기 형의 가계 보존을 위해 홀로된 형수와 결혼하여 대를 잇는 것이다. 즉 결혼한 여성이 아들을 낳아 이스라엘 중에서 그 남편의 이름이 끊어지지 않기 위함이었다. 수잔 니디취(Susan Niditch)의 말처럼 이것은 남성 보존 또는 남성 보호법으로 남성 중심 사회의 상징체계다.[26]

동시에 이 풍습은 홀로 남겨진 여성의 위태로움을 해결하는 안전망이기도 했다. 그러나 만일 고인의 형제가 그 의무를 이행하지 않을 경우, 고인의 아내는 성문의 장로들에게 공적으로 문제를 제기할 수 있었다. 이때 여자는 죽은 남편 형제의 신발을 벗기고, 침을 뱉으며, 그 집안은 신 벗김을 당한 자의 집안이라고 불리게 된다(신 25:7-10). 이 법은 강제성이 없더라도 실행하지 않으면, 그 의무를 기피한 고인의 남자 형제는 수치를 감수해야 했다. 이것은 그 시대의 인습적이고 도덕적인 책무였고 결혼한 여성의 명예와 신분을 보장하는 것이었다.[27] 또한 족장 중심의 부족사회에서 남편과 아들 없이 사회적 광야로 내몰린 젊은 과부를 구제하는 의무였다.[28] 즉 룻과 보아스의 결혼처럼 남성 중심의 가부장적인 위계 사회에서 남편 잃고 아들 없이 살아야 하는 여성의 위태로움과 안위를 생각한 나름의 사회복지제도인 셈이다.

그러나 오난의 생각은 달랐다. 화자는 오난의 속마음과 이기적이고 은밀한 행동을 폭로한다. 그러니까 오난은 '그 씨'(하자라)가 죽은 형과 남겨진 형수를 위한 것임을 알고서 '그 씨'를 주지 않으려고 잠자리에서 정자를 흘려버렸다(38:9). 이것은 니디취의 지적처럼, 오난이 다말을 아내로 맞아들였지만, 자기 형의 후손을 위해 대리부가 되지 않겠다는 의지를 은밀하게 실행한 것이다. 형의 이름으로 자식을 양육하고 다말의 위치를 정상화하는 과정을 거부한 행동이다.[29] 화자는 유다가 중요하게 여긴 '씨'(제라)를 '그 씨'(하자라)라고 반복하면서 후손의 중요성을 가볍게 여긴 오난을 비난한다. 유다의 두 아들에 대한 화자의 평가는 간결하지만, 결과는 치명적이었다(악했다-여호와가 죽게 하셨다).

וַיְהִי עֵר בְּכוֹר יְהוּדָה רַע בְּעֵינֵי יְהוָה וַיְמִתֵהוּ יְהוָה	유다의 첫째 아들 에르는 여호와의 눈에 악했다. 그래서 여호와가 그들을 죽게 하셨다.	7절
וַיֵּרַע בְּעֵינֵי יְהוָה אֲשֶׁר עָשָׂה וַיָּמֶת גַּם־אֹתוֹ	그가 행한 것이 여호와의 눈에 악했다. 그래서 그가 그도 죽게 하셨다.	10절

화자가 강조하는 공통점은 두 아들이 여호와 보시기에 악해서 죽은 것이다. 큰아들 '에르'(עֵר)가 '악했다'(라, רַע)고 평가할 때, 두 단어는 매우 의도적인 선택이다. '에르'의 낱글자 순서를 바꾸면 '악하다'라는 뜻의 '라'가 되기 때문이다. 히브리어로 읽는 독자들은 말놀이를 통한 저자의 의도를 눈치챌 수 있다. 그리고 화자가 둘째 아들 오난의 은밀한 피임 방법을 '그가 행한 것'(아쉐르 아싸)이라고 말한 것은(38:10), 오난도 형처럼 '씨'(후손)에 대한 약속을 가볍게 여겼다고 비난하려는 의도다. 무엇보다 화자는 오난의 무책임과 이기적인 행동, 그리고 죽음을 그의 형처럼 간결하게 알리면서 악의 치명성을 강조한다.

유다는 이 문제를 어떻게 처리했는가? 유다가 며느리 다말에게 "네 아버지 집에 '과부'로 있으면서 내 아들 셀라가 장성하기를 기다리라"(38:11) 말한다. 유다의 이 말은 며느리 처지에 대한 걱정과 염려가 아니다. 이때 유다가 사용한 단어 '과부'는 이후 유다가 감당하지 못할 사건의 전조가 된다(38:15). 곧바로 화자는 유다가 막내 셀라도 그 형들처럼 죽을까 염려했다고 밝힌다(38:11). 유다의 속마음을 폭로하는 화자의 언어는 유다의 이중성을 드러낸다. 이는 막내아들과 다말의 결혼을 저지하려는 가부장 유다의 적극적인 개입을 폭로한 것이다.

그러나 유다 집안 남자들과 달리 다말은 말이 없다. 다말은 시아버지 요구대로 자기 '아버지 집'으로 가서 살았다(38:11). 다말은 자기 삶을 결정하는 주체로서 어떤 주장도 하지 못한 채 수동적 객체로 존재했을 뿐이다. 그렇게 다말은 고대 사회에서 안전을 보장하는 남편과 아들 없이 시아버지에 의해 불안하고 위태로운 '과부'의 삶으로 추방되었다. 그러나 아이러니하게 다말의 침묵은 더 큰 사건을 감춘 듯 극적 긴장감을 높인다. 다말의 무언(無言), 곧 침묵은 무언가 비장하고 숭고한 것을 내면 깊숙이 담아 둔 또 다른 언어가 된다. 아니 다말의 침묵은 언어화되지 않은 언어 이상의 무엇이다. 왜냐하면, 머지않아 다말의 침묵은 표면과 이면을 뒤바꾸는 극적 아이러니로 작용하기 때문이다. 이때 유다에 의해 실행되는 가부장의 "가족 각본"[30]에서 위태로움은 누구를 향하는가.

2) 가부장 유다만 모르는 아이러니와 언어 게임

여러 날이 흘렀다(38:12, 개역개정 "얼마 후에"). 화자는 시간의 흐름을 알리며 새로운 국면을 제시한다. 이즈음 가나안 사람 수아의 딸, 곧 유다의 아내가 죽었다. 유다 집안의 연속적인 죽음이 불길하다. 그런데 이름이 없는 유다 아내의 죽음은 배경으로만 존재할 뿐이다. 유다가 "위로를 받은 후에"(개역개정), 그러니까 유다가 장례 절차를 마치고 의례적인 슬픔의 시간을 보낸 이후다. 그는 친구와 함께 딤나로 올라갔다(38:12). 딤나의 위치는 확실하지 않지만, 당시 양털 깎는 일은 큰 잔치를 벌이며 즐거움을 나누는 시간이다(삼상 25:11-36; 삼하 13:23, 28 참고).

이때 어떤 사람이 다말에게 시아버지의 행방을 알린다(38:13). 새로운 인물이 등장하지만, 그가 누군지 이름이 없다. 중요한 것은 시아버지 소식을 들은 이후 다말의 행동이다. 다말은 '그녀의 과부 의복'을 벗고 너울로 얼굴을 가리고서 '에나임' 입구에 앉았다(38:14). 이때 화자는 다말의 옷차림과 장소 변화를 알린다. 이는 의도적이며, 유다가 며느리에게 '과부'로 아버지 집에 머물러 있으라는(36:11) 대응어로 보인다. 이때 화자는 다말이 '그녀의 과부 의복'을 벗은 더 직접적인 이유를 밝힌다. '왜냐하면'(키) 그녀는 셀라가 장성한 것을 보았기 때문이다. '그녀는'(다말은) 아내로서 '그에게'(셀라에게) 허락되지 않았다(38:14)는 화자의 말은 유다의 거짓말에 대한 우회적인 비난이다. 사태를 파악한 다말은 '과부'로 있으라(38:11)는 시아버지 요구에 더 이상 순응하지 않는다. 다말은 자기 삶을 개선하기 위해 순응이 아니라 충돌을 선택한다.

화자는 다시 유다의 속마음을 폭로한다. 유다가 다말이 얼굴을 가렸기에 창녀라고 생각했다는 것이다(38:15). 화자는 다말이 창녀 차림을 했다고 직접 말하지 않고 유다의 속마음만 드러냈다. 이 때문에 테렌스 프레타임(Terence E. Fretheim)은 이것을 화자의 관점에서 다말의 행동을 창녀로 해석하지 않으려는 의도로 읽었다.[31] 말하자면 화자는 며느리를 알아채지 못하고 '창녀'(조나)로 '생각한' 유다를 비난한 것이다.

며느리 다말은 주도면밀했다. 다말이 창녀 복장을 하고 '에나임' 입구에 앉았을 때다. 에나임 위치는 중요하지 않다. 클리포드는 위치의 중요성보다 화자의 말놀이에 주목했다. 지명 '에나임'은 쌍수 형태(복수형)로서 몸의 기관 '눈'(에나임)과 형태가 똑같다. 그러니까 시아버지는 '눈들'이 많은 거리에서 자기 며느리를 알아보지 못한 것이다.[32] 언어 게임과 아이러니를 통해 지적 날카로움과 풍자성이 돋보인다. 화자는 며느리를 알아보지 못하고 창녀로 착각한 장소와 몸을 연결하여 유다를 비웃고 있다. 화자의 언어 게임으로 유다의 겉과 속이 다른 이중성과 기만적인 마음이 폭로되었다. '눈들'(에나임)이 있는 거리에서 유다만 못 보는 아이러니는 민첩하고 주도면밀한 다말과 날카롭게 대비된다. 특히 '에나임'은 여호와 '눈에' 악하다는(38:7, 10) 비난을 들은 유다의 두 아들과도 연결된다. 여호와의 '눈'과 '눈'이 연결되면서 유다도 자기 아들들처럼 악하다는 것이 드러났다.

그때 유다가 다말에게 성관계를 요청한다. 문자적으로 표현하면 "제발, 어서 내가 네게 들어가게 하라"(38:16)이다.[33] 이 말은 성관계에 대한 완곡어법이다. '제발 어서'(하바-나)라는 말에서 유다의 다급함과 간절함이 보인다. 이때 화자는 유다가 며느리인 것을 알아채지 못했기 때문이라고 반복한다(38:15, 16). 왜 화자는 이 말을 반복할까? 유다의 일탈을 변호하려는 뜻일까? 모호하다. 베킨스는 이것을 두 가지로 해석했다. 첫째, 유다가 나중에라도 막내아들 셀라와 혼인시킬 의도가 없음을 드러낸 것이요, 둘째, 며느리를 창녀로 간주하여 사회의 가장 취약한 변두리로 밀어내는 유다의 기만(deceit)을 드러낸 것이라고 보았다.[34] 베킨스의 해석이 합리적이지만, '눈' 모티프와 연결하면 유다가 다말을 창녀로 착각한 그 자체를 우회적으로 비난한 것이다.

다말은 유다가 알아채지 못하도록 위장했다. 둘 사이에 속고 속이는 팽팽한 긴장이 감돈다. 베킨스는 이것을 다말이 '책략가'다운 기질을 드러낸 것이요, 시아버지의 속임에 더 이상 말려들지 않고 자기 문제 해결을 위해 기발한 지혜를 발휘한 것으로 해석했다.[35] 실제로 다말은 비난을 두려워하지 않고 대범하게 행동한다. 그동안 침묵했던 다말이 처음으로 입을 열었다. "당신이 무엇을 나에게 주고 내게 들어오려고 하는가?"(38:16). 성관계 요구 대가로 무엇을 줄 것인지 묻는 말이다. 유다는 염소 새끼 한 마리로 흥정했다. 유다가 당장 현물을 갖고 있지 않았는지 다말은 담보물을 요구했다(38:17). 다말은 담보물로 유다의 도장과 도장을 묶는 끈, 지팡이를 받았다. 이 담보물로 성관계는 성사되었고 그녀는 임신했다(38:18). 화자는 다른 부차적인 설명이 불필요한 듯 임신 사실만 신속하게 알린다. 임신이 중요했다.

3) 창녀와 신전 창녀의 뒤섞임과 아이러니

(1) 다말의 의복 변화와 아이러니

다말은 너울을 벗고 '그녀의 과부 의복'을 다시 입었다(38:19). 이것은 자기 정체성의 표현이다. 즉 죽은 엘의 아내 위치를 유지하겠다는 뜻이다.[36] 또한 다말이 '그녀의 과부 의복'을 벗었다가(38:14) 다시 입은 것은, 유다가 다말에게 '과부'로 있으라는 말에 대한 대응 전략이다. 이때 성관계 대가로 받은 담보물이 다말 손에 들려 있다(38:20). 다말이 담보물로 받은 도장은 굴려서 눌러 찍는 원통형 모양이며 당시 가나안 문화에서 상용화된 물건이다. 개인 도장을 소유한 것으로 보아 유다는 부자다. 지팡이는 실용적인 측면 외에도 권위의 상징이다. 더군다나 지팡이 머리 부분에 이름을 표시하여 누구 소유인지 식별할 수 있다.[37] 이처럼 지팡이는 존재를 증명하는 정체성과 권위의 표시였다.[38] 그런데 가부장 유다의 존재와 권위를 증명하는 신분증이 '과부 의복'을 입고 임신한 다말의 손에 들려 있다. 권위를 상징하는 지팡이가 임신한 과부의 수치와 결합하는 아이러니한 장면이다. 그 순간 유다의 신분과 권위가 다말에게 이동한 것이다.

(2) 창녀와 신전 창녀의 뒤섞임과 언어 게임

이후 유다의 말과 행동이 이상하다. 유다는 친구(아둘람 사람)에게 염소 새
끼 한 마리를 보내 '그 여자'에게서 담보물을 찾으려고 했지만, 친구는 찾을
수 없었다고 했다(38:20). 이때 유다는 처음 '창녀'(조나)로 여겼던 며느리를
'그 여자'(하잇샤)라고 칭한다. 유다의 친구도 조금 이상하다. 그는 에나임 입
구에 있던 '그 신전 창녀'(학케데샤)를 수소문하지만, 거기에 '신전 창녀'(케데
샤)가 없다(38:21)는 말을 듣는다. 두 가지 의문점이 발생한다. 첫째, 왜 유다
는 자기의 담보물을 직접 찾아오지 않고 친구에게 부탁했을까? 둘째, 왜 유다
의 친구는 유다가 '창녀'라고 생각한(38:15) '그 여자'가 아닌 '신전 창녀'를 수
소문했을까?

> 그가 그곳 사람들에게 물었다. 말하기를, 그 길 곁에 에나임에 있던 그 신전 창
> 녀(학케데샤)가 어디 있습니까? 그러자 그들이 말했다. 여기에는 신전 창녀(케데
> 샤)가 없소(38:21).

'창녀'(조나)와 '신전 창녀'(케데샤)는 형태가 다르다. 그러나 한글 『개역개
정』, 『새번역』, 『쉬운 성경』은 신전 창녀를 창녀로 통일했다. 그러나 정확한
구분이 필요하다. 왜냐하면 '창녀'는 일반적으로 제 몸을 팔아 생계를 유지하
는 여성을 일컫는다. 그러나 '신전 창녀'(shrine/cultic/religious prostitute)는 '거
룩하다'를 뜻하는 형용사 '카데쉬'의 여성명사 '케데샤'다.[39] 즉 "거룩한 창
녀"(sacred prostitute)로서[40] 신당에 귀의한 자를 뜻했다. 당시 신전 창녀와 성관
계를 맺는 것은 풍요와 다산을 기원하는 가나안 문화의 종교적 관행이었다.[41]
웬함은 당시 가나안 문화에서 신전에 소속된 창녀들은 일반 창녀보다 존중받

는 위치였다고 한다.[42] 그러면 유다의 친구는 가나안 지역 제의적 관행에 기대어 사회적인 정당성을 확보하려는 계산된 행동이었을까? 이 관행과 용어에 대한 논쟁의 여지가 있지만, 아델 벌린(Adele Berlin)은 '신전 창녀'에 해당하는 '케데샤'가 완곡어법이 아니라고 지적했다.[43] 당시 신전 창녀는 얼굴에 너울을 쓰고 남자들과 동침했고 신들의 대리자로 여겨졌다. 그리고 신전 창녀와 성관계를 갖는 가나안의 종교적 관행은 씨앗을 파종하거나 가축의 털을 깎는 시기에 매우 성행했던 것으로 알려진다.[44]

무엇보다 번역은 한 언어에서 다른 언어로 바꾸는 기계적이고 자동적인 '옮김'이 아니라 일종의 해석이라는 측면을 고려해야 한다.[45] 창녀와 신전 창녀를 구별할 때 그 용어의 사회 문화적인 본래 의미를 온전히 전달할 수 있다. 그렇지 않으면 저자가 선택한 의미상의 차이를 무시하게 된다. 따라서 "번역 대상 언어에서 선택된 대응어가 원천언어의 의미를 잘 전달"하는가는 중요하다.[46] 이것은 또한 사회 언어학적인 측면에서 신전 창녀에 대한 낯선 개념을 밝혀 현대 독자에게 알권리를 제공한다.

더군다나 '창녀'와 '신전 창녀'의 정확한 번역은, 기능적 차이에서 발생하는 긴장과 행간의 숨은 뜻을 드러낸다. 몇몇 현대어 역본들도 '그 신전 창녀'(38:21, 학케데샤)를 "신전 창녀"(한국천주교성경, 공동번역), "the temple prostitute"(NAS, NRSV), "the shrine prostitute"(NIV, NLT), "the cult prostitute"(TNK)라고 번역하여 '케데샤'에 대한 가나안 배경의 제의적 의미를 밝혔다. 이는 각각의 어휘가 전달하는 사회 문화적 의미를 축소하지 않고 진짜 의미를 찾도록 돕는다. 언어 게임 이론에서도 단어가 어떻게 사용되느냐에 따라 의미가 결정된다. 왜냐하면 언어 게임은 언어와 행동의 결합체로서 서로가 소통할 수 있는 맥락을 제공하기 때문이다. 무엇보다 언어 게임에서 단어는 완결되고 불변적인 체계가 아니다.

그러면 유다와 유다 친구는 관행 뒤에 숨어 수치를 모면하고 싶었던 것일까? 유다는 그곳에 '신전 창녀'가 없다는 친구 말을 듣고 개의치 않는다. 유다는 '그 여자'를 '신전 창녀'가 아니라 '창녀'라고 수정하지도 않는다. 자기의 욕구 충족을 위한 성적인 일탈이 가나안 관행을 따른 것처럼 여겨지길 원한 것일까? 지금까지 전지적으로 사건에 개입했던 화자가 유다의 속마음에 대해 침묵한다. 독자에게 판단을 맡긴 셈이다. 유다는 친구에게 '웃음거리가 되지 않게'(펜 니예 라부즈) 그냥 두라며 값을 치르려고 최선을 다했다고 말할 뿐이다(38:23). 이 말은 자기의 명예 상실과 수치 때문에 신속히 사건을 덮으려는 비겁함이다.

이 일은 예기치 않은 다른 사건으로 전개된다. 삼 개월 후, 유다는 며느리 소식을 듣는다. "그녀가 행음하였고"(잔타), "그 행음함으로"(리즈누님) 임신했다(38:24)는 소식이었다. 이때 '그녀가 행음했다'(잔타)는 말은 유다가 사용했던 '창녀'(조나)의 어근 동사다. '행음하다'를 뜻하는 '자나'는 불법적인 모든 성관계를 일컫는 말이다.[47] 따라서 '그녀가 행음했다'는 말은 다말이 불법적인 성관계의 주체였다는 비난이다. 그러나 독자는 다말의 임신이 유다 때문임을 알고 있다. 그런데 유다는 다말을 끌어내 불태우라고 한다(38:24). 프레타임의 표현처럼, 유다가 판사의 역할을 자처하고 사형선고를 내린 것이다. 이것은 유다가 여전히 다말을 자기 권위 아래 있는 가족으로 여긴다는 뜻이다.[48] 가부장의 권위를 휘두른 유다의 결정은 신속하고 잔인했다. 이때 화자의 말은 유다의 결정을 비난한 셈이다. 왜냐하면, '그녀가 행음했다'(잔타)는 말은 38장에서 유다만 사용한 '창녀'(조나)와 관련된 말이기 때문이다. 이 말은 표면적으로 다말을 비난한 듯하지만, 유다를 향한 비난이다. 사건의 전말을 알고 있는 독자의 눈에도 시아버지의 분노는 황당하다.

(3) 가부장의 위태로움과 언어 게임

그때 다말이 끌려 나왔지만, "격식을 갖춘 엄격한 태도로"[49] 시아버지에게 할 말을 어떤 남자에게 전달한다(38:25).

> 이 물건의 주인 때문에 내가 임신했습니다. 제발, 알아봐 주십시오.
> 이 도장과 그 끈과 지팡이가 누구 것입니까(38:25).

공개적인 자리로 끌려 나왔을 다말의 결정적 한마디, "제발, 알아봐 주십시오"(또는 "제발, 조사해 주십시오", 38:25, 하케르-나)에 간절한 바람이 담겼다. 이 말은, 유다가 며느리를 못 알아보고 "제발 어서"(하바-나) 들어가게 해달라는 (38:16) 요청과 극적인 대조를 보여준다. 다말의 생존 욕구와 유다의 일탈 욕구가 절묘하게 교차한다.

좀 더 문맥을 넓히면 이 사건은 다른 사건과 연결된다. 37장에서 요셉을 팔아넘긴 형제들이 그의 옷에 숫염소 피를 묻혀 아버지를 속이는 장면에서 아버지의 아들 옷인지 '제발 봐주십시오'라고 말했다(37:32). 그리고 이후 이 말은 요셉이 형들을 알아보고 용서하는 동인이다(42:8).[50] 또한 야곱이 에서로 위장했을 때 이삭이 야곱 '그를 알아채지'(히키로) 못하게(27:23) 했던 사건과 연결된다.[51] 이삭이 야곱과 리브가의 속임 때문에 야곱을 에서로 착각한 것처럼, 유다는 며느리를 창녀로 착각했다. 착각이 변명으로 정당화될 수 없다. 화자는 "그가 알아보았다"(바야케르)라고 말할 뿐이다.

이제야 유다는 자기가 무슨 짓을 했는지 깨달았다. 다말이 담보물을 내놓으며 '알아봐 주십시오'라고 했던 말과 '그가 알아보았다'라는 말의 호응에서 사건의 인과관계와 진실이 드러난 것이다. 화자는 같은 말을 사용하여 극적 아이러니를 연출했다. 그리고 언어 게임에서 말하는 언어와 행동이 결합하는 언어적 실천으로 상황이 역전되었다. 이후 유다가 말했다(38:26).

> …그녀가 나보다 의롭다.
> 왜냐하면 내가 그녀를 내 아들 셀라에게 주지 않았기 때문이다…(38:26).

'의롭다'라는 '차디크' 동사는 윤리적, 도덕적 기준에 따른 확증만이 아니라 사법적인 무죄를 뜻한다.[52] "그녀가 의롭다"(차드카). 유다의 이 간명한 말은 다말의 정당성을 공표한 것이며 문제의 원인이 유다 자신에게 있다는 자백이다. 즉 유다가 며느리를 친정으로 보내면서 거짓 약속과 거짓 희망을 심어주며 속였던 이기적인 행동과 무책임성에 대한 인정이다.

맨 처음 다말의 침묵이 결국 언어 이상의 무엇이 되었다. 니디취는 아이러니한 반전의 결말을 인습적 또는 대중적 관례를 뛰어넘어 요셉 내러티브 전반에 내재한 반전의 흐름과 호응한다고 보았다.[53] 이 흐름에서 다말과 유다의 역전은 단어들 사이의 관계들이 빚어낸 아이러니와 언어 게임을 통한 구성의 역동성 안에 숨어 있었다. 자칫 다말의 속임과 불법적인 성관계 책임이 다말의 일탈로 끝날 뻔했지만, 위기의 정점에서 다말의 신의성실이 입증되었다. 찰스 프리취(Charles T. Fritsch)는 다말이 죽은 남편의 후손이 보존되도록 뭐든 시도한 것이며, 죽은 남편과 가문의 영광을 위해 씨를 얻으려는 고결한 아내 역할이었다고 평가한다.[54] 이 평가는 가부장적인 사회에 공헌한 여성을 칭송하는 것처럼 들리는 애매한 점이 있지만, 더 중요한 것은 '씨'를 중시했던

(38:8) 가부장 유다의 실패를 보게 한다.

며느리의 권리를 박탈하고 자기 이익에만 충실했던 시아버지 유다는 비난받는다. 말하자면 이 사건은 무력한 며느리의 불명예스러운 수치가 아니라 시아버지 유다의 수치와 며느리의 명예 회복을 대조한 이야기다.[55] 물론 본문은 유다를 죄인으로 지목하여 직접 비난하지 않는다. 하지만 유다가 가나안 여자와 결혼한 것과 홀로된 며느리의 계대결혼 혜택을 보장하지 않은 것을 비난한다.[56] 유다는 정당성을 인정받지 못했지만, 다말은 유다의 장자 엘과 그의 동생 오난과의 결혼 의무를 지키려고 부단히 노력한 의로운 사람으로 판명되었다.

화자는 유다가 더 이상 그녀와 동침하지 않았다(38:26)는 발언으로 이 사건을 종결한다. 브루그만은 이 사건을 마무리 짓는 마지막 문장이 시아버지와 며느리의 불편한 성관계 문제를 축소하려는 편집적인 논평처럼 들릴 수 있지만, 다말의 혐의를 풀어주고 그녀의 오명을 벗겼다고 해석했다.[57] 즉 다말을 변호하는 화자의 뜻이 담긴 말이다. 무엇보다 '그녀가 나보다 의롭다'라는 유다처럼 화자의 마지막 한마디는 "위험스러운 의를 대변하는"[58] 진실이었다. 시아버지와 며느리의 성관계는 사형에 해당하는 죄이지만(레 20:12), 화자는 끝까지 다말을 향한 사회적, 도덕적 비난을 차단했다. 그렇게 이야기 결말은 "역설적으로 도덕성을 추구하려는 자들의 도덕성을 과격하게 비판하는" 입장이다.[59] 브루그만의 말처럼, 속임과 불법적 성관계라는 너저분한 이야기 한 복판에서 죄와 무죄에 대해 생각지도 못한 판결이 내려진 것이다. 다말의 속임과 부적절한 성관계는 선량한 사람들이 정죄하기 좋은 사건이고 도덕적인 결론을 얻고자 하는 이들에게 충격이지만 새롭고도 급진적인 '의' 개념을 보여주었다(38:26).[60] 38장 표면은 시아버지 유다의 거짓과 다말의 속임이 충돌

하여 빚어진 시아버지와 며느리의 성관계라는 불편한 사건이다. 그러나 이 사건의 숨겨진 본질은 사회적, 도덕적 통념과 관습의 섣부른 적용을 벗긴 '전복성'에 있다. 본문은 그렇게 독자를 불편하게 만듦으로써 도리어 재해석의 길을 터주었다.

(4) '이상한' 언약 가족의 탄생

결국 유다-다말의 부적절한 관계에서 '이상한' 가족이 탄생했다. 다말이 혼외 자식을 출산했으니 이른바 정상 가족이 될 수 없다. 정상 가족이란, 아버지 엄마 사이에 태어난 정상 자녀로 구성된 핵가족 형태의 가족이다. 그러니 며느리와 시아버지 사이에서 태어난 쌍둥이 베레스와 세라는 정상 가족 범위 밖에 있다. 기존의 결혼과 출산 공식을 뒤엎는다. 말하자면 '퀴어'적인 가족이다.

'퀴어'(queer)는 '낯선', '이상한', '드문'이라는 뜻이다. 무언가 딱 들어맞지 않는 경우를 가리키며, 종종 사회적으로 용인되지 않는 행위를 표현하기 위해 사용되기도 했다. 어원 자체가 '정상'에서 벗어난 경우를 뜻한다. 그래서 거부감의 요인이 되곤 한다. 현재 '퀴어'는 1922년 이후 성소수자를 가리키는 용어로 사용되고, 퀴어학의 대표 용어가 되었다. 그리고 21세기 들어서 모든 비규범적 성정체성을 포괄하는 용어로 확장되었다. 퀴어 이론 등의 학술 연구에서는 인간의 젠더를 남성과 여성으로 규정하는 젠더 이분법이 실제 상황에 부합하지 않는다고 파악하고 있다. 따라서 이제 퀴어학은 인류학이나 여성학 하위 분야에서 독자적인 간학문적 영역이 되었다.[61]

그러면 창세기 38장의 이상하고 낯선 가족 이야기 결말은 현대 독자에게 어떤 시사점을 주는가? 마지막 세 번째 단락은 야곱의 톨레도트(37:2)에 걸맞게 아기 출생으로 끝난다. 이것은 다말과 유다 사건이 족장 야곱의 가족 이야기의 일부이며, 38장의 해석학적인 열쇠다. 셋째 단락 시작은 유다와 다말이 가까이하지 않은 이후(38:26) 유다는 등장하지 않고 다말의 출산 소식으로 끝난다. 출산 소식 역시 간명하지만 매우 함축적이다. 화자는 해산할 때가 되었으며, 쌍둥이였다고 간결하게 말할 뿐이다(38:27). 산파가 먼저 나오려는 아기에게 홍색 실을 매주었지만, 그 손이 들어가고 동생이 먼저 나왔다(38:28-29). 다말의 쌍둥이 출산은 족장 야곱과 그 형제인 에서의 출생(25:24-26) 장면과 중첩된다. 그리고 이야기 마지막 단계에 언급된 계보에서 베레스는 모압 여자 룻의 남편 보아스의 조상이 되고, 이스라엘의 왕 다윗의 먼 조상으로 소개된다(룻 4:21-22). 이렇게 38장은 아브라함 3대에서 언약을 직접 받지 않은 다말이 하나님 언약 성취에서 '족장' 역할을 떠맡는 것처럼 끝났다.

쉐릴 엑섬(Cheryl Exum)의 해석처럼, 다말은 하나님 약속의 담지자들처럼 다음 세대의 상속자들을 준비하는 일에 관여하게 되었다.[62] 다말이 아브라함, 이삭, 야곱의 아내들처럼 유다의 아내로 소개되지 않았지만, 다말은 여성 족장으로서 기능적 지위를 얻은 것이다.[63] 강규성은 38장의 신학적 주제를 자손 문제에 개입하시는 하나님의 주권적 섭리라고 포괄적인 결론만 제시하며 누가 장자의 권리를 가지는가의 문제로 이동할 뿐[64] 하나님이 어떻게 자손 문제를 해결하셨는지 설명하지 않았다. 하나님은 이 불편한 사건 속에서 자손 문제 해결의 주체가 다말이 되도록 허용하셨다. 다시 말해, 아브라함 언약의 계보를 잇는 실제적 역할과 공헌을 남자 족장(또는 가부장)이 아닌 여자가 이 례적으로 실행한 것이다. 샤론 페이스 진슨(Sharon Pace Jeansonne)의 말대로 하나님 언약을 이행하는 창세기의 족장 이야기 맥락에서 다말은 영웅적인 어머니로서 이른바 '여자 족장'의 역할을 실행한 것이다.[65] 한마디로 권위를 상징하는 유다의 지팡이를 들고 있는 다말의 모습에서 새롭고도 급진적인 '이상한' 정상 가족이 탄생했다.

3. '이상한 정상' 가족 탄생과 신학적–사회학적 의미

1) 가부장 가족의 한계를 넘어

유다는 당시 가부장 중심의 정상 가족 위기의 주체였다. 유다의 권위가 다말에게로 순간 이동하면서 가부장 중심의 가족이 지닌 한계성을 드러냈고, 기존 질서의 전복이라는 측면에서 창세기 전체 주제와 호응한다. 가부장의 위기는 이상하면서 정상적인 언약 가족을 탄생시키는 의외의 결과를 낳았다. 그러면 이상한 가족의 탄생이 다윗의 먼 조상이 되어 언약 가족을 계승한다는 사실은 어떤 신학적 의미를 남기는가?

첫째, 유다와 다말 사이의 이상한 가족 형성이 가부장 우선주의 중심의 낡은 가족주의에 묶여 있지 않고 새로운 가족 관계의 가능성을 상상하게 한다. 말하자면 38장 이야기는 기존 가부장 중심의 가족 각본을 넘어 다양한 가족 형태를 상상하는 기회를 제공한 것이다. 그러니 해석학적인 측면에서 여전히 전통적인 가족 유형과 핵가족의 정상성만을 강조하거나 고집한다면 기독교와 신학은 시대의 급격한 문화적 변동에 역동적으로 대응할 수 없다. 예컨대 이미 10여 년 전 한국여성연구소는 "정상 가족은 정상이 아니다"[66]라는 논문을 통해 정상 가족 문제를 지적했다. 한마디로, 핵가족 중심의 정상 가족 이데올로기는 18세기 이후 근대의 발명품으로서 자본주의 속성과 맞물려 애정공동체보다는 이해공동체의 성격이 강해져 경제력 획득과 사회적 지위 상승이 중요한 요소가 된 것을 비판적으로 다뤘다.[67]

실제로 정상 가족의 서글픈 자화상이 사회 문제로 가시화되곤 한다. 예컨대 2014년 서울지방경찰청이 제시한 '한국의 존속살해와 자식 살해 분석'에서 존속살해가 전체 살인의 7%를 차지한다고 밝혔다(2006-2013년). 서구 선진국을 압도하는 가족 범죄율에 대한 원인을 부모에 대한 높은 의존도와 가부장주의 등 한국 특유의 가족 문화에 기인한다는 분석을 내놨다. 그리고 가족 범죄의 근저에는 물질주의나 가족 해체 등의 복합적 요소가 있지만, 아버지가 모든 책임을 지는 전근대적 가부장주의에 대한 전문가들의 분석이 제시되었다.[68] 이러한 사회적 맥락에서 정상 가족 개념은 더 이상 정상성의 자리를 확보하지 못하는 상황이다. 따라서 그동안 정상성을 독점했던 가부장 중심의 정상 가족 이데올로기는 이미 그 힘을 잃었고, 그 권좌에서 내려올 때가 되었다.

2) 낡은 '가족을 폐지하라'는 외침과 신학적인 응답

급격한 출생률 하락으로 인한 국가 존폐 위기의 공포감이 출몰하는 상황이다. 그러면 우리는 어디서 희망을 찾을 수 있을까. 여성학자 정희진은 한국 사회에서 가장 문제가 있고 가장 부패한 제도, 가장 비인간적인 제도가 가족이고, 가족이 곧 계급이라고 지적했다. 교육, 부동산 문제는 물론 성차별을 만들어 내는 공장이며, 부의 문제만이 아니라 문화 자본, 인맥, 건강, 외모, 성격까지 세습되는 도구로서 가족이 "만악의 근원"이라고 말할 정도다.[69] 더 나아가 영국 출신 페미니스트 학자이자 작가인 소피 루이스(Sophie Anne Lewis)는 『가족을 폐지하라』는 책에서 "우리가 아직 보지 못한 세계를 상상하는 법"을 제시한다. 이 말이 낯설고, 파격적이라면 우리는 여전히 정상 가족 이데올로기에서 완전히 벗어나지 못한 것이라고 지적했다.

루이스는 가부장 중심의 가족 제도와 문제점을 낱낱이 파헤친다. 이미 여러 학자가 제시했지만, 루이스도 가족은 근본적으로 부르주아 경제와 국가 재생산을 위한 통치 수단이라고 보고, 플라톤에서부터 가사 노동 해방 운동에 이르기까지 가족 폐지론 역사를 정리했다. 특히 백인, 이성애자, 부르주아 가족의 문제뿐만 아니라 혈연관계에 입각한 돌봄, 나눔, 사랑을 배분하는 기존 가족 제도를 대체할 '혈연'이 아닌 '근족' 개념을 인종이나 혈통보다 지식과 실천과 장소에 근거한 새로운 유대 관계를 만들어 보자고 제안한다.[70] 이미 다양한 가족 유형은 좋든 싫든 현실 세계에서 점점 진화하는 중이다.

예컨대 2022년 이스라엘은 동성 커플이나 비혼 남성이 대리모를 통해 아이 갖는 것을 용인했다. 이성 커플과 비혼 여성에게만 대리모 출산을 허용한 것에서 범위를 확대한 것이다. 이는 그동안 성소수자 단체들이 대리모 출산 허용 범위를 확대해 달라는 요구를 국가가 받아들인 것이다. 동성애자인 이스라엘의 보건부 장관은 이제 독신 남성과 트랜스젠더도 부모가 될 수 있다고 밝혔다.[71] 한국 교회와 신학이 성서해석에 대한 다양한 변화를 무시한 채 동성 결혼이나 비혼 출산 문제를 오로지 교리와 도덕적인 잣대로 무조건 비난하거나 혐오로 대응한다면 새로운 해법을 찾을 수 없다.

그러면 기독교 신학은 이러한 사회 현상에 어떻게 응답해야 하는가? 창세기 38장의 유다-다말 이야기가 하나의 실마리가 될 수 있다. 족장 시대 시아버지와 며느리 사이의 성관계라는 매우 부적절한 사건이 삭제되지 않은 채 왜 기록으로 남았겠는가? 이때 독자는 불편한 서사에 직면하면서 다각적인 삶의 진실을 발견하게 된다. 그 진실은 창세기 38장이 더 큰 족장 서사, 그 사이에서 정상 가족을 대변한 가부장 가족의 위기다. 이로써 또한 38장은 기존 가족의 통념을 벗어난 의외성을 통해 설명할 길 없는 하나님의 숨은 뜻을 찾도록 독자를 충동하고, 마음의 진동을 일으켜 성급한 판단을 유보하게 했다.

따라서 창세기 38장 이야기를 정리하면, 첫째, 극적 아이러니와 언어 게임이라는 문학적인 기법으로 인간의 도덕적 한계를 드러내고 '위험한' 의를 대변하는 풍자성 짙은 문제작이다. 둘째, 다말이 유다 대신 족장 역할을 떠맡으면서 가부장 중심의 가족 각본을 전복시킨 '이상한' 정상 가족을 탄생시켜 다양한 가족의 서사를 대변하는 이야기다.

이러한 읽기는 다른 족장들처럼 근친결혼을 전제하거나 가족 제도의 변형을 정당화하려는 것이 아니다. 이른바 '정상 가족'이라고 여겼던 가부장 유다의 질서에 균열을 일으킨 '이상한' 언약 가족 탄생의 의외성에 대한 신학적 담론 생산에 있다. 성서 본문은 세월을 거듭하며 다른 독자에 의해 다르게 해석되었듯 현대 독자의 시선과 사회비판적인 해석학 측면에서 본문 언어의 아이러니와 언어 게임은 본문을 해석하는 도구로서 히브리 내러티브 기술과 맞닿으며 텍스트의 예술성을 극대화했다. 매끄러움이 아닌 껄끄러움이 예술성의 한 측면이듯 개방성, 포용성, 다양성의 증가라는 현대 사회의 변화 속에서 창세기 38장은 고정된 공식 가족 각본이 아니라 다양한 가족의 확장성을 상상하는 해석학적인 토대일 수 있다.

IV. 나오는 말

요셉 이야기를 끊고 사이에 끼워진 창세기 38장을 두 가지로 요약할 수 있다. 첫째, 유다의 얄팍한 계산을 뒤집고 취약한 위치에 있는 다말이 유다의 역할을 대신하며 가부장의 위기를 드러냈다. 둘째, 혼외 자식(베레스와 세라) 출생과 함께 언약 가족의 계보를 탄생시킨 '이상한' 정상 가족 이야기다. 시아버지 유다와 며느리 다말 사이의 관계는 구성적인 틀에서 근친상간이라는 우발적 사건으로 인해 예상치 못한 결과를 낳았다. 즉 가부장의 주도권이 유다에서 가장 취약한 위치에 있던 다말에게 이동하는 반전으로 족장 서사의 의외성과 전복성을 보여주었다. 말하자면 38장이 요셉 이야기 사이에서 창세기에 서술된 남자 족장 역사(아브라함-이삭-야곱)의 언약 성취 과정의 위태로움을 극대화한 것이다. 이것은 인간의 악함과 결점에도 불구하고 여전히 하나님의 계획이 인간의 무대 뒤편에서 기존 방식을 뒤엎는 전복성의 실현으로서 창세기의 신학적 의도를 강화한다.

한마디로 창세기 38장은 가부장의 위기와 함께 혼외 자식을 낳은 여자가 족장 역할을 떠맡은 '이상한' 정상 가족의 서사다. 말하자면 아브라함 언약의 성취가 족장 야곱의 뒤를 잇는 언약의 계속성과 확장성을 유다가 아니라 다말의 위험천만하고 도발적이고 주도면밀한 행동으로 실행되었다. 즉 언약의 연속성을 가부장이 아닌 가부장의 소유물처럼 여겼던 여성이 그 자리를 대신함으로써 족장 역사에 면면히 흐르는 하나님 구원과 은혜의 전복성과 의외성을 드러냈다. 궁극적으로 38장은 가부장 가족의 전형성을 탈피한 다말 이야기로 탈바꿈했다. 이것은 기존의 전통적인 가부장 가족 질서를 옹호하는 사회적 통념과 윤리적 관점의 기계적 적용으로 설명할 수 없는 '이상한' 언약 가족의 서사를 대변하듯 요셉 내러티브 사이에 돌출 사건으로 위치했다.

그리고 38장의 이상한 가족의 탄생은 생략되지 않은 채, 오랜 세월 신앙공동체의 역사 속에서 반복해서 읽혀왔다. 그렇다면 이 시대 기독교회가 가장 혐오하는 '퀴어'(이상한) 가족 형태를 비롯하여 혈연과 무관하거나 그것을 뛰어넘는 확장된 가족 형태를 적극적으로 상상할 수 있어야 하지 않는가? 창세기 38장의 '이상한' 가족이 새로운 정상의 언약 가족으로서 구약에서 신약으로 이어진 것처럼(창 38:29-30: 룻 4:18-22: 마 1:5-6), 창세기 38장은 현대사회의 다양한 가족을 상상하는 성서 신학적 담론이 될 수 있다. 또 38장은 이미 받아 누리는 은혜와 구원의 의외성을 되새기는 이야기로서 그동안 기독교 신학 안에서 공고히 뿌리를 내리며 음험하게 성장하고 있는 혐오와 배제와 낙인을 걷어내고 조화롭게 공존하는 길을 열어갈 희망 이야기다.

[미주]

1 합계 출산율은 가임여성 1명이 평생 낳을 것으로 예상되는 자녀의 수를 뜻한다.

2 교육 방송(EBS) 다큐멘터리 "인구대기획 초저출생" 10부작 영상 인터뷰 중 나온 말이다(2023년 8월).

3 [온라인 자료] https://www.hani.co.kr/arti/society/society_general/1105594.html (한겨레신문 2023년 8월 25일 자) (2023. 8. 25. 접속).

4 통계청에 따르면, 65세 이상 고령인구가 2022년 900만 명을 넘어섰다. 총인구(약 5천1백만 명) 대비 고령인구 비중은 17.5%이다. 통계청은 2025년에 고령층 인구가 20.6%로 올라갈 것을 내다봤다(국가통계포털 https://kosis.kr). 이는 한국이 초고령사회로 진입한다는 뜻이다. 국제 기준상 65세 이상 인구 비중이 20% 이상일 때, 초고령사회라고 부른다.

5 민법 제781조 제1항은 "자는 부의 성과 본을 따른다"라는 원칙을 명시한다. 이 조항이 여성을 합법적으로 차별하는 규정이라고 지적받아 호주제 폐지로 이어졌으나 후에도 바뀌지 않았다. 이것을 기본권 침해와 구시대적 가족 제도로 여기고 헌법소원을 청구한 사례도 있다. [온라인 자료] https://www.womennews.co.kr/news/articleView.html?idxno=209402 (2021. 3. 26. 접속)

6 Richard J. Clifford, "Genesis 38: Its Contribution to the Jacob Story", CBQ 66 (2004): 510.

7 앤서니 티슬턴/최승락 옮김, 『해석의 새로운 지평: 변혁적 성경 읽기의 이론과 실제』(서울: SFC, 2015), 35.

8 창세기 38장에 대한 역사 비평적인 접근부터 독자반응비평의 관점과 문학 비평적인 접근에 대한 간략한 연구사는 강규성, "자손의 문제: 유다 자손의 위기와 극복-문예적 구조분석을 통해 본 창세기 38장의 위치-", 「EOTS」 1 (2005): 11-53을 참고하라.

9 Gordon Wenham/윤상문 · 황수철 옮김, 『창세기 16-50』(서울: 솔로몬, 2001), 637-640. 고든 웬함은 38장이 요셉이 가족과 헤어져 성인이 된 긴 세월의 긴장감을 더하고, 이어지는 요셉 이야기(39장)와 함께 옷과 속임의 모티프를 통해 하나님의 정의를 밝히는 평행적인 이야기로 읽었다.

10 Mary Anne Isaak, "Literary Structure and Theology of the Patriarchal Narrative: The Three-fold Blessing", *Directions* 24 (1995): 65.

11 Peter Bekins, "Tamar and Joseph in Genesis 38 and 39", *Journal For the Study of the Old Testament* 40/4 (2017): 375-397. 베킨스는 특히 보디발의 아내를 능가하는 '승리'(39장)를 다말의 성공과 균형을 맞추고 있는 것으로 읽었다. 그러니까 그의 논지는 38장과 39장 이야기를 유다-요셉, 다말-보디발의 아내를 한 쌍으로 묶어 읽던 종래의 방식과 대조적으로 다말과 요셉이 간과된 것에서 시작된다. 무엇보다 38장의 유다와 다말 이야기의 중요성이 야곱의 족보, 곧 야곱과 그의 가족들 서사와 결합한 구성 안에서 가장 잘 이해될 수 있음을 밝혔다.

12 LeAnn Snow Flesher, "Tamar says #MeToo: Reading Genesis 38 through the lens of gender justice", *Review and Expositor* 117/2 (2020): 272-280.

13 David J. Zucker, "Tamar Triumphant: Targumim", *Jewish Bible Quarterly* 51/2 (2023): 131.

14 Samuel Ross, "A Transgender Gaze at Genesis 38", *Journal for Interdisciplinary Biblical Studies* 1/2

(2020): 25-40.

15 앤서니 티슬턴/최승락 옮김, 『성경해석학 개론』 (서울: 새물결플러스, 2012), 511-512.

16 '아이러니'는 본래 그리스 아리스토파네스의 희극 중 등장인물 '에이론'에서 나온 말이다. 에이론은 영리한 개인데, 그의 재치로 허풍쟁이 등장인물인 알라존에게 매번 승리를 거둔다. 플라톤의 대화에서 소크라테스적인 반어법도 이 희극에서 비롯되었다. 이것은 또한 표현과 의미의 상충에서 오는 긴장을 드러낸다. 쉽게 말해 이면에 숨겨진 참뜻과 대조되는 발언이 언어적인 아이러니다. 아이러니는 대중매체에서도 자주 쓰이는데 인물의 상황이나 성향이 자신과 반대되는 상황에 놓이는 경우다. 이 때문에 아이러니 자체가 예술로 평가되곤 한다. 특히 독자나 관객은 인지하지만, 극중인물은 인지하지 못하는 상황을 '극적 아이러니'라고 한다. 이러한 기법은 예술창작의 정신과 태도를 드러내는 데 활용된다. 더 자세한 내용은 김준오, 『시론』 (서울: 삼지원, 2017)을 참고하라.

17 언어 게임 이론은 비트겐슈타인의 후기 철학과 관련된 철학적 개념이다. 한마디로 어떤 낱말의 의미는 그것의 쓰임새에 달려 있다는 것이다. 즉 언어의 의미를 알려면 어떤 맥락에서 사용되는지 용도를 물어야 한다. 언어 게임 이론은 언어철학, 의사소통 이론, 언어학 등 다양한 학문 분야에서 중요한 개념으로 사용되고 있다. 무엇보다 언어의 복잡성과 의미 형성에 대한 이해를 높인다. 이와 관련된 이론은 비트겐슈타인의 책, 이영철 옮김, 『철학적 탐구』 (서울: 책세상, 2022)을 참고하라.

18 [온라인 자료] https://en.wikipedia.org/wiki/Patriarch (2023.10.13. 접속).

19 "family"에 대한 정의는 김지혜, 『가족 각본』 (서울: 창비, 2023), 28에서 재인용. 저자는 프리드리히 엥겔스/김경미 옮김, 『가족, 사적소유, 국가의 기원』 (서울: 책세상, 2018), 99쪽 내용을 들어 설명한다.

20 Zucker, "Tamar Triumphant: Targumim", 126.

21 Dohyung Kim, "The Structure of Genesis 38: A Thematic Reading", *Vetus Testamentum* 62 (2012): 550-560.

22 수잔 니디취/이화여성신학 연구소 옮김, "창세기", 『여성들을 위한 성서주석』 (서울: 대한기독교서회, 2015), 79.

23 강화구, 『성경내러티브 읽기』 (서울: 대한예수교장로회총회출판국, 2020), 161. 강화구는 내려감을 아버지를 떠나 가나안 땅으로 향하는 유다의 영적인 퇴보를 나타내려는 암시로 설명한다. 왜냐하면 요나가 하나님 앞에서 적극적으로 도망칠 때, 욥바로 내려가고, 배로 내려가고, 배 밑으로 내려갔다는 화자의 관점을 같이 적용하고 있기 때문이다.

24 앞의 책, 155, 157, 161.

25 고든 웬함/윤상문 · 황수철 옮김, 『WBD 창세기 16-50』 (서울: 솔로몬, 2001), 642. 시형제 결혼제도와 관련하여 유대 사회를 제외한 다른 사회에서 보기 드문 경우라고 주장하기도 한다. 왜냐하면 이에 상응할 만한 것이 함무라비 법전에 언급되지 않기 때문이다. 이와 관련된 논의는 롤랑 드보, 『구약시대의 생활 풍속』 이양구 옮김 (서울: 대한기독교서회, 1983), 84.

26 니디취, "창세기", 80.

27 Richard Clifford, "Genesis 38: Its Contribution to the Jacob Story", *The Catholic Biblical Quarterly* 66 (2004): 525; Flesher, "Tamar says #MeToo: Reading Genesis 38", 273.

28 니디취, "창세기", 80.

29 앞의 책, 81.

30 이 표현은 김지혜, 『가족 각본』에서 따온 말이다. 저자는 강릉원주대학교 다문화학과 교수로서 가족이 견고한 각본 같다는 생각에서 이 표현을 사용했다.

31 Terence E. Fretheim, "The Book of Genesis", in *The New Interpreters's Bible*, vol. 1 (Nashville: Abingdon Press, 1994), 605.

32 Clifford, "Genesis 38: Its Contribution to the Jacob Story", 529. 클리포드는 '에나임'의 뜻을 어근에 근거하여 "샘물"(spring)이라고 추측하고, 우물이나 샘물을 매개로 신부를 찾는 성경의 전형적인 장면과 연결했다. 곧 아브라함의 종이 이삭의 신부 리브가를 만나는 과정(24:11-31), 야곱이 라헬을 만나는 것(29:1-14), 모세가 십보라를 만났던 것(출 2:15-22)처럼 38장도 '에나임'에서 다말과 유다의 만남을 성경 이야기의 전형적인 기능으로 설명한다.

33 히브리어 본문에서 "내가 네게 들어가게 하라"는 말 앞에 주동사를 강조하는 명령어 '하바-나'가 쓰였다. 이 말은 "제발, 어서" 또는 "come on!" 같은 감탄사의 용도로 활용된다. 그러나 현대 역본들은 다소 점잖게 표현했다. "나로 네게 들어가게 하라"(개역개정); "너에게 잠시 들렀다 가마. 자, 들어가자."(새번역); "Here now, let me come in to you."(NAS); "Come now, let me sleep with you."(NIV); "Come, let me come in to you."(NRS); "Here, let me sleep with you."(TNK).

34 Bekins, "Tamar and Joseph in Genesis 38 and 39", 394.

35 Ibid.

36 Fretheim, "The Book of Genesis", 605.

37 웬함, 『창세기 16-50』, 645. 웬함은 사르나의 설명을 인용하여 도장과 지팡이가 값나가는 물건이 아니라고 한다. 이유는 유다가 지불할 현물이 없어서 대신 담보물로 잡힌 소지품이기도 한데, 이것을 유다의 즉흥성을 드러낸 대목으로 읽었다.

38 이것은 이후 이스라엘의 후손들이 광야에 머무는 동안 여호와가 모세에게 각 조상의 가문을 따라 지팡이를 준비하고, 열두 개 지팡이에 이름을 쓰도록 명령하셨던 것에서도 드러난다(민 17:3).

39 Willem A. VanGemeren, *New International Dictionary of Old Testament Theology and Exegesis* (Grnad Rapids: Zondervan, 1997), 886; Ludwig Koehler & Walter Baumgartner & M. E. J. Richardson & J. J. Stamm, *The Hebrew and Aramaic Lexicon of the Old Testament* (Leiden: Brill, 2001), 1075.

40 월터 브루그만/강성열 옮김, 『창세기』 (현대성서주석; 서울: 한국장로교출판사, 2012), 461.

41 Steven D. Mathewson, "An Exegetical Study of Genesis 38", *Bibliotheca Sacra October-December* (1989): 379.

42 웬함, 『창세기』, 645.

43 Adele Berlin, *Poetics and Interpretation of Biblical Narrative* (Sheffield: The Almond Press, 1983), 60.

44 조나단 번사이드(Jonathan P. Burnside)에 따르면, 고대 근동 문화에서 이스라엘을 제외하고 보통 창녀나 노예들은 신전 창녀와 달리 얼굴을 가리지 않는 것이 일반적이었다고 한다. [온라인 자료] https://hermeneutics.stackexchange.com/ (2023.5.2. 접속). 반면에 에드워드 리핀스키(Edward Lipinski)

에 따르면 당시 이스라엘 사회에서는 신전 창녀와 창녀를 동의적인 의미로 사용했다고 한다. https://
www.biblicalarchaeology.org/(2023.5.2. 접속). 그런데 열왕기 저자가 여호와의 성전에서 가나안 지역
의 대표적인 풍요의 여신 아세라상을 불사른 것과 남창의 집을 헐어버린 것을 언급한 것을(왕상 23:6-
7) 고려하면, 창녀와 신전 창녀를 같은 의미로 받아들이기 어렵다. 케데샤, 코데쇼트, 케데쉼 등의 용
례들을 고려하라(호 4:14; 신 23:17).

45 유지운, "〈서평〉 Translating Scripture For Sound and Performancee: New Directions in Biblical
Studies",「성서원문연구」42 (2018): 208-209.

46 민영진, "성서번역에서 언어 · 윤리 · 권력: 남기고 가는 문제",「구약논단」69 (2018): 23.

47 Francis Brown & Samuel Rolles Driver & Charles Augustus Briggs, *Brown-Driver-Briggs Hebrew and
English Lexicon* (Peabody: Hendrickson Publishers, 1906), 275.

48 Fretheim, "The Book of Genesis", 606.

49 '그녀가 끌려나올 때에'(taceWm awhi)는 진행 중인 행동을 묘사하는 분사형이다. 이때 후행하는 완료
형 동사절, '그리고 그녀가 시아버지에게 전했다'(h´ymix´-la, hx1.v´ ayhiw))라는 구문 형태는 격식을 갖
춘 엄격한 행동의 표현이다. 폴 주옹 · 타까미추 무라오까/김정우 옮김,『성서 히브리어 문법』(서울:
기혼, 2006), 121-122, 166-167; 웬함,『창세기』, 636.

50 로버트 알터/황규홍 · 박영희 · 정미현 옮김,『성서의 이야기 기술』(서울: 아르몬디, 2015), 25-27;
Mark Reuchter, "Genesis 38 in Social and Historical Perspective", *Journal of Biblical Literature* 132
(2013): 210에서 재인용. 마크 로히터(Mark Reuchter)는 요셉 이야기의 통일된 구성 전략과 응집력을
보여주는 용어로서 '학케르-나'에 관심을 두고 자세히 논의했다. 물론 각각의 이야기의 강조점이 다
른 부분을 자세히 짚어야 하는 것도 간과하지 않았고, 편집적인 과정의 증거와 모티프로 읽었다.

51 Rechard Clifford, "Genesis 38: Its Contribution to the Jacob Story", The Catholic Biblical Quarterly
66 (2004): 520.

52 Gleason L. Archer Jr. & Robert Harris & Bruce K. Waltke, *Theological Wordbook of the Old Testament*
(Chicago: Moody, 1980), 1879.

53 니디취, "창세기", 79. 니디취는 야곱과 요셉 이야기 전체가 속임수, 반격, 악행, 보복 패턴의 전형성
을 보여주는 것처럼 말한다. 창세기는 형보다 동생을 선호하시는 하나님을 보여주는데, 가인이 아니
라 아벨을, 에서가 아니라 야곱을, 르우벤이 아니라 요셉을, 므낫세가 아니라 에브라임이 선택된 것
이 좋은 예다. 이 큰 맥락에서 당대의 관습과 등장인물들의 계획을 뒤집어 반전의 결말로 이행되는
구성이 요셉 이야기의 특징으로 알려졌다.

54 Charles T. Fritsch, "God Was With Him: A Theological Study of the Joseph Narrative",
Interpretation 9 (1955): 23.

55 38장의 수치와 속임이 주제적-대칭적 양식의 틀로 구성되었음을 보여준 Dohyoung Kim, "The
Structure of Genesis 38: A Thematic Reading", *Vetus Testamentum* 62 (2012): 550-560을 참고하라.
그는 38장 구조를 6개 단락의 대칭 구조를 제시했다.

56 Clifford, "Genesis 38: Its Contribution to the Jacob Story", 524.

57 브루그만, 『창세기』, 463.

58 앞의 책, 465.

59 앞의 책, 464.

60 앞의 책, 464-465. 브루그만은 38장을 족장 전승에 속하지 않는 것으로 보고 어떤 중요한 신학적인 내용을 가지는지 분명하지 않다고 했지만, 사건의 주요 쟁점을 38장 11절에 초점을 맞추어 예기치 않은 결말에 그 중요성을 제시했다.

61 [온라인 자료] https://en.wikipedia.org/wiki/Queer (2023. 11. 1. 접속). 일부에서는 퀴어 활동가들의 방식이 너무 과격하여 '퀴어'라고 부르는 것이 거부되곤 한다.

62 김도형, "유다-다말 이야기 해석에 대한 새로운 제안", 「구약논단」 50 (2013): 189에서 재인용.

63 앞의 논문, 189, 193.

64 강규성, "자손의 문제: 유다 자손의 위기와 극복", 46-47, 49-50.

65 Sharon Pace Jeansonne, *The Woman of Genesis: From Sarah to Potiphar's Wife* (Minneapolis: Fortress, 1990), 98-106.

66 조주은, "'정상가족'은 정상이 아니다", 「여성과 사회」 16 (2005): 262-273.

67 앞의 논문, 264-266.

68 경향신문 사설 (2015년 1월 16일 자).
    [온라인 자료] https://m.khan.co.kr/opinion/editorial/article/ (2023. 10. 13. 접속).

69 정희진, 『혼자서 본 영화』 (서울: 교양인, 2018), 27.

70 소피 루이스/성원 옮김, 『가족을 폐지하라: 우리가 아직 보지 못한 세계를 상상하는 법』 (서울: 서해문집, 2023). 루이스는 "폐지"라는 말이 불필요한 오해를 예상했다. 더군다나 혈육과 생이별하고 난민 캠프에서 지내는 억류자들을 생각하면 동의를 얻기 어렵다는 것도 지적했다.

71 [온라인 자료] https://www.hani.co.kr/arti/international/international_general/1026029.html 한겨레신문 2022년 1월 6일 자(2023. 6. 10. 접속).

제3장

이름 없는 여 예언자는 말할 수 있는가?[*]

이사야의 예언자 아내와 딸 시온 은유를 통한 상호텍스트적 탐구

조내연

I. 들어가는 말

이사야서 8장 3절에 따르면, 예언자 이사야에게는 아내가 있었다. 이 아내는 이사야와 함께 아들을 낳았고, 이사야는 이 아이에게 '마헬살랄하스바스'라는 이름을 지어주었다.[1] 이 아이가 자라 말을 할 수 있을 즈음에 북이스라엘과 아람-다마스커스가 신(新)아시리아 제국의 침략으로 멸망할 것을 예언한다(사 8:4). 이 맥락에서, 이사야 아내의 역할은 특이한 이름을 가진 아들을 낳고 기르는 것으로 한정된다. 그녀에 대한 서사는 여기까지다. 그럼에도 불구하고 본문에서 이 아내는 여 예언자(느비야)로 소개된다(사 8:3). 이는 이사야와 그의 아내가 부부 예언자였고, 갓 태어난 아들도 예언적 이름을 가진 자

---

[*] 이 글은 필자의 논문 "이름 없는 여 예언자는 말할 수 있는가?: 이사야의 예언자 아내와 딸 시온 은유를 통한 상호텍스트적 탐구"(『신학사상』 206집, 2024/가을: 37-63)에 게재된 필자의 논문을 일부 수정한 것이다.

였음을 시사한다. 즉, 이사야뿐만 아니라 그의 아내와 아들도 예언적 전통 속에 있었다고 볼 수 있다. 그러나 본문은 이사야의 아내로서, 어머니로서 역할만을 묘사하며, 예언자로서 역할에 대해서는 침묵하고 있다. 그녀의 목소리를 들을 수 없고, 이름도 알 수 없다.

본문만을 근거로 한다면, 우리는 이 여 예언자에 대해 더 이상 알 수 없을지 모른다. 하지만 상호텍스트적 관점을 통해, 성서 속 다양한 맥락에서 이름 없고 목소리 없는 그녀를 보다 깊이 이해할 수 있다. 먼저, 이 익명의 여 예언자가 본문 안에서 갖는 아내와 어머니로서의 한정된 역할에 대해서 분석한다. 다음으로, 구약 성서 안에 묘사되는 다른 여 예언자들이 각자의 시대적 맥락 속에서 어떻게 목소리와 서사를 부여받았는지를 분석하고, 이사야의 예언자 아내의 사례가 왜 예외적인지를 살펴본다. 이어서, 구약 성서 역사 기록 안에 등장하는 이름 없는 여인들의 사례를 살펴보며, 위기 속에서도 적극적으로 자신만의 목소리와 서사를 드러내는 모습들을 관찰한다. 이에 반해, 예언 문학의 비슷한 사례들은 하나님과 이스라엘 백성 간의 관계를 은유하는 구조 안에서 그렇지 않을 수 있음을 발견할 수 있다. 이는 이사야서에 등장하는 딸 시온(바트-찌온) 은유는 이러한 사례와 연결되며, 최종 형태 안에서 더욱 발전된 특성을 나타낸다.

이러한 분석을 통해 이사야의 아내로 알려진 익명의 여 예언자에게도 새로운 서사를 부여할 수 있는가를 모색하고자 한다. 궁극적으로 이 연구는 이사야의 예언자 아내에 대한 더 깊은 이해를 도모하며, 그녀의 역할과 목소리를 재조명하는 것을 목표로 한다. 이를 위해 본 연구는 통시적 연구 방법과 공시적 연구 방법을 통합적으로 활용하여, 이사야의 예언자 아내가 성서 내 다른 텍스트와의 연관성 속에서 어떻게 목소리와 서사를 부여받을 수 있는지에 대한 방안을 탐색한다. 이러한 방법론적 접근은 그녀의 역할과 목소리를 재조명하는 데 중요한 기초를 제공할 것이다.

II. 이름 없는 여 예언자의 한정된 역할

이사야가 예언자 아내 사이에서 아이를 낳아 기르던 시기에 남유다는 시리아-에브라임 전쟁(736-732 B.C.)이라 불리는 국가적 위기에 처해 있었다. 당시 북이스라엘과 아람-다마스커스는 신아시리아에 대항하는 군사동맹을 맺고, 이에 동조하지 않는 남유다를 침입하여 다윗 왕조를 몰아내고 새로운 꼭두각시 정권을 세우려 했다. 이러한 상황 속에서 야웨주의 예언자인 이사야는 자기 아들 '스알야숩'과 함께 도성 남단 실로암 연못가에서 아하스 왕을 만나 하나님께서 보여주실 '징조'에 대해 이야기한다(사 7:3). 비록 왕은 그 '징조'에 대해 듣기를 한사코 거절하지만, 그 '징조'는 한 젊은 여성(알마)에게서 '임마누엘'이라 이름하는 한 남자아이가 탄생할 것을 예고하며, 그 아이가 어미의 젖을 뗄 즈음 시리아-에브라임 동맹은 무너질 것이라고 전한다(사 7:14-15).[2]

이러한 상황 속에서 이사야의 예언자 아내의 역할은 '마헬살랄하스바스'라는 특별한 예표적 이름을 가진 아들을 낳아 기르는 것으로 묘사된다(사 8:3).[3] '노략이 속하다'는 뜻을 가진 마헬살랄하스바스라는 이름은 남유다를 괴롭히는 북이스라엘과 아람-다마스커스 두 나라가 신아시리아 제국에 무너질 것을 예고하고 있다. 그리고 그 예언은 이 아이가 말하게 될 즈음에 성취될 것이다(사 8:4). 여 예언자가 임신하기 전부터 이 이름은 이미 예고되어 증인들 앞에서 서판에 쓰였다(사 8:1). 탄생한 후에는 문서로 된 예언들이 이사야의 제자들 앞에서 밀봉되었다는 것으로 보아, 아마 서판에 쓰인 이 이름도 함께 밀봉되었을 것이다(사 8:16).

물론 이사야의 예언자 아내의 역할이 '마헬살랄하스바스'의 탄생에 한정되지만, 본문의 맥락 안에서 몇 가지 가정을 해볼 수 있다. 먼저, 아하스 왕에게 징조로 예고된 '임마누엘'이다. 이 아이는 결혼 적령기 젊은 여성으로부터 태어날 것이고, 약 1-2년 자라고 나면 전쟁이 종결될 것으로 예고된다. 그의 이름은 남유다의 회복과 구원에 관한 것으로(참고: 사 8:8, 10), 이는 북이스라엘과 아람의 심판을 예고하는 '마헬살랄하스바스'와 동일한 예언적 맥락 가운데 있다. 이러한 맥락에서 두 아이를 동일한 인물로 볼 수도 있다.[4] 하지만 '임마누엘'의 징조는 "다윗 왕실"을 향해 주어진 것으로(사 7:13) 혹자는 편집적 관점에서 이는 히스기야를 암시하고 있다고 여기기도 한다.[5] 그렇다면, 이사야의 예언자 아내를 '임마누엘'의 어머니와 동일시할 수 없다.

다음으로 고려해야 할 대상은 이사야의 또 다른 아들 '스알야숩'이다. 비록 이 아이의 나이는 가늠할 수 없지만, 갓 태어난 '마헬살랄하스바스'나 '임마누엘'보다는 나이가 더 많을 것으로 추정된다. '남은 자가 돌아올 것이다'라는 뜻을 가진 그의 이름은 회복과 구원에 대해서 말하고 있지만, 이 경우는 남유다가 아닌 북이스라엘을 대상으로 한다. 사마리아 함락(722 B.C.) 이후 신아시리아는 북이스라엘 지도자들을 전쟁포로로 삼아 동부 지역으로 유배한 바 있다(사 10:20-23; 11:11-16; 왕하 17:6, 18, 23). 하지만, 본문은 '스알야숩'의 어머니가 누구인지 명확하게 제시하지 않는다. 다시 말해, 그와 '마헬살랄하스바스'가 같은 어머니로부터 태어난 아들인지 아닌지 알 수 없다.[6] 하지만 만약 스알야숩의 어머니가 마헬살랄하스바스의 어머니와 동일하다 하더라도, 이 여 예언자가 지닌 최소한의 사명, 즉 예언적 이름을 가진 아이를 낳고 기르는 사명에서 크게 벗어나지 않는다.

즉, 이 여 예언자가 이사야와의 사이에서 몇 명의 아이들을 낳았던, 그의 사명은 예언적 이름을 가진 아들(들)을 낳아 기르는 것에 한정된다. 하지만, 이 여인의 출산과 양육 자체가 어떤 행위예언으로 간주되지 않는다. 이사야서 8장 18절에서 이사야는 자신과 그의 아이들을 백성들을 향한 살아 있는 '징조와 예표'라고 부른다. 그러나 이 장면에서는 그의 아내인 여 예언자가 언급되지 않는다. 이는 결혼과 출산 자체가 행위예언으로 간주하였던 호세아와 그의 아내 고멜의 경우와 비교된다. 또한, 아내의 장례 과정을 통해 예루살렘에 대해 예언했던 에스겔의 경우와도 비교된다.

정리하면, 본문 안에 익명의 여 예언자에 대한 묘사는 예언자로서 역할보다 아내로서, 어머니로서 역할에 한정되어 있다고 정리할 수 있다. 하지만 구약 성서에는 그 외에도 다른 여 예언자들이 여럿 등장한다. 그들에게는 이름이 있을 뿐 아니라, 목소리와 서사가 부여되고, 예언자로서 역할이 명확히 부여됨을 발견할 수 있다. 다음 장에서는 이름을 가진 여 예언자들이 각자의 시대 상황 속에서 어떻게 묘사되었는지 살펴보도록 한다.

Ⅲ. 이름 있는 여 예언자들의 목소리와 서사

구약 성서에는 이사야의 아내로 알려진 익명의 예언자를 제외하면, 미리암, 드보라, 훌다, 노아댜의 네 명의 여 예언자가 이름으로 언급된다. 이 중 노아댜를 제외한 미리암, 드보라, 훌다는 그들의 목소리와 서사가 구체적으로 표현된다. 이 네 명의 여 예언자가 각 시대 속에서 어떻게 묘사되었는지와 그들의 목소리와 서사가 어떻게 구성되는지를 살펴보겠다.

먼저, 미리암은 구약 성서에서 가장 먼저 언급되는 여 예언자이다. 그녀는 이집트 탈출 시기와 광야 시기를 거쳤던 인물로 형제 아론이나 모세와 함께 예언자로 언급된다. 아론은 이집트 궁정에서 모세의 대변인 역할을 했고(출 7:1), 모세는 야웨 하나님을 대면하여 그 말씀을 전달하는 역할을 맡았다(신 18:15; 34:10). 반면, 미리암의 예언자적 역할은 좀 더 초창기 비문서 예언자들의 모습을 닮았다. 그녀가 예언자로 언급되는 구절은 출애굽기 15장 20절로, 이 구절은 이집트에서 탈출해 홍해를 건넌 사건을 기념하며 감사 찬송하는 대목에 자리 잡고 있다. 이어지는 21절의 찬송은 최초의 시편으로 알려져 있다.[7] 여기서 미리암은 탬버린을 잡고 여인들과 함께 춤을 추며 야웨 하나님을 찬양한다. 이러한 춤과 노래는 고대 이스라엘 예언 전통의 초기 형태로 볼 수 있으며(삼상 10:5; 왕하 3:15), 그중에서도 미리암의 사례가 가장 앞선 것으로 알려져 있다. 이러한 미리암의 예언자적 역할은 광야 시대로 접어들면 서서히 쇠퇴하기 시작한다. 이 변화의 계기는 미리암이 모세의 두 번째 결혼을 비판하면서 시작된다.[8] 이러한 상황은 이후로도 계속 지속되다가 포로 후기에 들어서면서 그녀의 민중 해방적 이미지는 재발굴되고 재평가된다(미 6:4).[9]

둘째로, 드보라가 있다. 사사기 4장 4절에 따르면, 그녀는 당시 이스라엘을 다스린 사사로, 사사기 안에서 유일한 여 사사이다.[10] 이 외에도 드보라는 여러 역할을 동시에 맡았다. 그녀는 랍비돗의 아내였고, 또한 여 예언자였다. 특히, 사사기 안에서 이름을 가진 예언자로는 드보라가 유일하다. 그 외에 언급되는 예언자는 기드온에게 말씀을 전하는 한 예언자(삿 6:8)가 전부이다. 사사기 4장 4절 본문에서는 남편의 이름 외에는 그녀의 개인사나 가족 사항에 대해 자세히 언급하지 않는다.[11] 사사기 4장 5절에 따르면, 드보라는 에브라임 지역 라마와 벧엘 사이 종려나무 아래에 앉아 백성들을 다스리는 모습으로 표현된다. 드보라는 에브라임 지파를 대표하며 이스라엘을 통솔하는 군장(君長, chieftain)이었다. 그녀는 자신을 가리켜 "이스라엘의 어머니"로 지칭하며(삿 5:7), 삼갈과 같은 이전 군장들의 통치 시대와 대조한다(삿 5:6).[12] 다시 말해, 그녀는 사무엘과 같은 지도자적 예언자의 역할을 했음을 알 수 있다. 그녀는 협력적 구원자인 장군 바락, 암살자 야엘 등과 함께, 하솔 왕 야빈과 그의 장군 시스라의 군대에 맞섰다.[13]

셋째로, 훌다를 들 수 있다. 훌다는 남유다 왕정 시대 후기에 예루살렘에서 활동했던 예언자로, 북과 남을 통틀어 유일하게 언급되는 여 예언자이다.[14] 당시 성인이 된 요시야 왕은 제사장 힐기야를 통하여 성전을 수리하도록 조치하고 있었는데, 그 과정에서 신명기의 초판본(proto-Deuteronomy)으로 간주하는 율법책을 발견한다(왕하 22:8; 대하 34:15).[15] 율법의 순종과 불순종에 따른 인과응보 사상을 강조하고 있는 신명기의 내용을 서기관 사반으로부터 전해 들은 왕은, 자신과 백성들에게 하나님의 진노가 임할 것이라며 두려워했다(왕하 22:13; 대하 34:21). 그리하여 이에 대한 조언을 듣기 위해 왕의 신하들이 찾아간 자가 바로 예언자 훌다였다. 그녀는 왕실 행정부 곁에서 조언 역을 하던 예언자로, 나단, 갓, 이사야 등과 같은 역할을 하던 중앙예언자라 볼 수 있다. 그녀의 남편 살룸도 역시 왕실과 귀족들의 예복을 담당하던 상급 관리였다.[16] 우리는 그녀가 부유한 사람으로서 글을 이해할 줄 아는 교육받은 식자층(literate)이라는 것을 알 수 있다.[17] 그녀는 히스기야 당시 이뤄진 예루살렘 성벽 확장 보수 공사(대하 32:3-4; 사 22:9-11)의 결과로 탄생한 신도시인 둘째 구역에 거주하고 있었다.[18] 이곳에 거주하던 예언자 훌다는 이러한 예언적 맥락을 정확히 이해하고 있었고, 또한 그 예언적 전통과 신명기적 전승 안에서 율법의 내용을 파악하고 있던 자였다. 그러므로, 신하들이 찾아와 율법의 말씀에 관해 물었을 때, 훌다가 왕과 백성을 향한 하나님의 심판을 강조한 것은 우연이 아니다.

마지막으로, 제2 성전기에 활동했던 노아댜이다. 그녀의 경우는 위의 세 명의 경우와 조금 다르다. 그녀는 느헤미야 6장 14절에 단 한 번 언급된다. 그녀는 사마리아 총독 산발랏 및 암몬 방백 도비야 등의 사주를 받고 예후드 총독 느헤미야의 예루살렘 성벽 재건 공사를 반대하는 예언을 했던 예언자 중 한 명으로 간주한다. 하지만, 그녀의 이름만 소개될 뿐, 그녀의 목소리, 즉 그녀가 전한 예언이 무엇인지는 전혀 알 수 없다. 단지 느헤미야의 일방적인 주장에 근거해 그 내용을 추측할 수 있을 뿐이다. 그의 주장에 따르면, 그녀의 예언은 그의 명예를 훼손하는 내용이었다.[19] 유사하게 느헤미야는 제사장 출신 예언자 스마야와의 만남에서도 이러한 부정적 감정을 느낀 것으로 보이는데, 스마야가 느헤미야 자신을 위하는 척하며, 그를 금기 위반의 함정에 빠트리려 했다고 주장한다(느 6:10-13). 비록 느헤미야 반대파였다 하더라도, 노다야는 스마야나 도비야의 경우와 같이 "-야"라는 신명(theophoric name)을 가진 것으로 보아, 야웨를 섬기는 유대인 예언자였을 것으로 짐작된다.[20]

이렇듯 미리암, 드보라, 훌다는 명시적으로 이름이 언급되며 각자의 시대적 상황 속에서 예언자로서 역할과 목소리, 서사가 잘 드러난다. 노야다는 그 구체적인 역할이 드러나지 않지만, 느헤미야서의 간접적인 묘사와 이름의 의미를 통해 그녀의 역할을 재구성할 수 있다. 이와 달리, 이사야의 아내로 알려진 여 예언자는 이름도, 목소리도 직접적으로 묘사되지 않으며, 아이를 낳고 기르는 역할에만 한정된다. 약 1세기 정도의 시간차가 있지만, 유사한 상황에 놓였던 훌다와 비교해도 큰 차이가 있다. 훌다는 왕정 체제의 상급 관리의 아내였으며, 예언자로서 명시적인 서사와 목소리를 부여받았다. 반면, 이사야의 아내는 예언자로 불리지만, 그녀에게는 다른 여 예언자들에게 주어진 서사나 목소리가 명시적으로 주어지지 않는다.

여기서 다음과 같은 질문들을 던질 수 있다. 성서에서 이름 없는 여인에게는 목소리와 서사가 전혀 주어지지 않는가? 그리고 이름이 있더라도 목소리와 서사가 최소화되는 경우가 있는가? 혹시, 이사야의 아내로 알려진 익명의 여 예언자가 왕정 시대의 가부장적 사회구조에 의해 이름과 목소리, 서사가 의도적으로 최소화된 것은 아닌가? 다음 장에서는 이러한 문제들을 다루도록 한다.

Ⅳ. 이름 없는 여인들의 목소리와 서사

구약 성서 속 등장하는 여러 익명의 여인들은 나름의 목소리와 서사를 갖고 있다. 특히 고통과 비참이라는 위기 상황에 놓여 있던 여인들의 경우가 특히 그러하다. 대표적인 사례가 바로 역사 기록에 등장하는 솔로몬 재판장의 두 여인(왕상 3장)과 사르밧의 한 여인(왕상 17장)이다. 여기 언급된 여인들은 사회적으로 소외되어 있는 비주류 하층 가정에 속한 어머니들로 위기에 놓인 가정을 이끌어가는 가모장의 역할을 감당하고 있다. 가야트리 스피박(Gayatri C. Spivak)의 주장처럼 어찌 보면 이들은 목소리와 서사가 주어지지 않는, 즉 재현(representation)의 대상이 되는 "서발턴"(subaltern)과 같은 위치에 놓여 있는 자들이라 할 수 있다.[21] 스피박이 서발턴을 사회적 하층 계급으로서 자신의 목소리조차 낼 수 없는 절대 종속된 약자로 규정한다면, 김윤경은 여러 계급적 상황에서 발생하는 종속의 문제로 간주하고 이를 상대화하고 있다.[22] 그리하여 김윤경의 서발턴은 문학적 조연(minor character)으로서 그 익명성에도 불구하고 목소리와 서사를 갖는다.[23] 후자의 관점에서 이러한 여인들을 관찰하면, 이들은 오히려 자신의 목소리를 갖고 이야기의 흐름을 주도하고 있음을 깨달을 수 있다.

여기서는 크게 두 가지 사례를 살펴보려 한다. 첫째는 남편을 떠난 여인의 경우이고, 둘째는 남편과 사별한 여인의 경우다. 역사 문학에 등장하는 익명의 여인들은 위기 속에서도 적극적으로 자신의 목소리를 내며 상황을 타개하는 모습을 보여준다. 반면, 비슷한 상황에 놓여 있는 예언 문학의 여인들은 그렇지 않음을 관찰할 수 있다. 특히, 예언 문학에서 남편을 떠난 여인들과 사별한 여인들에 대한 이미지는 야웨 하나님과 백성 간의 언약 관계를 비유하는 은유적 장치로 사용된다. 이러한 관점에서 이들의 목소리와 서사 부여 여부를 관찰하는 것은 매우 중요한 작업이다.

먼저, 남편을 떠난 여인의 경우를 살펴보자. 솔로몬의 재판정에서 한 아이를 두고 다투는 두 여인은 한 남자아이의 친권을 두고 왕 앞에 자신의 사연과 사정을 적극적으로 호소한다.[24] 분명 이 재판정은 예루살렘 궁정일 것이지만, 본문은 그녀들을 창녀(조나)로 소개하며 그들의 배우자에 대해서는 언급하지 않는다(왕상 3:16). 이들은 사회적으로 차별받는 신분임에도 불구하고, 모성애에 기반한 호소를 통해 적극적으로 자신을 드러낸다.

반면, 예언자 호세아의 아내로 등장하는 고멜은 이들과 대조된다. 비록 그녀는 창녀로 명시되지 않지만, 동일한 어근으로부터 파생된 '에쉐트 즈누님'이라는 표현은 그녀의 부덕하고 음란한 성격을 암시한다. 또한 그녀가 낳은 자녀들 역시 '얄데 즈누님'으로 묘사되어, 어머니의 부정적인 이미지를 이어받고 있음을 보여준다(호 1:2). 이스르엘, 로루하마, 로암미로 불리는 세 자녀의 이름들은 당시 북이스라엘에 대한 심판을 상징하며(호 1:4, 6, 9). 고멜은 이들 이름에 대해 아무런 반대도 없이 침묵할 뿐이다.

다음으로, 남편을 사별한 여인들의 사례를 살펴보자. 기근과 가뭄이라는 극한의 상황 속에서 예언자를 만나, 빈곤과 질병이라는 극한의 상황을 극복했던 사르밧의 어머니 이야기도 마찬가지이다. 열왕기상 17장 9절에 따르면 사르밧의 어머니의 경우, 남편이 없는 과부(알마나)로 소개된다. 더욱이 그녀는 페니키아인이었다. 그녀는 자기와 다른 신을 섬기는 외국인 예언자 엘리야가 찾아왔을 때, 자신의 궁핍한 사정을 호소하면서도, 동시에 손님 환대하기를 주저하지 않는 것을 볼 수 있다(왕상 17:12, 15, 18, 24).[25] 이와 비슷한 사례가 예언자 엘리사의 문도(문자적으로는, 예언자의 아들들 = 브네이-하느비임)에 속한 한 제자의 가정에서도 발견된다. 열왕기하 4장 1-2절에 따르면, 어느 한 제자 예언자의 아내가 자기 남편이 일찍 죽어 자신은 과부가 되었고, 남편이 남겨둔 빚으로 인해 곤란을 당하고 있다고 호소한다. 이러한 상황 속에서 여인은 매우 적극적으로 남편의 스승에게 상황을 호소하고 있고, 스승 엘리사는 이 문제를 해결할 방안을 제시한다. 이 이야기에서 이 여인과 그의 가족 모두 그 이름이 익명으로 등장하고 그 출신조차 알기 어려운데도 불구하고, 그녀는 적극적으로 이야기를 주도하고 있음을 알 수 있다. 에스겔 아내의 죽음 이야기는 이 상황과 정반대의 사례를 예시하고 있다. 에스겔은 아내의 죽음 앞에 어떠한 애도도 곤란도 호소할 수 없었다(겔 24:15-27). 이러한 상황 역시 그의 청중들에게 부정한 예루살렘의 멸망에 대한 예시로 사용되었기 때문이다. 물론 이 상황에서 배우자를 잃은 것은 남자이고, 에스겔의 경우 그가 정결법에 통달한 제사장 출신이라는 것도 간과해서는 안 된다(레 21:1-9). 하지만, 그만큼 주류에 가까울수록 오히려 더욱 엄숙과 침묵이 강조되는 것을 발견한다.

특별히 이러한 현상은 예언 문학 안에서 더욱 강조되는데, 이는 가부장제 전통에 기초한 딸 시온(바트-찌온) 은유와 관련된다.[26] 예언 문학 안에서 "음란하다"는 묘사는 신랑 야웨 하나님과의 관계를 멀리 떠나 다른 신을 섬기는 불의하고 부정한 딸 시온의 현재 상황을 묘사할 때 사용된다(사 1:21). 또한 예언 문학에서는 과부의 상징을 부정적인 뉘앙스로 사용한다. 예를 들면, 심판받은 딸 시온을 과부로 묘사하는 장면이다(애 1:1). 이는, 즉 신랑 야웨 하나님과의 관계를 전제한다(애 1:1). 다음 장에서는 이사야서를 중심으로 딸 시온 은유가 어떻게 구성되고 있는지 살펴보고 이사야 아내의 목소리와 서사를 어떻게 재구성할 수 있을지 살펴본다.

V. 딸 시온 은유를 통한 목소리와 서사 탐색

이사야의 아내로 알려진 이름 없는 여 예언자의 역할은 자녀를 낳고 기르는 아내와 어머니의 역할로 한정되고 있지만, 이사야서 안에서 여성 은유는 다양한 방식으로 활용된다. 그중에서도 대표적인 것은 남유다의 도성 예루살렘을 야웨의 딸이나 신부로 은유하는 것이다. 이렇게 도시를 여성형으로 묘사하는 방식은 고대 근동 사회에서 널리 퍼져 있던 은유의 방식이다.[27] 하지만 이러한 일반적 인식에 관한 최근의 연구들에 따르면, 모든 고대 근동 사회가 도시를 여성화(feminization)한 것은 아니다.[28] 스테파니 안토니오즈(Stéphanie Anthonioz)에 따르면, 고대 근동은 도시에 대한 자신들의 치적을 내

세우기 위한 정치적, 종교적 목적으로 도시를 성별에 상관없이 의인화(개념화)했다.[29] 반면, 구약의 역사서나 예언서에서 예루살렘은 그러한 목적과 무관하게 희로애락을 겪는 여성으로 개념화되었다.[30]

예루살렘의 의인화 과정에 어떠한 정치, 종교적 의미 부여가 배제되었을 것이라는 안토니오즈의 주장은 전적으로 받아들이기 어려울 수 있다. 하지만 도시에 대한 의인화가 희로애락을 겪는 어느 여성의 인생을 반영하고 있다는 점은 주목할 만하다.[31] 비록 딸 시온(바트-찌온) 모티프는 예루살렘이라는 도시 공동체에 대한 은유이지만, 이를 사용하는 방식을 통하여 익명의 한 여성을 발견하고, 그의 목소리와 서사를 발견할 수 있기 때문이다. 딸 시온 모티프는 예언 문학 전반에서 사용되지만, 본 연구에서는 이사야서의 활용에 한정한다.

이사야서에서 딸 시온 은유는 단지 단회적으로만 등장하지 않는다. 이 은유는 전쟁 전후의 맥락에서 복합적이고 다양하게 활용된다. 먼저, 딸 시온 은유는 야웨와 이스라엘 백성 간의 언약 관계를 가족 관계로 비유하는 방식으로 사용된다. 이 때문에 딸 시온/예루살렘은 물리적인 도시 자체를 의미하는 것이 아니라, 남유다의 지도자와 백성 전체를 나타내는 환유로 이해할 수 있다. 칼린 맨돌포(Carleen Mandolfo)는 딸 시온이라는 용어가 예루살렘 도성을 지칭하면서, 동시에 백성을 지시하는 환유적 기능(metonymic function)이 있다고 본다.[32] 따라서, 당시의 가부장적 가족구조를 반영하여 야웨와 예루살렘의 관계는 부녀(사 1:8; 10:32; 16:1; 22:4; 37:22) 혹은 부부 관계(사 49:11, 18; 61:10; 62:4-5)로 표현된다.

더 나아가, 딸 시온이라는 은유는 예루살렘과 유다 백성 모두를 환유하는 것으로 간주할 수 있으며, 동시에 정치적, 종교적 중심지인 수도를 중심으로

한 왕족이나 귀족 같은 지배계급의 삶을 반영하기도 한다(사 37:22; 참고 애 1:1). 예를 들어, 이사야서 3장 16절 이하에 등장하는 시온의 딸들(브노트 찌온)에 대한 묘사는 이러한 지배계급의 삶을 은유적으로 암시한다.[33] 이러한 두 가지 해석은 딸 시온의 복합적인 의미를 반영하며, 지배계급 전체 공동체의 경험을 모두 포괄할 수 있다.

이러한 가부장적 가족 은유 구조에서는 가족의 영광과 명예를 지키고 수치를 피하는 것이 매우 중요했다. 전쟁으로 인한 고통과 비참함은 수치로 여겨졌기에, 현재의 비참한 상황을 극복하고 과거의 명예를 회복하는 것이 개인뿐만 아니라 공동체 전체에 중요한 일이었다.[34] 딸 시온 은유는 이러한 관점에서 전란을 겪는 도성과 그 거주민들을 묘사하는 데 주로 사용된다. 이 은유는 단순히 상황을 예술적으로 표현하기 위한 것이 아니라, 심판과 회복이라는 예언적 준거 틀 안에서 예루살렘의 청중을 설득하기 위한 수사적 도구로 활용된다.[35]

종합하면, 딸 시온 은유에서 묘사되는 딸 또는 신부의 모습은 전쟁 이전, 전쟁 중, 전쟁 이후라는 각 시점에 따라 다르게 표현된다. 전쟁 이전에는 가족 안에서 사랑받고 보호받는 모습으로, 전쟁 중에는 가족을 잃거나 혹은 가족에게서 벗어나 방황하고 고통받는 모습으로, 전쟁 이후에는 잃거나 떠난 가족 구성원과 재회하여 다시 보호받는 모습으로 그려진다. 이렇듯 이사야서에서 여러 번 언급되는 딸 시온 은유는 전쟁을 겪은 위기 가족이라는 서사 구조 안에서 하나의 통일된 이야기로 구성될 수 있다. 이는 딸 시온이 특정한 역사적, 사회적 맥락에 놓여 있음을 시사한다. 따라서 딸 시온의 목소리는 이 서사 구조 내에서 제약을 받으며, 이사야서에서는 딸 시온에게 서사를 부여하면서도 그녀의 직접적 목소리는 제한하고 있다. 딸 시온에 대한 모든 묘사는 야웨의 말씀을 대언하는 예언자의 시각을 통해 전달된다.

예를 들어, 이사야서 1–39장에서는 주로 딸 시온이라는 호칭을 사용하여 언약적 부녀 관계에 초점을 두고 있다(사 1:8; 10:32; 16:1; 22:4; 37:22). 예언자는 현재 딸 시온이 외적의 침입으로 어떤 어려움에 처했는지, 그리고 그러한 어려움의 이유가 무엇인지를 고발하고 있다. 이사야서 10장 32절은 외적이 북부로부터 도성까지 이르러서 딸 시온에게 폭력을 행사하는 장면을 묘사하고 있다.[36] 이사야서 1장 8절은 외적에 의해 사방으로 에워싸여 있는 딸 시온, 즉 예루살렘 공성전의 상황을 묘사하고 있다. 이어지는 21절은 도성이 전쟁을 겪는 이유가 과거의 신실함과 정의를 잃어버리고, 창녀(조나)처럼 되었기 때문이라고 비판한다. 3장 16절부터 4장 1절까지는 그로 인한 수치스러운 상황들을 묘사하고 있다. 단지 이런 수동적인 피해자의 모습만 등장하는 것은 아니다. 좀 더 적극적으로 침략자에 대응하는 장면도 있다. 37장 22절에서는 처녀(베툴라)로 소개되는 딸 시온이 침략자 신아시리아 황제 산헤립을 향해 조롱하고 비웃는 묘사가 등장한다.[37] 16장 1절에서는 지배자로서의 딸 시온이 묘사되는데, 딸 시온이 모압으로부터 조공을 받는 것으로 표현된다. 하지만, 모두 예언자의 발언 속에 언급될 뿐, 목소리가 부여되진 않는다.

이사야서 40–60장은 이러한 딸과 처녀의 이미지를 계승하면서도(사 52:2; 62:11), 여기에 언약적 부부 관계의 이미지를 추가한다(사 49:11, 18; 61:10; 62:4-5). 이러한 인식은 전쟁으로 인해 파괴된 예루살렘을 버림받은 과부 신세(알마누트)에 비유하는 것에 기초한다(사 4:1, 4-8).[38] 이사야서 54장에서 수치스러웠던 과부 시절을 언급하는 이유는 딸 시온의 명예 회복과 관련된다.[39] 즉, 이러한 과부의 시절을 끝내고 남편과 재결합하는 과정을 묘사함으로, 야웨 하나님과 백성 간의 언약 관계를 다시 정립하는 것을 그리고 있는 것이다.

54장 5절과 62장 4절에서는 기본적인 부부 관계 은유의 양식에 따라 야웨 하나님이 딸 시온의 신랑, 남편으로 표현된다. 54장 1절과 60장 9절에 따르면, 이러한 결혼 관계의 회복을 통해 잃어버린 자녀들이 돌아오고, 더 많은 자녀를 갖게 될 것이다. 62장 2-4절 및 11-12절에서는 새 이름을 얻고 신혼살림 꾸리는 딸 시온의 모습이 표현된다.

이러한 맥락에서 딸 시온은 드디어 입을 떼어 자신의 목소리를 들려준다.[40] 이사야서 49장은 야웨 하나님과 딸 시온 간에 대화가 드러나는 유일한 본문이라 할 수 있다.[41] 그중에서도 49장 14절은 딸 시온의 발언이 직접 인용되는 유일한 구절이다. 여기서 딸 시온은 "주님께서 나를 버리셨고, 주님께서 나를 잊으셨다"(아자바니 아도나이 바도나이 쉐케하니)라며 자신의 신세를 한탄한다. 이에 대한 야웨 하나님은 자기 자녀를 잊지 아니하는 어머니에게 비유하며, 딸 시온을 위로한다(사 49:15). 야웨의 발언으로 딸 시온에게 잃어버렸던 자녀들이 있다는 사실이 밝혀지는데(사 49:17, 20, 22), 이 상황에 대해 딸 시온은 혼란스러워한다. 이러한 속마음을 비추고 있는 본문이 바로 이사야서 49장 21절이다. 여기서 딸 시온은 이미 버림받고 자녀들과 헤어져 수치 가운데 홀로 지낸 세월이 오래인데, 이제 살아남은 아들, 딸들이 돌아와 함께 살 것이라는 소식에 당황한다(참고. 사 51:18, 20; 54:1; 60:9). 잃어버린 가족과의 재회와 명예의 회복이라는 희망 섞인 비전 앞에, 오히려 딸 시온은 내심 당혹감을 드러내고 있는 셈이다. 레나 소피아 티마이어(Lena Sofia Tiemeyer)는 이러한 당혹감이 24절에서도 이어지고 있다고 보고, 이를 딸 시온의 발언 또는 속마음으로 간주한다. 또한 49장에 등장하는 딸 시온의 발언과 속마음들은 애가의 신학과 맞닿아 있다고 분석한다.[42] 맨돌포는 이사야서 40-55장을 애가의 대답으로 보고 본문에 나타난 딸 시온의 발언을 분석한다. 하지만, 애가의 대답으로서 이사야서 40-55장에 대한 그녀의 평가는 부정적이다. 아무리 49장에서 딸 시온의 발언과 그에 대한 야웨 하나님의 대답이 등장하더라도, 결론부인 54장에 제시된 회복 프로그램은 딸 시온의 침묵 가운데 기존의 질서를 강화하고 있다는 것을 지적한다.[43] 이는 이사야서 안에서 묘사된 딸 시온이 어디까지나 그녀를 둘러싼 사회적 경험, 즉 전쟁을 겪고 있는 가족이라는 서사적 맥락 안에 있음을 확인한다.

이사야서의 딸 시온이 자신에게 주어진 사회구조적 한계 내에서 묘사되고 있는 은유적 인물이라는 것은 부인할 수 없는 사실이다. 그런데도 이 익명의 한 여인은 가족구조 안에서 딸이나 신부, 어머니로서의 주어진 역할만을 묵묵히 감당하는 조연으로만 비치지 않는다. 딸 시온은 전쟁이라는 특수한 상황 속에서 희로애락을 경험하는 역동적 인물로서 최종 형태 이사야서 안에서 나름 구별된 서사를 부여받는다. 더 나아가, 이사야서 49장에 등장하는 딸 시온의 발언과 속마음들은 이 익명의 한 여인이 자신에게 주어진 서사에 순응하기만 하는 인물이 아니라는 것을 시사한다. 야웨 하나님과의 질문과 대화를 통해 자신의 관점을 드러내는 이러한 딸 시온의 모습은 소명에 즉각 순종하는 이사야보다(사 6:8), 오히려 소명 앞에 논쟁하는 모세(출 3-4장)와 예레미야(렘 1:4-10)를 닮아 있다. 물론 최종 형태 이사야서의 틀 안에서 딸 시온의 관점은 기각되고, 주어진 질서와 구조 안에서 회복 프로그램이 진행되는 것은 명확한 한계로 지적될 수 있다.

VI. 나가는 말

최종 형태 이사야서 안에서 이러한 적극적이고 대화적인 딸 시온의 모습이 보존되어 있다는 것은 여러 가지를 시사한다. 특별히 이사야의 아내로 알려진 익명의 여 예언자와 비교해 본다면 더욱 그렇다. 구약 내 언급된 다른 네 명의 여 예언자들과 비교해 볼 때, 이 여 예언자는 이름도, 서사도, 목소리도 없다. 구약 내 위기에 처해 있던 익명의 여인들처럼 목소리와 서사가 부여되는 것도 아니다. 그렇다고, 은유적 인물인 딸 시온처럼 이 예언자가 그녀가 경험한 희로애락의 서사가 본문 안에서 전개되는 것도 아니다. 그녀는 예루살렘에 거주하는 가부장 예언자의 아내로서, 전시 상황 속에서 예언적 이름을 가진 한 아이를 낳아 기르는 한 아내, 한 어머니로서 소개될 뿐이다. 분명 이사야의 사역에 대한 그녀 나름의 기여가 있음에도, 그녀의 역할이 어떤 행위예언이나, 어떤 징조로 전혀 간주하지 않는다. 이에 따르면, 이사야서 8장 3절에 단 한 번 언급된 이 여 예언자는 가정에 충실한 소극적인 조연급 인물로만 비친다.

하지만 앞서 살펴본 이사야서 안에서 등장하는 딸 시온은 그가 직면하고 있는 한계에도 불구하고, 좀 더 적극적인 모습을 보여준다. 물론 이 은유적 인물에 대한 대부분의 묘사는 서술자의 것이지만, 그녀는 그에게 주어진 서사 안에서 단 한마디에 불과하지만 명확하게 자기 의사를 전달한다(사 49:14). 이는 바로, 자신의 잊힌 존재감에 대한 호소이다. 이러한 호소는 분명 본문 안에 단회적으로 등장하는 저 잊힌 익명의 여 예언자의 호소가 될 수 있다. 잊힌 존재감에 대해 호소할 때 야웨는 응답하고 대안을 제시했다(사 49:15-20, 22-23, 25-26). 물론 딸 시온은 이후로 더는 입을 열어 발언하지 않지만, 야웨의 응답에 대해 모세나 예레미야처럼 계속해서 질문하며 논쟁한다(사 49:21, 24). 그러므로 여 예언자의 침묵도 마찬가지일 것이다. 그녀 역시 침묵을 통하여 대답하고 질문하고 논쟁할 것이다. 이렇듯 만약 딸 시온이라는 거울을 통해 익명의 예언자를 비춰본다면, 여 예언자가 잃어버린 목소리와 서사를 조금이나마 되찾아 줄 수 있다.

결론적으로, 이러한 작업을 통하여 익명의 여 예언자에게 목소리와 서사를 부여하는 것은 구약 속 여성의 역할과 목소리를 재조명하는 중요한 작업이다. 이를 통해 역사 속에서 소외되었던 이들의 목소리를 듣고, 그들의 역할을 인정하며, 좀 더 포괄적인 성서 해석의 지평을 열 수 있다. 앞으로도 이러한 상호텍스트적 관점을 바탕으로 구약 속 여인들에 대한 연구가 지속되어야 할 것이다. 이는 단순히 과거의 여인들에 대한 재조명일 뿐만 아니라 현대사회에서도 여전히 중요한 의미를 가지는 작업이다.

[미주]

1 음역하면 '마헤르 살랄 하스 바즈'이나, 개역개정과 새번역을 따라 '마헬살랄하스바스'라고 표기한다.

2 신생아마다 젖을 떼는 시기가 다르기 때문에 정확한 시기를 예측하기는 어렵지만, '임마누엘'이 태어난 후 약 1-2년 사이일 것으로 예상된다.

3 알렉 모티어는 이사야가 예언을 몸으로 실천한 그의 아내에게 '여 예언자'라는 호칭을 부여했다고 주장한다. 그러나 본문에는 그러한 설명이 전혀 등장하지 않는다. 물론 그녀의 예언자적 역할이 단지 한 가지 사건에만 국한되지는 않을 것이다. J. Alec Motyer, *Isaiah*, Tyndale Old Testament Commentaries 20 (Nottingham: Inter-Varsity Press, 1999), 83 (ebook).

4 오스왈트는 '마헬살랄하스바스'와 '임마누엘'을 동일 인물로 보는 견해를 '가장 매력적인 옵션'(the most attractive option)으로 평가했다. John N. Oswalt, *The Book of Isaiah, Chapters 1–39*, The New International Commentary on the Old Testament (Grand Rapis: Eerdmans, 1986), 213.

5 이 문제에 대해서 마빈 스위니(Marvin A. Sweeney)는 임마누엘을 히스기야와 동일시하는 경향이 있다. Marvin A. Sweeney, Isaiah 1 –39: With an Introduction to Prophetic Literature, Forms of the Old Testament Literature 16 (Grand Rapids: Eerdmans, 1996), 161-162. 하지만 크리스토퍼 자이츠는 이러한 동일시로 인해 발생할 수 있는 연대기적 문제가 해결되지 않는다고 보고, 이는 최종 형태 이사야서에 대한 신학적 견해에서 비롯된다고 분석한다. Christopher R. Seitz, *Isaiah 1-39, Interpretation: A Bible Commentary for Teaching and Preaching* (Louisville: Westminster John Knox Press, 1993), 65; Christopher R. Seitz, "Fixity and Potential in Isaiah", in *The Multivalence of Biblical Texts and Theological Meanings*, ed. Christine Helmer (Atlanta: Society of Biblical Literature, 2006), 40. 그러므로, 다윗 왕가에서 태어난 '어느 한 왕자'로 간주하는 것이 적당하다.

6 '임마누엘'을 이사야의 아들로 보는 견해는 그 어머니인 '젊은 여성'과 여 예언자를 동일 선상에 놓고 스알야숩의 어머니를 이사야가 사별한 첫째 부인으로 가정한다. Oswalt, *The Book of Isaiah*, 219-223.

7 Susanne Scholz, "Exodus: The Meaning of Liberation from 'His' Perspective", in *Feminist Biblical Interpretation: A Compendium of Critical Commentary on the Books of the Bible and Related Literature*, ed. Luise Schottroff & Marie-Theres Wacker, trans. Lisa E. Dahill et al. (Grand Rapids: Eerdmans, 2012), 41.

8 모세의 두 번째 결혼은 여러 방식으로 이해될 수 있다. 하나는 처첩제의 관점에서 읽는 것이고, 다른 하나는 이혼과 재혼의 관점에서 읽는 것이다. 어떻게 해석하든, 모세가 원부인인 십보라와의 관계에서 멀어졌음을 암시한다. Douglas K. Stuart, Exodus: An Exegetical and Theological Exposition of Holy Scripture, The New American Commentary (Nashville, B&H Publishing, 2006), 404-8. 또 다른 관점은 민수기 12장 1절에 언급된 익명의 구스 여인을 십보라와 동일시하는 시도이다. 이는 남편 곁을 잠시 떠나 본가에 머물다가(출애굽기 18:2) 다시 돌아온 십보라를 시누이 미리암이 질투했다는 해석으로 이어진다. 십보라와 익명의 구스 여인의 동일시는 하박국 3장 7절에서 "구산"과 "미디안"을 평행으

로 언급한 것에 근거한다. Victor P. Hamilton, *Handbook on the Pentateuch: Genesis, Exodus, Leviticus, Numbers, Deuteronomy*, Second Edition (Grand Rapids: Baker Academic, 2005), 120 (ebook).

9   김민정, "민중적 여성 지도자 미리암의 재부상 – 미가 6장 4절을 중심으로", 「신학사상」 183 (2018/겨울), 371-319.

10 사사를 의미하는 히브리어 단수 명사 '쇼페트'는 사사기 2장 18절에 1회, 복수 명사 '쇼페팀'은 사사기 2장 16절과 18절에 등장한다. 창세기 18장 25절에서는 '심판하는 이', 신명기 17장 9, 12절, 25장 2절에서는 '재판관'이라는 의미로 쓰였다. 문법적으로는 모두 칼 분사의 명사적 용법이다. J. G. McConville, *God and Earthly Power: An Old Testament Political Theology* (New York: T&T Clark, 2006), 121. 드보라의 사사성에 대한 논쟁은 박유미의 글을 살펴보라. 박유미, 『오늘 다시 만나는 구약 여성』 (서울: 헵시바, 2022), 235-240. 게일 이(Gale Yee)는 사사기의 저자를 남성으로 간주하고, 어떻게 저자가 드보라의 전사로서 이미지를 최소화하는지를 논한다. Gale A. Yee, "By Hand of Women: The Metaphor of the Woman Warrior in Judges 4", in *Women, War, and Metaphor: Language and Society in the Study of the Hebrew Bible*, Semeia 61, ed. Claudia V. Camp & Carole R. Fontaine (Atlanta: Scholars Press, 1993), 99-126.

11 '랍비돗'을 지역명으로 볼 수도 있다. Tikva Frymer-Kensy, "Deborah 2", in *Women in Scripture: A Dictionary of Named and Unnamed Women in the Hebrew Bible, the Apocryphal/Deuterocanonical Books and the New Testament* (New York: Houghton Mifflin Company, 2000), 129-131 (ebook). 랍비돗을 바락의 다른 이름으로 보는 견해도 있다. Joy A. Schroeder, *Deborah's Daughters: Gender Politics and Biblical Interpretation* (Oxford: Oxford University Press, 2014), 29-31.

12 삼갈과 야엘의 평행에 대해서는 여러 해석이 있다. 콜린 콘웨이(Colleen M. Conway)의 책 2장 8번 후주를 참고하라. Colleen M. Conway, *Sex and Slaughter in the Tent of Jael: A Cultural History of a Biblical Story* (Oxford: Oxford University Press, 2017), 174. 드보라는 군장이었지만 왕정을 시도하지 않았다. 기드온(여룹바알)의 아들 아비멜렉은 군장국가(chiefdom) 체제를 폐기하고 왕정국가(royal state)로 이행하려 했던 최초의 사례이다. Mark Leuchter, *Samuel and the Shaping of Tradition, Biblical Refigurations* (Oxford, Oxford University Press, 2013), 68-71.

13 장석정은 바락과 야엘이 공동 사사라기보다는 협력적 구원자로 규정한다. 장석정, "'드보라 이야기'의 모호성 이해 – 협력적 구원자들을 중심으로", 「신학사상」 199 (2022/겨울): 27.

14 Song-Mi Suzie Park, *2 Kings*, Wisdom Commentary (Collegeville: Liturgical Press, 2019), 287.

15 열왕기하 22-23장의 책-발견 모티프(the book discovery motif)에 대한 상세한 서술은 다음을 참조하라. 토마스 뢰머/김경식 옮김, 『신명기역사서 연구: 사회학적, 역사적, 문학적 개론』 (서울: CLC, 2020), 84-93.

16 박유미는 훌다의 남편이 하급 관리였다고 본다. 박유미, 『오늘 다시 만나는 구약 여성』, 241.

17 Aaron Demsky, "Literate Women among the Social Elite at the End of the Monarchy", in *Ben Porat Yosef: Studies in the Bible and Its World, Essays in Honor of Joseph Fleishman*, Alter Orient und Altes

Testament 458, ed. Michael Avioz, Omer Minka & Yael Shemesh (Münster: Ugarit Verlag, 2019), 152.

18 이 둘째 구역은 요시야의 통치 초기 섭정 체제에 활동한 스바냐의 예언에서도 언급한다. 그는 "야웨의 날"이라는 심판 모티프를 사용하며, 므낫세 통치 이후로부터 만연해 있는 당시 유다와 예루살렘의 혼합주의를 강하게 비판했다. 그가 예루살렘의 심판을 시각적으로 묘사할 때 언급되는 곳이 바로 이 곳이다(습 1:10).

19 레스터 그래비(Lester L. Grabbe)는 느헤미야에게 타인의 비평으로부터 배우는 자세가 부족하다고 평가한다. Lester L. Grabbe, *'The Spirit of the Lord Came Upon Me': Prophets in Ancient Israel from a Cross-Cultural Perspective*, Library of Hebrew Bible/Old Testament Studies 735 (New York: T&T Clark, 2024), 84.

20 당시 사마리아인들도 그리심산을 중심으로 야웨를 섬겼다. 엘레판틴의 유대인 공동체는 야웨(야후)를 위한 성전 재건에 사마리아와 예후드에 지원을 요청하는 편지를 보낸 바 있다. Jeremiah W. Cataldo, *A Theocratic Yehud?: Issues of Government in a Persian*, Library of Hebrew Bible/Old Testament Studies 498 (New York: T&T Clark, 2009), 18, 73-78; Gary N. Knoppers, "Mt. Gerizim and Mt. Zion: A Study in the Early History of the Samaritans and Jews", *Studies in Religion* 34.3-4 (2005/9): 309-37; Keun Jo Ahn, "Jewish Temples in Elephantine and Jerusalem: Their Theological and Sociological Significance", 「장신논단」 49.3 (2017/9): 20-21.

21 Gayatri C. Spivak, "Can the Subaltern Speak?", in *Marxism and the Interpretation of Culture*, ed. Cary Nelson & Lawrence Grossberg (Urbana: University of Illinois Press, 1988), 271-313.

22 Yoon-Kyung Kim, "The Servant of The King as a Subaltern Character in 2 Kings 7:11-15", 「장신논단」 55.4 (2023/11): 20.

23 Yoon-Kyung Kim, "Another Fresh Look at the Four Lepers as Subaltern Characters in 2 Kings 7", 「구약논단」 25.3 (2019/9): 19, 24.

24 사마리아 공성전 당시 벌어진 극한의 인플레이션 상황 속에서(왕하 6:24-25), 익명의 한 북이스라엘 왕 - 이야기의 흐름으로 여호람 왕 - 앞에 호소한 두 어머니의 이야기도 유사하게 한 남자아이의 생명을 두고 갈등하고 있으며, 굶주림으로 인한 식인(cannibalism)의 문제가 대두된다(왕하 6:26-30). 이에 대한 연구는 지나 헨스-피아자(Gina Hens-Piazza)의 연구를 참조할 것. Gina Hens-Piazza, *Nameless, Blameless, and Without Shame: Two Cannibal Mothers Before a King* (Collegeville: Liturgical Press, 2003). 그녀의 조연(minor character) 연구 방법론은 다음의 책을 보라. Gina Hens-Piazza, *The Supporting Cast of the Bible: Reading on Behalf of the Multitude* (Lanham: Lexington Books, 2020).

25 엘리사와 수넴의 한 어머니에 관한 이야기도 유사한 손님 확대 구조로 되어 있다(왕상 4:8-37; 8:1-6). 하지만 이 인물은 난임의 문제로 어려움을 호소할 뿐, 경제적 곤란을 호소하지 않는다. 또한 예언자와 같은 동족, 같은 신을 섬기는 자다.

26 일반적으로 '바트-찌온' 연계형에 대한 이해는 윌리엄 F. 스타인스프링(William F. Stinespring)의 제안을 따른다. 그는 동격 소유격(appositional genetive)으로 이해하여 예루살렘이 딸을 가졌다는 의미

인 "시온의 딸"(daughter of Zion)이 아닌, 예루살렘이 딸이라는 의미인 "딸 시온"(Daughter Zion)로 번역할 것을 제안하였다. William F. Stinespring, "No Daughter of Zion: A Study of the Appositional Genitive in Hebrew Grammar", *Encounter* 26 (1965): 133 –41. 마이클 플로이드(Michael H. Floyd)는 이러한 견해에 이의를 제기하고, 연관 소유격(genitives of association) 구조로서, 즉 도시가 아닌 도시의 여성들을 의인화로 보아야 한다고 주장한다. Michael H. Floyd, "The Daughter of Zion Goes Fishing in Heaven", in *Daughter Zion: Her Portrait, Her Response*, ed. Mark J. Boda, Carol J. Dempsey & LeAnn Snow Flesher (Atlanta: Society of Biblical Literature, 2012), 177–200. 하지만 마그나르 카르트베이트(Magnar Kartveit)가 지적하였듯이, 플로이드의 주장은 환유 개념에 관한 오해에서 출발하는 것으로 보인다. Magnar Kartveit, Rejoice, *Dear Zion!: Hebrew Construct Phrases with "Daughter" and "Virgin" as Nomen Regens* (Berlin: De Gruyter, 2013).

27 Peggy L. Day, "The Personification of Cities as Female in the Hebrew Bible: The Thesis of Aloysius Fitzgerald, F.S.C.", in *Reading From This Place*, Volume 2: Social Location and Biblical Interpretation in Global Perspective, ed. Fernando F. Segovia & Mary Ann Tolbert (Minneapolis: Fortress Press, 1995), 283–302.; Brad E. Kelle, "Wartime Rhetoric: Prophetic Metaphorization of Cities as Female", in *Writing and Reading War: Rhetoric, Gender, and Ethics in Biblical and Modern Contexts*, ed. Brad E. Kelle & Frank Ritchel Ames (Atlanta: Society of Biblical Literature, 2008), 95–112.

28 Stéphanie Anthonioz, "Cities of Glory and Cities of Pride: Concepts, Gender, and Images of Cities in Mesopotamia and in Ancient Israel", in *Memory and the City in Ancient Israel*, ed. Diana V. Edelman & Ehud Ben Zvi (Winona Lake: Eisenbrauns, 2014), 21–25.

29 Ibid., 27–28.

30 Ibid., 39–40.

31 안토니오즈는 역사서와 예언서 간의 장르적 차이에 관해 설명하지 않는다. 또한 다윗, 솔로몬, 히스기야, 요시야 등의 시대의 예루살렘 이해에 대해서도 논하지 않고 있다.

32 Carleen R. Mandolfo, *Daughter Zion Talks Back to the Prophets: A Dialogic Theology of the Book of Lamentation* (Atlanta: Society of Biblical Literature, 2007), 38. 특히 각주 17을 참고하라.

33 월터 브루그만(Walter Brueggemann)은 시온의 딸들이 도시 엘리트 여성(the elite women of the urban establishment)일 것이라고 주장한다. Walter Brueggemann, *Isaiah 1-39* (Louisville: Westminster John Knox Press, 1998), 37. 아탈랴 브레너(Athalya Brenner)에 따르면, 이런 도시 엘리트 여성에 대한 비판은 모든 여성에 대한 비판으로 포괄된다. Athalya Brenner, "Introduction", in *A Feminist Companion to the Latter Prophets*, ed. Athalya Brenner (Sheffeild: Sheffield Academic Press, 1995), 23.

34 Sarah J. Dille, "Honor Restored: Honor, Shame and God as Redeeming Kinsman in Second Isaiah", in *Relating to the Text: Interdisciplinary and Form-Critical Insights on the Bible*, Library of Hebrew Bible/Old Testament Studies 384. ed. Timothy J. Sandoval & Carleen Mandolfo (New York: T&T Clark, 2004), 232–250.

35 Marvin A. Sweeney, "The Legacy of Josiah in Isaiah 40-55", in *The Desert Will Bloom: Poetic Visions in Isaiah*. ed. A. Joseph Everson & Hyun Chul Paul Kim (Atlanta: Society of Biblical Literature, 2009), 125-129.

36 이사야서 10장 28-32절이 예루살렘으로 향하는 북부 루트를 묘사한다면, 이사야서 36-37장과 미가서 1장 10-15절은 남서부 지역으로부터 밀고 들어오는 루트에 대해 묘사한다. John Goldingay, *Hosea-Micah*, Baker Commentary on the Old Testament: Prophetic Books (Grand Rapids: Baker Academic, 2018), 485-486 (ebook); 론 태피(Ron E. Tappy)는 남서부와 북부 루트를 동시에 사용했을 가능성에 대해서도 가정한다. Ron E. Tappy, *The Archaeology of Israelite Samaria*. Volume 2: The Eighth Century BCE (Winona Lake: Eisenbrauns, 2001), 548.

37 이 단어는 남자를 알지 못하는 상태를 말하는 것으로, 이사야서 7장 14절에 언급되었던 젊은 여성 (hm1.[;)의 용례와 구별된다. 시돈(사 23:12)과 바빌론(사 47:1)의 경우도 처녀 딸로 지칭된다.

38 김래용, "제2이사야의 구조와 메시지 - 관계성을 중심으로", 「신학사상」 199 (2022/겨울): 59-60. 참고로 이사야서 1-39장에서는 만연한 사회적인 불의를 고발할 때 "과부"가 언급되긴 하지만, 딸 시온을 과부와 동일시하지 않는다.

39 이사야서 47장 8-9절은 딸 바빌론이 과부 신세가 될 것을 묘사한다.

40 Lena Sofia Tiemeyer, "Isaiah 40-55: A Judahite Reading Drama", in *Daughter Zion: Her Portrait, Her Response*, ed. Mark J. Boda, Carol J. Dempsey, and LeAnn Snow Flesher (Atlanta: Society of Biblical Literature, 2012), 67; Sharon Moughtin-Mumby, "Feminist/Womanist Readings of Isaiah", in *The Oxford Handbook of Isaiah*, ed. Lena Sofia Tiemeyer (Oxford: Oxford University Press, 2020), 605-606.

41 Mandolfo, *Daughter Zion Talks Back to the Prophets*, 115.

42 하지만 그녀는 이사야서 55장 1-5절을 딸 시온의 발언으로 보려는 시도에는 동의하지 않는다. Lena Sofia Tiemeyer, *For the Comfort of Zion: The Geographical and Theological Location of Isaiah 40-55* (Leiden: Brill, 2011), 305-9.

43 Mandolfo, *Daughter Zion Talks Back to the Prophets*, 117-8.

제4장

가족 죽음과 애도 윤리에 대한 신학적 고찰

김민정

I. 들어가는 글

현대사회의 가족 구조와 삶의 방식이 급속히 변화하는 가운데, 죽음에 대한 애도의 차원이 상실되고 있다. 애도는 죽음에 대한 단순한 슬픔과 애통함이 아니다. 먼저 간 사람과 남은 사람의 관계를 새롭게 설정하는 과정이며 죽음을 대하는 태도는 역설적으로 삶을 대하는 그것과 맞닿아 있다. 그러나 현실은 홀로 죽어가는 무연고 죽음이 늘어가고, 사후 처리는 하나의 장례 상품으로 취급되면서 죽음과 삶의 의미를 이어갈 공간이 없다. 이러한 죽음 소외와 애도의 상실은 곧 우리 삶의 소외이자 관계의 상실을 의미한다. 과연 가족 죽음을 대하는 우리의 현재 모습과 앞으로의 삶은 이대로 괜찮은 것일까?

이 글은 가족 죽음을 신속하고 말끔하게 처리하고 슬픔에서 벗어나서 삶의 다음 장으로 넘어가는 기술에 관한 이야기가 아니다. 오히려 애도가 사라진 죽음의 시대에 성서의 가족 죽음 서사를 다시 읽으면서 우리가 잃어버린 것이 무엇인지 확인하고 재해석해야 할 가치를 가려내기 위한 것이다. 성서는 말한다. "그의 경건한 자들의 죽음은 여호와께서 보시기에 귀중한 것이로다"(시 116:15). 현대인의 삶이 놓치고 있는 인생의 죽음을 소중하고 의미 있게 주목해 본다. 우리는 누구나 가족의 죽음을 맞이하고 남은 자의 삶을 살아가다가 언젠가 나 자신이 애도의 대상이 된다. 먼저 간 이에 대한 애도와 남은 자의 삶은 어떻게 연결되어야 할까? 잔칫집보다 초상집에 가 있는 지혜자의 마음으로(전 7:4) 가족 죽음에 대한 애도의 차원을 조명해 보자.

가족 죽음과 애도에 관한 신학적 연구를 위해, 먼저 현대사회의 가족 변화와 애도가 사라진 죽음의 현실을 진단하는 것이 필요하다. 다음으로 애도의 지평과 차원을 드러내기 위해 현대 철학자들의 애도에 대한 사유를 고찰하려 한다. 죽음의 타자성과 윤리적 차원을 열어 보인 에마뉘엘 레비나스(E. Levinas)의 철학과 본격적으로 애도 이론을 펼친 자크 데리다(J. Derrida)가 연구의 중심 대상이다.[1] 애도 이론 고찰은 철학자들의 사유를 '애도의 존재론', '문제적 애도' 그리고 '애도의 윤리'로 구분하여 제시한다. 애도 이론과 비교하는 성서에 관한 신학적 연구는 언급한 세 가지 항목과 맞추어 수행할 것이다. 성서의 가족 죽음 서사를 '애도 의례', '애도에 대한 금기' 그리고 '죽은 자와의 관계와 책임' 순으로 다루고자 한다.

구약성서는 고대 이스라엘의 가족 죽음에 대한 서사를 풍성하게 담고 있다.[2] 성서의 내용은 오늘날과 다른 역사 문화적 배경을 전제하고 있지만, 시대의 간극을 넘어서 인간 존재의 저변에서 공명하는 가치와 지향점을 보게 하고, 동시에 시대의 변화에 맞추어 재해석해야 할 필요를 생각하게 한다. 그러므로 애도를 상실한 시대에 죽음을 대하는 자세, 곧 역설적으로 삶을 대하는 모습을 성찰하는 것은 유의미한 작업이 될 것이다. 그것은 타자의 고통 앞에서 연민하는 인간다움을 견지하고 산 자와 죽은 자 사이의 관계를 새롭게 설정하는 길, 그리고 주어진 생(生)을 응원하면서 남은 자의 책임을 저버리지 않는 길을 찾는 여정이 될 수 있다.

II. 현대의 가족 변화와 애도 없는 죽음

1. 현대의 가족 변화

우리 사회는 전통사회에서 근대사회로 넘어오는 과정이 급속했던 만큼 가족의 구조와 운영 방식 역시 급진적으로 변해 왔다.[3] 현재는 초고령사회로의 진입과 초저출산과 같은 인구학적 변동과 함께 만혼화, 비혼과 이혼율 증가와 같은 가족 구조의 변화로 인해 1인 가구가 계속해서 늘어가고 있다.[4] 이러한 변화의 특징은 가족 구조의 '축소'와 '개인화'로 볼 수 있다. 개인의 삶보다 가족 구성원으로서 의무가 우선하고 혈연 중심의 운명공동체를 지향하는 전통적 가족주의(Familism) 시대는 지나갔다. 오히려 개인이 상호 네트워크의 힘을 사용하면서 자립하는 '핵개인'의 시대가 도래했다. 이것은 가족이 수행해 오던 상호부조와 안전망의 역할이 전과 다르게 작동되고 있음을 말해 준다.[5]

두 번째 가족 변화의 특징은 '장기화'인데, 인구 중 가장 많이 사망하는 연령대가 90세가 넘는 100세 시대는 축복인지 저주인지 알 수 없는 현상을 부르고 있다. 지나치게 길어진 노년기와 경제적 빈곤이 질병이나 소외와 고독감 같은 '장수 리스크'를 경험하게 하는 것이다.[6] 불가피한 전통적 삶의 방식의 변화 속에서 인생의 생애주기 전반부보다 후반부의 과제가 더 무거워지고 노후 자금보다 노후 관계가 중요하다는 말을 들어야 하는 상황이다.

"백발은 영화의 면류관('ā·te·ret tip·'e·ret)이라 공의로운 길에서 얻으리라"(잠 16:31) 한 말씀이 오늘의 현실에서 요원하기에 더욱 영화롭게 들린다. 일생을 공의롭게 살다가 노령의 상징인 백발이 되었을 때, 장수 리스크 대신 '아름다운 화환'(a beautiful wreath)을 권위로 얻는 삶이 가능할 것인가?

2. 고립사와 애도 없는 죽음

2010년의 신조어였던 '무연사회'(無緣社會)는 현대사회의 변화와 죽음의 관계를 생각하게 한다. 일본 사회에서 '연고 없이 죽음을 맞이하고 방치되는 사람들의 증가'를 취재 보도한 이 프로그램이 시민들에게 큰 반향을 일으켰었다.[7] 이는 고독사율이 계속해서 증가하고 있는 우리 사회 현상과도 크게 다르지 않다.[8] 앞으로는 이 문제가 경제력과 사회적 능력이 부족한 노령인구에만 국한되지 않을 것이다. 무연사회는 가족 구조와 삶의 변화에서 출발해서 사회 전체의 구조와 연결되어 있다. 오늘날 가족의 연대가 해체되는 것도 문제이지만 오히려 혈연 중심의 가족주의가 양산하는 사회 문제도 간과할 수 없을 만큼 다양하다.[9]

사회 신경과학자 존 T. 카시오포(John T. Cacioppo)는 인간의 고립감이나 사회적 거부감이 사고력과 의지력뿐 아니라 면역 체계의 파괴를 유발하는 생명 저해의 원인이 됨을 밝힌 바 있다.[10] 경제적 여건만큼 중요한 것이 관계의 질이다. '혼자 살다가 혼자 죽는 사람'이 늘어가는 무연사회의 죽음은 선택이기보다는 불가피한 측면이 있기에 '고독사'가 아니라 사회적인 단절과 고립에

의한 '고립사'라 부를 수 있겠다.[11]

이러한 죽음에는 애도가 없다. 설사 고립사의 상황에 부닥치지 않았다 하더라도 가족 죽음에 대한 사후 처리에서도 애도의 차원이 상실되고 있음은 마찬가지이다. 사고사가 아닌 이상 적지 않은 죽음이 가족의 품이 아니라 응급실에서 치러지고 죽음 이후 가족과 친지의 접근이 제한된 채, 종교기관이나 장례전문업체에 의해 신속하게 처리가 대행된다. 김경재는 현대사회 죽음의 '터부화', '물상화' 그리고 '상업화'로 드러나는 죽음 소외를 일종의 병리현상이자 비인간화라고 본다.[12]

이 모든 상황은 다양한 관점에서 신학적 고찰을 부른다.[13] 문제는 단순히 개인주의나 1인 가구의 형태에 있지 않고 죽음 이후 장례를 치를 사람이 없어서 발생하는 장례 방식의 변화에 있지도 않다. 고독사 방지 지원 사업이나 독거노인 돌봄 복지를 강화하는 것이 다른 영역의 과제라면, 신학과 철학은 죽음 앞에서 인간의 존재론적 반응과 관계 설정의 문제 그리고 삶과 맞닿아 있는 죽음이 소외되는 것을 지적할 필요가 있다. 이 지점에서 숙고할 대상은 '애도가 없는 가족 죽음' 그리고 '애도할 수조차 없게 된 가족 죽음'이다. 성서는 죽음 이후에 애도할 사람이 없는 죽음을 문제 삼는다(신명기 28:26, 욥 27:15, 시 79:3, 사 14:19-20, 렘 16:4-7). 누가 어떻게 장례를 치르느냐의 방식이 아니라 삶과 죽음 그리고 죽음 이후가 의미 있게 이어질 수 있는 애도의 길이 필요하다.

III. 가족 죽음과 애도

1. 애도의 존재와 애도 의례(mourning rituals)

1) 애도의 존재에 대한 사유

인간의 삶과 죽음을 성찰하는 데 있어 빼놓을 수 없는 철학적 접근은 죽음 애도 고찰에서도 그렇다. 레비나스(E. Levinas)와 데리다(J. Derrida)와 같은 현대 프랑스 철학자들은 타자 윤리의 맥락에서 애도를 논하는 데 이르렀다. 자기 존재 안에서 죽음을 이해하던 길에서 타자의 죽음 앞에 서는 존재로 나오게 되었다고 볼 수 있다.[14] 가족의 죽음은 어찌 보면 타자성을 유지하기 어려울 만큼 긴밀하게 연결된 타자의 죽음이다.

강남순의 저서 『데리다와의 데이트: 나는 애도한다, 고로 존재한다』는 데리다가 인터뷰에서 한 말을 담아내고 있다(I mourn, therefore I am). 이는 애도가 단지 감정의 문제가 아니라 사람의 존재 방식임을 보여주는 획기적인 전환을 한마디로 드러낸다. 생각함으로 존재하던 근대의 사유 주체(thinking subject)를 넘어, 함께 살아가고 타자의 고통에 반응하는 애도의 주체(mourning subject)를 말한다.[15] 애도함으로 존재한다는 데리다는 타자의 죽음과 고통에 반응하지 않는 것이 단순히 인지적 실패가 아니라 "인류에 대한 범죄의 시작"이라고까지 말했다.[16] 애도를 상실한 이 시대의 비인간화와 소외에 대한 일침으로 들을 수 있다.

가족의 죽음으로 좁혀서 애도의 존재를 생각해 보자. 가족 죽음은 때로 가장 친밀한 존재의 상실 이후 남겨짐이고, 때로는 여한이 남는 대상이 먼저 간 이후 화해의 기회 없이 남겨짐이다. 어떠한 경우이든 상실에 대한 아픔과 고통을 동반한다. 가족 상실을 애도하면서 극적으로 고통을 표출할지라도 그것은 유난스러운 일이 아니라 인간다움의 모습이다. "살아남음-그것은 애도의 다른 이름이다"(Surviving—that is the other name of a mourning.)라는 말처럼[17] 남겨진 존재 자체가 애도이기 때문이다.

그러나 앞 장에서 언급한 대로, 현실의 풍경은 남은 자가 애도의 존재로 사는 과정 없이 신속한 사후 처리로 애도를 축소하는 모습이다. 한 사람의 죽음 이후 남은 사람들과 사회는 무슨 일이 있었냐는 듯이 그의 죽음을 잊고 그 존재를 무(無)로 돌린다. 이별을 받아들이지 못하여 병리적인 상태가 되는 것도 일종의 심리적 왜곡이지만, 애도의 축소나 그 자체의 상실은 인간 존재의 왜곡일 수 있다. 생명과 부활을 지향하고 죽음을 극복의 대상으로 간주하는 기독교의 교육과 목회 지형에서도 죽음에 대한 애도를 은폐시키거나 축소하지 않는 것이 필요하다.

가족 죽음 앞에서 가장 먼저 고려되어야 할 것은 애도가 인간다움의 본성임을 알고 상실의 고통이 외면되지 않도록 충분한 애도를 표하는 것이다. 그런 후에야 비로소 가족 죽음의 의미를 이어가는 또 다른 애도의 길에 들어설 수 있다. 물론 다양한 사연이 있는 가족 죽음의 현실과 인간 존재의 본성이 언제나 조화롭지는 않지만, 단기적으로 빠르게 일상을 회복하려는 시도나 현실 도피는 부작용을 낳는다. 이는 해결되지 않은 감정을 남기고 가족의 결속이나 화해에 갈등의 요소가 될 수 있다. 본질을 잊게 하는 분주한 사회의 흐름에 따라 휩쓸리고 일상으로 신속하게 복귀하는 데 집중하고, 또는 유가족의 재산 분할이나 법적 분쟁을 처리하는 일보다 중요한 일이 있는 것이다. 인간은 사랑하는 사람의 상실 앞에서 애도하는 애도의 존재다.

2) 성서의 애도 의례

성서는 애도의 존재와 관련해서 어떤 말을 하고 있을까? 이를 성서에 나타난 다양한 애도 의례들을 통해 생각해 보자. 가족 죽음을 인지하고 수용하면서 애도가 시작될 때, 애도 기간으로 칠일이나(창 50:10, 삼상 31:13, 대상 10:12) 한 달에 대한 언급(민 20:29, 신 34:8)이 부각되는데, 사실 전통적인 애곡과 애도의 기간이 정해져 있는 것은 아니었다(창 27:41; 37:34, 삼하 13:37; 14:2, 대상 7:22).[18] 산 자와 죽은 자가 그동안 맺어온 혈연관계를 끊고 분리되는 아픔, 다양한 죽음의 원인과 그에 따른 유가족의 복잡한 반응이 따라오는 애도는 일정한 단계와 시간표대로 진행되지 않았음이다.

성서가 가족의 죽음 앞에서 슬픔과 고통을 표출하면서 애도하는 많은 장면을 여과 없이 드러내고 이를 자연스럽게 다룬다는 점이 주목할 만하다. 성서는 애도 의례들을 통해 인간 본연의 모습을 드러내고 있다. 애도의 대표적인 표현이라 할 수 있는 애통, 울음과 탄식의 장면이 다음과 같다. 아브라함은 평생을 함께한, 사랑하는 아내 사라의 죽음을 맞이했을 때 '큰 소리 내어 울며'(בכה, bākah) 애도(ספד, sāfad)했다(창 23:2).[19] 야곱은 어린 아들 요셉이 짐승에게 찢겨 죽었다는 소식을 들었을 때 자기 옷을 찢고 베옷을 걸치고 애통하면서(התאבל, hiṭ·'ab·bêl) 오랜 시간을 보냈다(창 37:34).[20] 다윗은 자기를 대항하여 반역을 일으켰다가 결국 죽임을 당한 아들의 부고에 벌벌 떨면서(רגז, rāgaz) "내 아들 압살롬아, 내 아들, 내 아들 압살롬아! 내가 너를 대신하여 죽었다면"(삼하 18:33) 하고 탄식했다.[21] 다윗의 탄식은 복잡하고 역설적이다. 아들 압살롬의 죽음이 다른 차원에서는 자신의 생명과 왕권이 보존된 것을 의미했기 때문이다.

성서의 인물들은 한결같이 가족 죽음 앞에서 그 고통을 감추지 않았고 소리 내는 울음, 애곡, 탄식, 요동침 등을 통해 드러내었다. 심지어 이스라엘 내에 전문적으로 애곡하는 여자들이 있어서 애도의 상황에 슬픔과 고통을 표출해 내는 것을 돕기도 했었다(렘 9:17-18). 죽음에 대해 슬퍼하는 이가 없거나 매장되지 못하는 것을 저주로 여겼기 때문이다(욥 27:15, 시 78:64, 렘 16:4; 25:33). '애곡, 울음, 탄식'과 같이 아픔과 상처의 감정을 표출하는 것 외에도 '금식, 옷 찢기, 베옷 걸치기, 맨발로 다니기, 민머리, 수염과 얼굴 가리기, 머리털 잡아 뽑기, 머리와 가슴 때리기, 머리털과 수염 밀기, 피부를 긁어 상처 내거나 베기, 흙으로 더럽히거나 더러운 재 위에 앉기' 등 다양한 애도의 관행(practices)과 의례(ritual)가 있었다. 이것은 죽은 자와의 관계에서 자신을 낮추어 슬픔을 드러내는 의사소통의 표시로 해석된다.[22]

이 중에서 옷을 찢는 행위는, 죽음이 남겨진 자의 정체성과 사회적 삶의 맥락에도 영향을 끼치는 사건임을 보여준다.[23] 예를 들어 야곱과 욥은 자식의 죽음 소식에 옷을 찢고 애도했는데, 이때 야곱은 굵은 베로 허리를 묶었고 욥은 머리를 깎았다(창 37:34, 욥 1:20). 클라우스(N. Klaus)는 옷을 찢는 행위가 단순히 슬픔의 표현이 아니라, 인간의 정체성이나 사회적 지위에 대한 상징적 표현이라는 점을 지적한다. 의복이 나타내는 개인의 지위, 역할, 정체성이 무너지고 삶의 질서가 파괴되는 경험을 그것을 찢음으로써 드러내는 것이다.[24] 고대 이스라엘의 애도 의례는 현대의 방식보다 다양하고 적극적이었으며 고통을 은폐하거나 축소하지 않았음을 알 수 있다.

나아가 가족 상실의 고통이 개인과 가족 차원에만 머무르지 않고 타자 그리고 공동체와 연결되었다는 점도 성서에서 발견할 수 있는 중요한 애도의 모습이다. 욥의 친구들을 애도의 측면에서 본다면, 그들은 가족과 재산을 상실한 친구를 찾아가서 자기 옷을 찢고 재를 뒤집어쓰고 함께 애도한 이들이었다(욥 2:11-13). 아합왕 시절 사르밧 과부의 아들이 죽었을 때는 그녀의 애도가 선지자의 애도로 이어지는 것을 볼 수 있다. 여인이 선지자 엘리야에게 아들의 죽음에 대해 원망하며 탄식했을 때(왕상 17:18),[25] 선지자는 그녀의 애도를 이어받듯이 대신 부르짖는 부름(קרא, qa·rā)으로 절박하게 기도했다(왕상 17:20). 비록 요셉의 사회적 지위에 따른 애도의 확장이었지만, 야곱의 죽음을 애도할 때는 바로의 모든 신하, 모든 장로, 요셉의 온 집이 동원되었다(창 50:7-12). 현대사회에서의 죽음 애도 역시 가족주의적 접근을 넘어 인간다움의 차원에서 접근하고 가족의 개념을 확장할 필요가 있다.

공동체의 지도자 사망 시에 집단적 애도를 표했던 성서의 모습은 고대 사회의 공동체성과 리더십의 양상에 의한 것이다. 이때 온 회중이나 지파, 온 백성과 나라가 모였다는 확장된 표현이 등장한다(민 20:29, 신 34:8, 삼상 25:1, 왕상 14:18). 광야의 이스라엘 공동체는 모세와 아론의 죽음에 대해 30일 동안 슬픔과 애통의 울음을 울며(בכי אבל, bə·ḵî·ê·ḇel 신 34:8; בכה, bāḵāh 민 20:29) 함께 애도했다.[26] 성서의 애도가 가족 구성원에 대한 애도에 국한되지 않는다고 말하는 야엘 쉐메쉬(Yael Shemesh)는 이러한 애도의 참여가 다른 사람과 동일시되는(identification with) 기회를 형성한다고 보았다.[27] 고대 이스라엘은 죽음 앞에서 타인의 슬픔을 공감하여 함께 애도하며 연대하는 삶을 살고 집단적 애도에 동참하면서 공동체의 지지를 확인하고 정체성을 강화했다(삼하 1:12; 3:31-32). '우는 자들과 함께 울라'는 말씀처럼(롬 12:15) 오늘도 함께 애도하는 것의 의미는 깊을 것이다.

죽음에 대해 '애도하는 존재'로서 수행한 성서의 다양한 '애도 의례'는 상실의 고통과 슬픔을 표현할 수 있게 하는 것일 뿐 아니라 애도하는 사람의 슬픔에 공감하고 참여할 수 있는 공동체적 연대의 장이었다. '은폐 없이 애도하라'

말하고 '애도하는 이가 가족이다' 말할 수 있을 것이다.

2. 문제적 애도와 금기

1) 문제적 애도에 대한 사유

일반적으로 건강한 애도는 남은 사람으로 하여금 죽음을 인정하고 아픔을 표출하며, 가족 구조 재조직 및 다른 관계로의 확장을 가능하게 하는 것이다. 그러나 상실한 고통의 표출은 쉽게 처리되지 않으며 모든 유가족이 이 문제를 성공적으로 해결할 수 있는 것은 아니다. 또한 성공적인 애도의 과정을 거친 것이 애도의 끝이거나 완성이라고 말할 수 있는 기준도 없다.

애도를 정신분석학적으로 이행해야 하는 "작업"(arbeit)으로 보는 프로이트 (S. Freud)는[28] 애도의 실패가 우울증(Melancholia)으로 드러난다고 보았다. 그에 의하면, 정상적인 슬픔과 병리적 멜랑콜리아(Melancholia)는 다른 것이다. 멜랑콜리아는 사랑한 사람의 상실을 인정하는 데 실패하면서 이를 곧 자아의 상실로 잘못 받아들여 그 슬픔에 사로잡히는 우울의 상태이자 애도의 실패다.[29] 반대로 애도의 성공은 죽은 사람에게 쏟았던 자신의 리비도(libido), 일종의 삶의 에너지를 다시 거둬들이고 관계를 단절함으로써 이루어진다. 이 작업이 완료될 때까지는 새로운 삶, 사랑, 세상과의 교류가 모두 어려운 상태에 놓인다.[30] 이렇게 볼 때 가족 죽음은 극복해야 할 대상이자 일이 되고 의미를 남기는 사건과 관계는 아니다.

한편 데리다의 애도를 해설한 강남순은 '위험한 애도'의 특징으로 세 가지를 요약 제시한다. 죽은 사람을 접근 불가능한 존재로 승격시키는 '이상화', 객관성을 잃고 먼저 간 사람과의 지난 삶에서 좋은 부분만을 인정하는 '낭만화' 그리고 죽음 자체에 매몰되어 무기력이나 냉소와 같은 늪에 침잠하는 '내면화'이다.[31] 프로이트의 멜랑콜리아와 위험한 애도의 내면화와 같은 현상을 목도하는 것은 어려운 일이 아니며 유추할 수 있는 감정이다. 애도와 우울을 대립하는 개념으로 보고 성공과 실패를 가르는 것에는 의문이 들지만, 적어도 가족의 죽음이 인간 심연으로 침투하여 무시할 수 없는 고통을 유발한다는 점을 확인할 수 있다. 이런 맥락에서 개인 차원과 사회적 차원의 건강한 애도의 방법과 애도 이후의 회복에 대한 연구가 적지 않은 것도 이해할 수 있다.[32] 과연 애도의 성공은 무엇이고 애도의 실패는 무엇인지 의문을 남기는 대목이다.

2) 성서의 애도에 대한 금기

죽은 자를 애도함에 있어 성서는 다양한 금기를 말하고 있다. 소위 성서가 말하는 위험한 애도는 어떤 것들일까? 자학하는 애도 행위, 죽은 자를 '신비화'하고 초혼 행위를 하는 것, 시체와의 접촉 등에 대한 금기를 확인해 보자. 죽은 자를 애도하면서 자기의 살을 베고 상처를 내는 행위는 금지되었다(레 19:28, 신 14:1). 구약에서 수염을 깎고 옷을 찢고 몸에 상처를 내는 것이 슬픔이나 회개의 표시로 행해진 흔적들(렘 16:6; 41:5; 48:37)이 있다. 그러나 죽은 자 애도를 위한 자기 상해는 다른 문제였다. 고대 가나안에서 죽은 자를 애도할 때 자해하는 풍습이 있었는데, 이는 슬픔의 표현이자 그것의 강도를 높이는 행위였다.[33] '죽은 사람을 애도한다고 하여, 너희 몸에 상처를 내거나 너희 몸에 문신을 새겨서는 안 된다'는 금기 뒤에는 '나는 여호와니라'(יהוה אֲנִי 'ă · nî Yah · weh)라는 관용구가 첨가되어 있다(레 19:28). 언약의 차원(창 17:7)을 부각시켜서 하나님이 자기 백성에게 규례와 명령을 내리는 당위성을 보여줄 때 사용하는 표현이다. 가족 죽음의 아픔은 살이 떨어져 나가는 고통과 상응하는 것이지만, 죽은 자에 대한 슬픔이 자기 몸과 존재를 학대하고 자책하는 것은 허락되지 않는다.

다음으로 죽은 자의 능력을 '신비화'하거나 초혼(招魂)하는 행위도 금기의 대상이었다. 죽은 자의 영혼을 가리키는 말인 '르바임'(רפאים, rəpaim)은 우가릿에서 치료의 능력을 지닌 사후 존재로 여겨졌다.[34] 그러나 성서는 '르바임' 존재를 비(非)신격화한다. 그들은 '물 밑에서 떠는 죽은 영'(욥 26:5)이며 '더 이상 하나님을 찬양할 수 없는 유령'(시 88:10)일 뿐이다. 이를 통해 죽은 자는 명확하게 구분되는 서로 다른 존재임을 강조하고 있다. 여기서 장소의 구분도 엄밀했는데, 죽은 자의 거처가 되는 스올(שאול, šə·'ô·wl)은 깊은 심연이며(신 32:22, 욥 11:7, 겔 28:8), 빛이 없는 어두움의 공간이자(욥 17:13; 38:17, 시 23:4; 88:6; 143:3, 애 3:6) 잊힌, 다시 말해 잊어야 하는 세계였다(시 31:12; 88:5, 욥 24:19-20).

그러나 이스라엘 민간의 신념은 고대 근동의 일반적인 관습과 같이 죽은 자의 존재가 산 자와 계속해서 연결된다고 여겼다. 가나안 땅 민족들을 따라 신접하는 것과 초혼하는 것을 금지하는 율법(신 18:10-11)이 주어진 이유도, 그럼에도 불구하고 실행에 옮긴 흔적도 이러한 신념을 보여준다. 죽은 자들을 부르고 구하는 '초혼'(招魂)은 무언가를 묻거나 점을 치기 위한 목적과 연결되어 있었다. 사울 왕 역시 생전에 하던 대로 그에게 묻기 위해서 신접한 여인을 통해 죽은 사무엘을 불러올렸다(삼상 28장). 아울러 이스라엘 사회에서 죽은 조상에 대한 제의가 행해졌던 흔적들(신 18:10-11; 26:14, 삼상 20:6)과 예레미야가 '초상집에(מרזח, mar·zê·aḥ) 들어가지 말고 애곡하지 말라'(렘 16:5) 예언한 것도 마찬가지로 민간의 풍습을 보여준다.

여기서 예레미야 예언의 맥락은 임박한 국가적 심판 앞에서 개인의 죽음을 애도하는 데 동참하지 말라는 것이었다. 그런데 이는 우가릿의 사자숭배와 비교되는 마르제아흐(מרזח)가 7세기 유다 사회에서 일반 가족 제의로서든 사회적 회합으로서든 드려졌음을 보여준다.[35] 고대 이스라엘의 조상숭배에 대해서 성서의 신학적 진술과 민간의 삶을 구분하는 것은 쉽지 않다. 이스라엘의 조상숭배 흔적에 대한 오랜 연구가 있지만, 일반적 결론은 바벨론 포로기 이후 정통적 신앙 형성 단계에서 민간의 관행 흔적이 제거되었다는 것과 이것이 가나안의 신 바알의 다산을 위한 숭배와의 단절이었다는 것이다.[36]

마르제아흐의 흔적은 애도의 차원에서 죽은 조상과 남은 후손 사이의 관계를 생각하게 하지만 조상숭배적 제의의 가능성을 말해 주는 것은 아니다.[37] 가족 죽음을 애도하는 데 있어서 죽은 조상을 신격화하고 사자의 초자연적 능력을 구하는 것은 정상적인 애도의 방식으로 수용할 수 없는 금기였다. 죽음은 가장 가까운 가족이라 해도 더 이상 살아 있을 때와 같은 존재의 교류를 허락하지 않는 넘을 수 없는 강(江)인 것이다. 전도자의 말은 이를 잘 보여주는데, 산 자와 죽은 자의 존재론적 차이에 대해, 그리고 죽음이 서로를 다른 세계로 갈라놓고 더 이상 서로의 삶에 끼어들 자리, 곧 죽은 자의 몫(portion)이 전무함에 대해 피력했다.

> 산 자들은 죽을 줄을 알되 죽은 자들은 아무것도 모르며 그들이 다시는 상을 받지 못하는 것은 그들의 이름이 잊어버린 바 됨이니라 그들의 사랑과 미움과 시기도 없어진 지 오래이니 해 아래에서 행하는 모든 일 중에서 그들에게 돌아갈 몫(חלק, ḥê·leq)은 영원히 없느니라(전 9:5-6).[38]

한 걸음 더 나가서 하나님께 구별된 거룩함의 정도와 함께 시체와의 접촉을 금하는 규례가 있었다.[39] 나실인의 규례(민 6:6-7)와 제사장 규정은 시체와의 접촉을 통해 부정해지는 것을 경계했고(민 19:11-16; 31:19), 대제사장은 부모의 시신을 포함하여 어떤 경우에도 시신과 접촉해서는 안 되었다(레 21:10-11, 겔 44:25). 이는 웬함(G. Wenham)이 말하는 대로 회중 전체를 위한 직무 수행을 위해 가족 죽음에 대한 애도에 제한을 두는 것으로 볼 수도 있지만, 하틀리(J. E. Hartely)의 말대로 '거룩'과 '죽음'의 대립 관계로 인한 금기라고 볼 수 있다.[40] 다시 말해서 시체와의 접촉 금지는 그 행동 자체보다는 구약의 맥락에서 죽음과의 접촉을 통해 생명의 거룩함을 잃고 부정하게 되는 것을 경계한 것이었다. 이와 같이 성서는 죽음의 존재론적 차이를 받아들여서 더 이상 죽은 자를 산 자처럼 만나려는 시도를 허락하지 않았다.

성서에서 시체를 남기지 않는 죽음-에녹, 모세, 엘리야 그리고 예수 그리스도(창 5:24, 신 34:5-6, 왕하 2:11, 마 28:6)-과 "죽은 자들로 죽은 자를 장사하게 하고 너는 나를 따르라"라는 예수의 말씀은(마 8:22) 애도의 금기에 관한 함의(含意)를 던진다.

3. 애도의 윤리와 관계 그리고 책임

1) 애도의 윤리에 대한 사유

죽음 애도의 차원 중 가장 중요한 대목에 이르렀다. 앞서 살펴본 프로이트의 애도와 우울(Mourning and Melancholia)의 관계에서 볼 때, 정상적인 애도는 살아 있는 자가 죽은 자와의 관계를 철저히 분리하고 경계 지을 때 가능한 것이었다. 성서 역시 죽은 자와의 존재론적 구별을 강조하고 애도의 금기 사항들을 갖고 있었다. 그런데 죽은 자와의 존재론적 구별이 죽은 자와 맺는 관계의 모든 의미를 상실해야 한다는 말일까?

프로이트의 '애도와 우울'에 대한 이론에 문제를 제기하는 데리다는[41] 오히려 '애도의 불가능성'(l'impossibilité du deuil)의 가능성을 제시한다.[42] 그는 '애도의 불가능성'이야말로 타자로서의 타자(l'autre comme autre)에 대한 존중이라고 말한다. 소위 성공적인 애도 작업을 통해 "주체가 타자를 '삼킴'(devouring)으로써 타자의 타자성을 말살하게 된다면 더 이상의 관계성은 남지 않게 된다"고도 말한다.[43] 우리 역시 질문을 던질 필요가 있다. 애도의 성공을 위해, 즉 나와 죽은 타인과의 관계를 단절시키기 위해 죽은 타자를 다시금 내 안에서 죽이는 결단이 필요한 것이라면 그다음 남는 것은 무엇일까? 극단적으로 말해서 타자의 죽음과 그 삶의 의미가 무(無)가 되는 것이 애도의 성공이라면 문제가 있지 않은가? 이러한 문제 제기는 애도 자체를 중단하자는 것이 아니다. 단절과 무의미를 넘어서 관계와 이어가는 생의 의미라는 애도의 윤리적 차원을 열어가자는 것이다.

첫 번째로 생각해 볼 윤리의 차원은 '애도가 극복과 단절이 아니라 새로운 관계로 나가는 길'이라는 점이다. 철학자들이 서로의 죽음에 대해 애도하는 과정은 이를 잘 드러내 준다. 데리다가 그의 동료와 친구들의 사망 앞에서 애도를 표하며 작성한 글들을 모은 2017년의 《애도 작업》(The Work of Mourning)은 애도가 "상실에 대한 극복"이기보다는 "상실과 함께 살아가는 과정"임을 보여준다. 따라서 타자는 비록 죽었지만, 나의 슬픔 극복을 위해 내 안에서 소멸하지는 않는다.

한편 데리다의 죽음을 애도한 숀 가스톤(Sean Gaston) 역시 데리다의 존재와 사유 그리고 삶을 기억하고 추모하는 것이 어떤 선에서 명확하게 마무리하거나 성공적으로 완수할 수 있는 일이 아니었음을 드러낸다.[44] 가스톤의 데리다에 대한 애도의 글은 〈자크 데리다에 대한 불가능한 애도〉(The Impossible Mourning of Jacques Derrida)였다. 레비나스 사후에 그에게 애도하는 데리다의 작별 인사(Adieu) 역시 단순히 이별에 대한 마지막 인사가 아니었음을 보여준다. "존재와 무(無)의 대안(alternative between bening and nothingness)처럼, 더 이상 그가 우리에게 대답하지 않는다는 것은 이제 그가 우리 안에서 응답하고 있음"이라고 말하면서 "Adieu Emmanuel"을 고했다.[45]

애도 윤리의 두 번째 차원은 어찌 보면 애도 이후를 향한 것이다. 죽은 자를 잊기 위한 애도를 넘어서서 죽은 자와의 새로운 관계로 이행하는 실천으로서 남은 자에게 주어지는 것은 무엇인가? 이 지점에서 데리다의 애도에는 레비나스의 윤리와 책임이 이어진다. 죽음을 절대적 타자로 보고, 타자의 죽음에 주목한 레비나스는 애도가 '나의 슬픔과 고통이 표출되는 것에 그치지 않고 죽은 이를 통해 나에게 일깨워지는 책임과 윤리가 주어지는 것'이라고 보았다.[46]

> 죽음은 어떤 이의 죽음이며, 그 누군가가 존재했다는 사실을 담지하는 것은 죽어 가는 자가 아니라 살아남은 자다[…]모든 죽음은 너무 이르다. 살아남은 자의 책임이 있다.[47]

한편 데리다에게 타자의 죽음은 결별이 시작되는 지점이 아니라 '아무도 대신해 줄 수 없는 그 사람에 대한 나의 책임이 탄생하는' 지점이었다.[48]

> 타자는 그에 대한 나의 책임감으로 나를 개별화합니다(individuates). 타자의 죽음은 나의 책임 있는 자아로서의(responsible I…) 정체성에 영향을 미칩니다[…]이것이 내가 타자의 죽음에 영향을 받는 방식이며, 이것이 그의 죽음에 대한 나의

관계입니다.[49]

그렇다면 살아남은 자의 책임은 무엇을 말하는 것일까? 철학자들의 사유에서 두 가지를 주목한다. 데리다가 남긴 자신의 장례식 조문에서 그는 남은 자를 향해 이렇게 말한다. "살아남음을 무조건적으로 긍정하기를 멈추지 마십시오"(never cease affirming survival). 남은 자란 구체적으로 살아남은 존재이다. 애도하는 주체는 먼저 죽은 이 앞에서 자신의 현재적 삶에 대해 긍정을 할 수 있어야 한다.[50] 그리고 나서 '살아남음'(survival)의 '책임성'을 자각하고 수행하는 데 나갈 수 있는데, 모든 먼저 간 사람은 데리다의 《애도 작업》 프랑스판 제목처럼 '매번 독특한 세상의 끝'(Chaque fois unique, la fin du monde)을 계시한다.[51] 죽음은 이 고유한 삶의 의미와 그가 꿈꾸고 지향하던 세상에 대한 과제를 남긴다.

애도의 윤리는 살아남음을 긍정하고 그것의 책임을 먼저 떠난 이의 고유한 삶에서 찾고 유산하여 나의 삶을 통해 만들어 가는 것이다. 이 차원에서 애도는 상실의 아픔을 넘고, 애환의 기억을 지우는 용서의 애도[52]를 넘어 삶의 과제를 깨닫는 책임으로 나간다.

2) 죽은 자와의 관계 그리고 남은 자의 책임

(1) 매장과 장례: 죽은 자와의 관계

성서에서 죽은 자를 매장하는 장례는 땅과 환경 문제가 고려되어야 할 대상으로서 오늘날 문자적으로 적용시키기 어려운 것이지만, 고대 이스라엘이 죽은 자와의 관계성을 어떻게 매듭짓고 또한 이어갔는지를 보여준다. 쉐메쉬(Y. Shemesh)는 죽은 자와의 단절이라는 이미지를 완화하는, '열조에게 돌아간

다'는 표현을 주목했다.[53]

죽음을 '조상, 열조 또는 백성에게 돌아간다'라고 표현하고 '그들과 함께 눕는다' 혹은 '잔다'(창 25:8; 25:17; 35:29; 47:30; 49:29, 민 20:24-26; 27:13; 31:2, 신 32:50)[54]라고 말하는 것은 죽음을 개인적 종말이 아니라 보다 확장된 사회 울타리에서 파악한 것이다. 그들에게 죽음은 자신의 존재가 혈육의 조상 그리고 하나님의 언약 아래 있는 공동체의 조상에게 수렴되고, 그들과 함께 누워 쉬는 것이었다. 크루거(Annette Krüger)가 말한 대로 여기서 조상과 열조는 후대 이스라엘 백성들에게 정체성을 제공하는 상징으로 해석될 수 있다.[55] 따라서 죽음은 종말의 끝이 아니라 일종의 회귀하는 과정이었고, 이스라엘 언약 공동체의 시대적 연결고리가 이어지는 순간이었다. 이러한 이해는 가족 무덤(family tomb)을 통해 조상과 함께 묻히던 당시의 매장 풍습과 연결되어 있다.[56] 일반적인 가족 죽음의 매장은 조상, 즉 '아비의 무덤'(qeber 'abiow)에 장사하는 것이었다(삼하 2:32). 가나안 땅에서 가족 소유지에 있는 동굴을 가족의 무덤으로 사용하는 것은 일반적인 매장 방식이었다(삿 8:32; 16:31, 삼하 2:32; 17:23 등).[57]

창세기 23장은 아브라함이 사라를 매장하기 위해 막벨라 굴을 매입하고 장사하는 것을 자세하게 보도한다. 이곳은 그의 가족, 아브라함, 이삭, 리브가, 야곱, 레아의 무덤이 된다(창 25:9; 35:29; 49:31-33; 50:12-13). 막벨라 굴과 같이 '조상에게 돌아가는' 것의 구체적 모습으로 볼 수 있는 가족무덤들은 단지 마른 뼈가 모이는(the collective gathering of bones) 곳이 아니라 조상들과 함께 재회(the reunion of souls)가 이루어지는 곳이었다.[58] 이스라엘의 가족무덤은 아울러 아브라함의 막벨라 굴처럼 조상과 후손의 연대 장소이자 관계를 이어주는 매개였다.[59]

역으로 죽음 이후 가족무덤에 매장되지 못하는 것은 일종의 형벌로 여겨졌다(왕상 13:22). 구약에서 정상적으로 매장되지 못한 가족 죽음으로 인해 탄식하는 유가족의 애도가 정상적인 매장을 부른 독특한 사건이 있다. 일찍이 사울왕이 가나안 정착 때부터 공존을 약속했던(수 9:3-27) 기브온 거민들을 학살한 일이 있었다. 시간이 흘러 다윗의 시대에 기브온 후손들이 왕의 허락을 받고 이 일에 대해 보복했다. 사울의 후손 7명을 살해하고 그 시체를 나무에 매달아 공개적으로 저주를 표시한 것이다(삼하 21:1-8).

민족 간의 정치적 복수였던 이 사건은 사울 왕의 첩이었던 리스바에게는 자기 아들들이 살해된 처절한 가족 죽음이었다. 리스바는 추수가 시작된 때부터 하늘에서 비가 시체에 쏟아질 때까지 오랜 기간 독수리와 맹수로부터 시신을 지켰는데, 슬픔과 항의의 표현으로 굵은 삼베를 가져다가 바위 위에 깔고 애도했다(삼하 21:10). 리스바의 애도와 저항이 다윗에게 전해졌을 때 비로소 그녀의 가족들은 조상의 묘인 베냐민 지파의 땅 기스의 묘실에 매장되었다(삼하 21:11-14).[60] 이 일련의 사건이 '그 후에야 하나님이 그 땅을 위한 기도를 들으시니라'(삼하 21:14)라는 말로 끝이 나는 것이 의미심장하다. 매장은 단순한 장례 절차의 마무리가 아니라 그 남은 가족의 명예와 존엄의 표현 같은 사회적 기능을 담보하고 있었다.

성서는 조상의 무덤에 장사 되지 못함을 문제로 여겼던 것처럼, 후손이 없는 죽음을 문제로 여기고, 후손들이 장례를 치러주는 것을 중요하게 다루었다(왕상 14:10-11, 렘 22:30). 이스라엘 사회에서 장례는 가부장 사회의 유지나 가족 구성원의 신뢰 그리고 정체성과도 연결된 중요한 예식이었다.[61] 한 사람의 죽음은 후손들을 한자리에 모으는 자리로서 그들은 장례식을 치르기 위해 죽은 자의 남은 혈육이라는 정체성으로 함께 모였다. 이때 자신들의 개인적 관계를 넘어서고 한 조상의 후손임을 기억해야 했다.

아브라함의 죽음은 분리되어 살던 이삭과 이스마엘을 막벨라 굴 앞에서 짧은 화합을 이루도록 했고(창 25:8-9), 이삭의 죽음 역시 갈등이 서린 에서와 야곱을 불러 모았다(창 35:29).[62] 야곱의 장례는 다른 족장들과 다른 방식으로 이루어졌을 뿐 아니라[63] 성서에 기록된 가장 규모 있고 웅장한 장례식이었다. 그의 장례 역시 많은 사연을 뒤로하고 모든 아들들의 화해를 기대할 만한 '요셉의 온 집과 그 형제들과 그 아비의 집이 함께'한 예식이었다(창 50:8).

마지막으로 자기 시체의 매장에 대한 부탁이 남은 사람의 삶에 영향을 미치는 것도 볼 수 있다. 야곱은 죽기 전에 자신의 시체를 이집트가 아닌 조상의 묘지가 있는 가나안 땅에 매장해 달라는 부탁을 했다(창 47:29-30). 이것은 아브라함 언약에 대한 그의 신앙 의지의 표현이었고 남은 이들이 살아가야 할 방향이었다. 요셉이 아버지 야곱의 시신을 매장하러 가기 위해 한 말, "나로 올라가서(עלה, 'āla) 아버지를 장사하게 해달라'(창 50:5)는 것은 후에 있을 출애굽과 긴밀하게 연결된다. 출애굽 사건은 가나안 땅으로 '올라가는 것'(עלה)이면서 하나님의 은혜로 이집트에서 '인도하여 내는 것'(עלה)으로 표현된다(출 3:17; 32:7, 8; 33:3, 23; 33:1, 레 11:45, 민 21:5, 신 20:1 등). 야곱의 유언은 유가족의 삶의 방향과 연결되었다.

요셉 역시 자기 죽음 전에 '여기서 내 해골을 메고 올라가겠다'[64]라는(창 50:25) 예언 같은 말을 남기는데 이 또한 살아남은 사람들의 삶의 방향과 연결된다. 이스라엘 백성이 결국 출애굽을 하면서 요셉의 유해를 가지고 나와서(출 13:19) 요셉 사후 약 415년에 그 말을 성취한다(수 24:32).[65] 요셉의 유언이 성취되고 그 후손의 삶 역시 언약의 성취를 경험한 것이다. 성서의 매장과 장례에 관한 기술들이 보여주는 것은 가장 강력한 이별인 죽음이 역설적으로 조상들과 후손들의 모임이 되고, 죽음이 남은 사람의 삶과 방향으로 흘러가는 하나의 양분이 되었다는 것이다.

적어도 죽은 자의 삶의 지향이 남은 자의 삶과 무관하지 않다는 점을 확인할 수 있다. 그러나 이러한 연결 고리는 구약의 언약 중심적 민족 형성이라는 역사적 배경과 과제 아래 이루어진 것이었음을 잊지 말아야 한다. 이 말은 오늘날 민족주의를 넘어 온 인류에게 복음이 주어지고, 조상의 하나님을 넘어 각 개인이 하나님의 자녀가 된 상황에서 죽은 자와 남은 자의 관계성은 형식적이고 구속적인 관계보다 생의 의미에 대한 본질적 관계로 나가야 한다는 점을 생각하게 한다.

(2) 죽은 자의 이름: 남은 자의 책임

성서에서 죽은 자가 남기는 삶의 의미와 남은 자의 책임을 죽은 자의 이름을 대하는 태도에서 확인할 수 있다. 죽음이란 한 인간이 이름만을 남기고 이 땅에 현존하지 않는 것이고, 그 죽음의 의미는 남긴 이름이 어떻게 취급되느냐에 달리게 된다. 전도서 9장 5절 개역개정 본문은 "죽은 자들은 아무것도 모르며 그들이 다시는 상을 받지 못하는 것은 그들의 이름이 잊어버린 바 됨이니라"인데, 이것을 원문 형태(niš·kaḥ zik·rām) 그대로 보면, '그들에 대한 기억이 시들고 잊힌다'(be forgotten the memory of them)이다. 사람에 대한 기억이 시드는 것을 이름이 잊히는 것으로 번역한 것이다. 사람에 대한 모든 기억을 이름 안에 담은 해석으로서 유의미하다.

비록 죽음이 존재의 소멸에서 기억의 소멸로 이어지는 것이겠지만, 남은 자의 윤리는 그 이름이 담고 있는 의미를 기억하는 것이다. 압살롬은 자기 이름을 기억해 줄 후손이 없어서 스스로 자기 이름을 새긴 비석을 세웠다(삼하

18:18). 이스라엘에게 그들의 조상 아브라함은 하나님이 '크고 강하게 만들어 주신 이름' 안에 담긴 축복의 언약과 생애 그 자체이다(창 12:2).[66] 사라진 존재의 이름을 기억하고 기념하는 것이 남은 자의 몫이라면, 이름이 어떻게 기억되느냐 하는 것은 죽은 자의 몫이다. "의인을 기념할 때에는 칭찬하거니와 악인의 이름은 썩게 되느니라"(잠 10:7)는 말은 이름의 기억 안에 떠난 이의 생애와 삶의 의미 및 평가가 들어간다는 것을 상기시킨다.

한편 죽은 자의 이름을 위하는 남은 자의 책임 윤리로서 이스라엘의 고엘 제도를 재조명할 수 있다. 지파 중심의 가부장제 사회를 살아가던 고대 이스라엘은 고엘 제도를 통해서 재산 유지와 상속, 치안, 계대(繼代) 문제 등을 상호 부조했다(레 25:25, 룻 4:1-10, 민 35:19, 신 19:6; 25:5-10). 가장의 죽음이 의미하는 유가족의 생존 위기에 대해서 죽은 사람의 이름으로 고엘의 의무를 실천한 예시가 룻기에서 확인된다. 보아스는 자기 남편이 '죽은 이후'(אחרי מוֹת, 'a·ḥă·rê mō·wṯ)에 남겨진 시모를 위해 함께 떠나온 룻의 선택을 인정했다(룻 2:10-13). 나오미는 이미 '죽은 이들'(הַמֵּתִים, ham·mê·ṯîm)과 지금 '남아서 살아 있는'(הַחַיִּים, ha·ḥay·yîm) 자신들 모두에게 은혜를 베푸는 보아스에게 감사했다(룻 2:20). 그리고 룻은 보아스에게 고엘(גֹּאֵל, gō·'ēl)이 되어 '사망한 자의 이름'이 끊어지지 않고 '남은 자'의 삶이 존속할 수 있게 해달라고 요청했다(룻 3:9).[67] 룻기의 인물들은 서로가 죽은 자의 이름을 위하면서 남은 자에 대한 책임을 이어가는 애도의 윤리를 실천한 것이다.

마지막으로 죽음이 남긴 생애의 업적과 의미가 기억되고 애도되는 모습을 살펴보자. 요시야에 대한 애도(대하 35:24-25)와 입다의 딸에 대한 애도(삿 11:39-40)이다. 선왕이었던 요시야의 죽음은 예레미야로 하여금 애가를 지을 정도로 깊이 애도할 사건이었다. 예레미야는 요시야의 개혁 정신을 지지했고 그의 죽음을 이스라엘의 쇠퇴를 상징하는 사건으로 해석했다.[68] 역대기 저자의 시대까지 요시야에 대한 이스라엘의 집단 애도와 애가를 부름이 지속되었던 것(대하 35:25)은 그의 선행과 갑작스러운 죽음이 남긴 아쉬움이 중첩된 애도의 모습이었다.

한편 입다의 딸은 독특한 가족의 서사 속에서 억울한 죽음을 죽어야 했는데, 바로 그때 자기 자신을 위해 죽기 전에 애도하는 특별한 순간을 보여준다. 그녀의 죽음 이후 이스라엘 여인들이 해마다 3일씩 애도를 했는데, 그녀의 서사를 되짚어 얘기하면서(תנה, tānah, recount) 기념했다(삿 11:40).[69] 그녀의 죽음은 아버지의 서원에 대한 대가를 치르는 차원을 넘어서 자신들의 민족적 생존과 연결되어 있었고 용납하기 어려운 희생이었다.

요시야와 입다의 딸의 죽음 애도는 그들이 목숨을 걸고 지키고자 했던 삶이 남은 사람들의 현실임을 잊지 않고 그들의 생애와 죽음 사건이 주는 뜻을 기억하기 위함이었을 것이다. 그리고 남은 자의 책임을 따라 살아가기 위함이었을 것이다. 이러한 애도의 윤리는 가족으로 시작해서 가족 넘어 남겨진 모든 자의 몫이다. 우리 삶은 먼저 떠난 모든 이의 궤적과 맞닿아 있고, 애도는 죽음도 생명도 긍정하면서 주어지는 책임을 말하고 있기 때문이다.

IV. 나가는 글

현대사회의 가족 축소와 개인화라는 변화 상황 속에서 늘어가는 고립사의 현상을 주목하고 애도가 상실되어 가는 가족 죽음에 대한 문제를 제기하였다. 레비나스와 데리다와 같은 현대 프랑스 철학자들은 타자 윤리의 맥락에서 애도의 차원이 단순히 슬픈 감정과 우울 극복 이상의 이야기임을 알게 해주었다.

인간은 타인의 고통 앞에서 그리고 사랑하는 사람의 상실 앞에서 애도하면서 인간 본연의 모습을 드러내는 애도의 존재이자 함께 살아가는 존재다. 지극히 당연한 애도는 그것의 성공이나 완성을 말할 방법이 없다. 애도와 멜랑콜리아의 관계와 위험한 애도에 대한 지표들은 그것이 인간 심연으로 들어오는 고통과 연결되어 있는 무게 있는 문제임을 보여준다. 그러나 나의 고통과 나의 과제에 매몰되지 않고 타자의 죽음 앞에 설 때 애도의 윤리를 발견할 수 있다.

이 애도는 고통을 극복하기 위해 죽은 자와 단절하는 것이 아니라 오히려 함께 살아감이며 새로운 관계로 나가는 길이다. 이 애도는 남은 자로서 살아남음과 생을 긍정하고 떠난 이의 고유한 삶이 남기는 의미와 과제를 깨닫는 책임으로 나가는 것이다. '애도의 존재론', '문제적 애도', 그리고 '애도의 윤리'에 대한 고찰은 성서의 죽음 애도 서사를 연구하는 데 유의미한 해석의 틀이 되었다.

성서에는 '애도 의례', '애도의 금기 사항', 그리고 '매장과 장례 예식' 및 '죽은 자의 이름'에 대한 풍성한 서사와 함의가 들어 있다. 성서는 가족 죽음 앞에서 울음, 애곡, 탄식, 옷 찢기 등의 다양한 애도 의례를 통해 고통을 표출하는 인간 본연의 모습을 숨김없이 보여주었다. 그리고 가족 상실의 고통이 가족의 울타리를 넘어 공감되고 공동체와 연결되는 모습을 전했다. '애도하는 존재'로서 수행된 성서의 다양한 '애도 의례'는 고통의 표출이자 공동체로서 연대하는 삶의 방식이었다.

죽은 자를 애도함에 있어 금기하고 있는 율법과 예언의 내용은 가족 죽음의 고통을 자기 학대나 상해로 끌고 가는 것, 죽은 사람을 '신격화'하여 접촉하려는 시도, 그리고 죽음을 가까이하고 생명의 억압을 받는 것에 대한 저항이자 금지였다. 이는 죽은 자와의 존재론적 구별을 인정하고 산 자였을 때와 같은 방식으로 대하지 못하게 하는 것이었다. 구약성서의 매장과 장례 의식은 하나님의 언약을 중심으로 언약 백성을 세워가는 과제 아래 죽은 자와의 연결 고리를 이어가는 방식임을 보여주었다. 그리고 오늘의 상황에서 죽은 자와의 관계가 생의 의미에 대한 본질적 관계로 나가야 한다는 점을 생각하게 했다.

성서가 중요하게 강조한 것은 죽은 자의 이름이었다. 남은 자는 죽은 자의 이름을 기억하고 그 이름으로 남은 자의 책임을 수행할 수 있다. 그리고 그 이름 곧 그 존재와 생애가 물려준 유산을 받고 이어가야 할 책임을 깨달으면서 애도를 완성해 갈 수 있다. 가족과 가족 넘어, 먼저 간 죽음에 대해 공감하고 연대하고 책임을 이어가는 것이 애도의 윤리다. 그러나 여전히 많은 과제와 질문이 남는다. 가족의 의무와 구조가 재정립되고 있는 오늘날 많은 문제는 죽음 애도 이전 생존의 관계에 숨어 있기 때문이다. 오늘 살아 있는 우리의 일차적 과제는 죽음 이후의 애도를 결정하는 생전의 관계일 것이다. 또한 애도조차 할 수 없는 유기된 죽음에 대한 책임을 혈연 중심의 가족에게 귀속시키고 윤리를 강요하는 것이 윤리가 될 수 없음도 기억해야 한다. 가족, 죽음 그리고 애도에 대한 고찰은 시대와 함께 계속되어야 한다. 그리고 가족 넘어 우리 모두의 윤리로 확대되어야 한다.

[미주]

1   레비나스는 전통적인 존재론적 죽음 이해를 넘어서 '죽음'을 윤리적 차원에서 새롭게 조명한 첫 번째 철학자라면, 데리다는 삶과 저술을 통해 애도 이론을 명쾌하게 제시했다. 레비나스와 데리다에게 죽음은 대체 불가능한 완전한 타자(le tout autre)이며, "죽음은 언제나 타자의 죽음이다." 이들의 사유를 고찰하면서 죽음이 살아남은 자에게 남기는 윤리적 책임을 깨닫는 애도에까지 나갈 수 있다. Emmanuel Levinas, *God, Death, and Time.* trans. Bettina Bergo (Stanford: Stanford UP, 2000); Jacques Derrida, *The Work of Mourning* (Chicago: University of Chicago Press, 2001).

2   구약은 고대 근동 문화권의 일반적인 상식과 문화를 공유하는 측면이 있는가 하면, 하나님에 대한 경외와 창조 신앙 안에서 형성된 죽음 인식, 사후 처리에 대한 규례와 성찰을 담고 있다. 아울러 죽은 자와의 관계에서도 죽음에 대한 금기와 단절을 강조하는가 하면 조상과 후손의 관계에 대한 연결 지점을 함께 말하고 있다(창 3:19, 삿 13:22, 왕상 2:2; 19:4, 욥 3:11-19, 시 39:5; 49:12, 전 2:15-18 등). 뵈흐터는 "고대 근동 일반의 죽음에 대한 본능적인 태도와 구약성서에 남겨진 신학적 평가"를 구분해야 한다고 말한다. Bruce Vawter, "Intimations of Immortality and the Old Testament", *Journal of Biblical Literature* Vol. 91, No. 2 (Jun. 1972): 158-171.

3   김혜경 외, 『가족과 친밀성의 사회학』 (서울: 다산, 2023), 131-151.

4   우리나라 통계청의 자료를 참조하면, 다음과 같이 한국 사회의 가족 변화를 파악할 수 있다. 2023년 조사 결과 우리나라의 65세 이상 고령인구는 전체 인구의 17.5%이며, 계속 증가하는 추세에서 2025년에는 20.6%를 기록하여 초고령사회로 진입하게 된다. 반면 2022년 통계청 인구 동향 조사는 합계 출산율이 0.778이라고 말하고, 2023년 출생아 수는 23만 명으로 전년 대비 1만 9천2백 명(-7.7%) 감소했다고 한다. '2023 통계로 보는 1인 가구' 조사에 따르면, 1인 가구수는 전체 가구(2,177만 4천 가구)의 34.5%를 차지한다.

5   송길영은 사랑하는 사람을 보살피는 도리가 지나쳐서 자기 자신을 누군가를 돌보기 위한 자원으로 인식하게 하는 것의 문제점을 지적한다. 그리고 소위 효도의 종말이 도래한 듯한 현재 상황을 인류의 도리를 저버린 것으로 볼 것인지, 아니면 사회 안전망의 실효적 작동으로 볼 것인지에 관해 묻는다. 시대의 변화를 비난하기 전에 전통적 삶의 방식이 변화하는 이유와 방향을 유기적으로 파악하는 것이 필요하다. 송길영, 『시대예보: 핵개인의 시대』 (파주: 교보문고, 2023), 236-237.

6   이상훈, "고령화, 위기인가 기회인가: 새로운 생애주기 이해", 「제61회 한국실천신학회 정기학술대회」 (2016): 14.

7   일본 공영방송 NHK 무연사회 프로젝트팀이 취재 보도한 프로그램과 그것을 책으로 엮은 저서가 현대사회의 보편 현실을 잘 드러내고 있다. NHK 무연사회 프로젝트팀/김범수 옮김, 『무연사회: 혼자 살다 혼자 죽는 사회』 (서울: 용오름, 2012), 82-83, 223-224.

8   2022년 고독사 실태조사(17-21년) 결과 발표에 따르면, 2021년 고독사 사망자 수는 총 3,378명으로 최근 5년간 증가 추세이다. 보건복지부 지역복지과, "2022년 고독사 실태조사 결과 발표", 「보건복지

부 보도자료」(2022. 12. 14.).

9   유승무, 박수호, 신종화, 이민정, "무연(無緣) 사회 현상의 사회학적 이해: 합심과 절연의 사이", 「사회
    와 이론」통권 제27집 (2015. 11월): 353-385.

10 사회 신경과학은 뇌 영상, 혈압 분석, 면역 반응, 스트레스 호르몬, 행동 그리고 유전자 발현 등의
    관찰을 통해 인간의 사회적 영향력을 입증한다. John T. Cacioppo & William Patrick, *Loneliness:
    Human Nature and the Need for Social Connection* (W. W. Norton & Company, 2009), chap. 4.

11 박진욱, "외로운 죽음, '고독사' 대신 '고립사'라고 써야 하는 이유", (OhmyNews 2023. 05. 02.), https://
    www.ohmynews.com/NWS_Web/View.

12 김경재, 『죽음과 부활 그리고 영생: 기독교 생사관 깊이 읽기』(서울: 청년사, 2015), 18-20; 김균진, "현
    대사회와 죽음의 배제", 「신학논단」29 (2001. 8.): 176-177.

13 권혁남은 무연사회 현상을 관계공동체의 희박화로 파악하고 성서가 제시하는 공동체성의 회복을 강
    조하면서 오늘날 교회가 지향해야 할 '청지기적 돌봄 공동체'의 실천을 주장했다. 권혁남, "유대관
    계상실의 시대 교회의 역할은 무엇인가? - 무연사회(無緣社會) 문제를 중심으로", 「신학과 실천」36
    (2013): 747-769.

14 20세기의 대표적 철학자 마르틴 하이데거(M. Heidegger)가 말하는 '죽음을 향한 존재'는 죽음 자체를
    유한한 존재론적 구조로 본다. 그리고 시간은 이 존재의 한계를 드러내 준다. 하이데거의 죽음은 다
    분히 자기의 존재에만 집중되어 있기에 여기에 타자는 없었다. 이기상, 『존재와 시간: 인간은 죽음을
    향한 존재』(서울: 살림, 2006), 128-135. 다음을 참고하라. Martin Heidegger, Being and Time (Harper
    Perennial Modern Classics, 2008).

15 강남순, 『데리다와의 데이트: 나는 애도한다, 고로 존재한다』(서울: 행성B, 2022), 27-28.

16 그는 "무관심 또는 수동성은 인류에 대한 범죄의 시작이다"(Indifference or passivity is the beginning of a
    crime against humanity)라고 말한다. J. Derrida, "Avowing-The Impossible: 'Returns', Repentance, and
    Reconciliation", in *Living Together: Jacques Derrida's Communities of Violence and Peace*, Ed. Elisabeth
    Weber (New York: Fordham University Press, 2013), 35. 강남순, 『데리다와의 데이트: 나는 애도한다, 고
    로 존재한다』, 289-290. 각주 31번 재인용.

17 J. Derrida, *Politics of Friendship*, trans. George Collins (London and New York: Verso, 2005), 13.

18 이스라엘을 포함하여 고대 근동의 배경에서 애곡 기간은 '고인이 현세에서 분리되어 죽음을 통과하
    고 그다음 생애로 통합되는 과정 동안 지속되는 것'으로 설명되기도 한다. 우택주, "고대 이스라엘과
    유다의 장례예식", 「성서와 신학」26 (1999): 42-43.

19 'בכה'(bākah)는 모든 경우의 울음, 특히 울음소리와 관련이 있고, 'ספד'(sāfad)는 '자신을 때리는 행위'
    와 연결된 단어로서 구약에서 죽은 사람에 대한 애통과 애도를 가리키는 대표적인 단어이다. 이 두
    단어가 함께 사용되어, 아브라함이 큰 소리로 울고 수염을 자르거나 금식과 같은 전통적 애도의 제반
    표현을 했을 것이라고 해석된다. 고든 웬함/윤상문 · 황수철 옮김, 『WBC 성경주석 2 창세기 16-50』
    (서울: 솔로몬, 2001), 251-260.

20 야곱의 애도는 강력한 것이었다. 그는 죽음에 이르는 고통을 느꼈고 '내가 슬퍼하며 음부에 내려가리라' 탄식했다. 'התאבל'(hit·'ab·bêl)은 'אבל'('âbel)과 함께 죽음에 대한 슬픔의 공개적 표현으로 애도를 표현하는 전문적인 용어이다. 이 용어가 들어간 지명으로 역으로 요셉이 아버지를 애도하면서 생긴, 이집트인의 '애도'를 뜻하는 '아벨미스라임'(אבל מצרים)이 있다(창 50:11-12).

21 폴 하우스(P. House)는 사무엘하 18장을 하나님께서 압살롬의 손아귀에서 다윗을 구원하신 사건으로 해설한다. 다윗의 애도와 극적 대조를 이룬다. 폴 R. 하우스/장세훈 옮김, 『구약신학』(서울: CLC, 2001), 435-436.

22 Silvia Schroer, "Trauerriten und Totenklage im Alten Testament", in *Tod und Jenseits im alten Israel und in Seiner Umwelt*, Forschungen zum Alten Testament 64, hrsg. v. Agnelika Berlejung & Bernd Janowski (Tübingen: Mohr Siebeck, 2009), 301. 이은애, "히브리 성서에서의 죽음과 장례: 존재와 관계에 대한 기억", 「구약논단」 22, no. 2 (2016): 147. 각주 46 재인용.

23 본래 옷을 찢는 것은 위협이나 재앙과 같은 사회적 변화와 연결되어 있다. 아달랴는 정치적 권력을 잃고 곧 처형될 때 자기 옷을 찢었고(왕하 11:14), 힐기야, 셉나, 요아스는 랍사게가 예루살렘이 아시리아 왕에게 함락될 것이라고 예언하는 말을 듣고 옷을 찢었다(왕하 18:37). 그런가 하면 요시야는 힐기야가 성전에서 발견한 두루마리를 소리 내어 읽는 것을 듣고 유다에게 임할 진노를 염두에 두고 자기 옷을 찢었다(왕하 22:11). Saul M. Olyan, *Biblical Mourning: Ritual and Social Dimensions* (New York: Oxford University Press, 2004), 21, 98-104.

24 Natan Klaus, "The Tearing of Garments as the Main Symbol of Mourning in The Bible", *Beit Mikra: Journal for the Study of the Bible and Its World* 56 (2011, Jan. 01): 71-99.

25 여인의 탄식은 'מה לי ולך'(mah-lî wā·lāk) '내가 당신과 무슨 상관이 있느냐?'였다(왕상 17:13). 즉 엘리야와의 만남이 이적이 되기도 했지만, 끔찍한 저주도 되었다고 여겨서 알 수 없는 아들의 죽음을 그의 탓으로 돌리고 있다.

26 분명히 출애굽의 지도자 미리암의 죽음에 대해서도 온 백성의 애도가 있었으리라 짐작할 수 있다. 광야의 이스라엘은 미리암의 추방 기간에도 그녀의 복귀를 기다리며 무언의 저항을 했었다(민 12:5). 다만 그녀의 죽음을 형벌과 연결하려는 민수기 12장의 맥락에서 죽음 이후의 애도 상황이 전해지지 않고 단서만을 남기고 있다(민 20:1). 김민정, "광야의 미리암(민 12:1-15) 재해석 - '권력 강화'에 의한 '해방 전승'의 쇠퇴에 관한 논의", 「구약논단」 제25권 제3호(2019, 09): 200-204.

27 다음을 참고하라. Yael Shemesh, *Mourning in the Bible: Coping with Loss in Biblical Literature* (Tel Aviv: Ha-kibbutz Ha-me'uhad, 2015). Chap. 3.

28 다음을 참고하라. Sigmund Freud. *The Standard Edition of the Complete Psychological Works of Sigmund Freud*, vol. 14, trans., ed. James Strachey (London: Hogarth Press, 1973). "애도는 보통 사랑하는 사람의 상실, 혹은 사랑하는 사람의 자리에 대신 들어선 어떤 추상적인 것, 즉 조국, 자유, 어떤 이상 등의 상실에 대한 반응이다." 지크문트 프로이트/윤희기 옮김, 『슬픔과 우울증』(서울: 열린책들, 1996), 248. 정기철, "레비나스의 죽음 이해에 대한 비판적 고찰", 「한국철학회」 제90집 (2007), 209.

각주 5번 재인용.

29 Sigmund Freud, *On Murder, Mourning, and Melancholia*, New Penguin Freud (London: Penguin Books, 2007), 201-218.

30 Roger Scruton, "The Work of Mourning", First Things 326 (Oct 2022): 19-20.

31 강남순, 『데리다와의 데이트』, 282-283.

32 김영삼, "탈-가족 서사와 애도의 가능성", 「한국문학논총」 제91집 (2022); 615-665. 한국청소년학회, "자살로 부모를 잃은 청소년의 애도 과정에 관한 연구", 「청소년학연구」 24(9) (2017). 장미영, "목회 상담을 위한 애도 과정의 이해와 목회자의 자세", 「문화와융합」 39(5) (2017): 853-884.

33 라스 샤므라(Ras Shamra)에서 나온 고대 본문에 의하면 가나안 땅에서 몸에 상처를 내고 뜯어내는 애 도자들에 대한 언급이 있다(UT 67 VI:5-26: 62:1-29). 이는 죽은 자들에게 피를 제공하고 혼령을 달 래는 것으로 해석되기도 한다. 이 외에도 바알을 위한 제사 의례 중에 사람의 몸을 베고 할퀴는 의식 이 포함되어 있었다. 존 E. 하틀리/김경열 옮김, 『WBC 성서주석 4 레위기』 (서울: 솔로몬, 2005), 640- 641.

34 당시 우가릿에서 성행했던, 죽은 자를 치료자로 소환하는 행위는 죽은 자를 가리키는 '르바임'의 두 가지 상반된 어근과 연결된다. 'רפה'(rfh)는 '약해지다'에서 유래하고 죽은 자의 상태를 설명하지만 'רפא'(rf')는 '치료하다'를 의미한다. Klaas Spronk, *Beatific Afterlife in Ancient Israel and in the Ancient Near East* (Kevelaer: Verlag Butzon & Bercker Kevelaer; Neukirchen-Vluyn: Neukirchener Verlag, 1986), 50-52.

35 민간에서는 부계 계승을 염두에 둔 조상 제의의 일종으로 사회 지배계층에서는 역사적 의미를 부여 하여 사자를 섬기는 회합으로서 행해진 것으로 파악된다. 우택주, "마르제악 제도와 죽은 자를 위한 제의 비교", 「구약논단」 1권 8집(2000. 06.): 123-128.

36 조상숭배와 관련해서는 이스라엘보다 우가릿에 대해 더 많은 문서와 기록을 통해 정보가 주어진 상 황이다. 이러한 입장에서는 로레츠(O. Loretz)나 스프롱크(K. Spronk)는 고대 이스라엘의 신앙에서 처 음부터 조상숭배가 배제되었다는 점을 인정하지 않는다. Spronk, *Beatific Afterlife in Ancient Israel and in the Ancient Near East*, 50-54.

37 이희학, "조상(사자) 숭배와 구약성서의 애도 의식들: 예레미야 16:1-9를 중심으로", 「한국기독교신 학논총」 제34집 (2004. 7.): 83-99.

38 롤랜드 E. 머피(Roland E. Murphy)의 설명대로 전도자는 언어유희와 풍자를 통해 산 자가 죽은 자보다 나은 것이 있다면 단지 그들이 죽을 줄을 알고 있다는 것뿐이라고 말한다. 그렇다면 죽은 자의 사정 은 어떻겠는가? 삶에 대한 몫이 전혀 없는 것인데, 전도서에서 몫(חלק)은 삶을 누리라는 권면과 관 련해서 사용되었다(3:22; 5:17-18; 9:9). 롤랜드 E. 머피/김귀탁 옮김, 『WBC 성경주석 23 전도서』 (서 울: 솔로몬, 2008), 264-266.

39 시신은 제의적 차원에서 부정하게 여겨지기도 하고 민간 신앙에서는 시신이 지닌 초자연적 능력을 인정하기도 했다. 크리스토퍼 B. 헤이스/김은호·우택주 옮김, "철기 시대 레반트의 죽음과 매장", 『고대 근동 문화와 구약의 배경』, 조나단 S. 그리어·존 W. 힐버·존 H. 월튼 편 (서울: CLC, 2020),

649-650.

40   하틀리, 『레위기』, 670-692.

41   "데리다는 프로이트의 애도 이론을 고정불변의 것이 아니라 수정되고 보완되어야 하는 임의적이고
      추리적이고 가설적인 것으로 파악했다." 왕철, "프로이트와 데리다의 애도이론", 「영어영문학」 제58
      권 4호(2012), 785.

42   데리다의 애도는 그 자체가 불가능한 해체적 사명(the mission of deconstruction)으로서 '완전히 다른
      것'이 '타자성'에서 오는 것을 허용하는 것이다. J. Derrida, *Psyche: Invention of the Other*, volume 1,
      trans. Catherine Porter, ed. Kamuf P., Rottenberg. Stanford (CA: Stanford University Press, 2007), 39.
      Eva Antal, "Jacques Derrida's (Art)work of Mourning", Perichoresis 15 no 2 (Jul 2017): 26에서 재인용.

43   Derrida, *The Work of Mourning*, 1-36; J. Derrida, *Deconstruction and the Other: An Interview with
      Richard Kearney* (Manchester, UK: Manchester University, 1986), 34.

44   Sean Gaston, *The Impossible Mourning of Jacques Derrida* (London: Continuum, 2006).

45   자세하게 레비나스의 일대기를 되새기는, 그에 대한 데리다의 애도에는 한 철학자의 삶의 경험과 사
      유의 진행 과정들이 소중하게 소개된다. 그리고 마지막에 그에게 '아듀'(Adieu)를 고한다. Derrida,
      The Work of Mourning, 197-209.

46   Emmanuel Levinas, *Autrement qu'être ou au-delà de l'essence* (Kluwer Academic Publishers, 1990), 114. 정
      기철, "레비나스의 죽음 이해에 대한 비판적 고찰", 149. 각주 44번 재인용.

47   에마누엘 레비나스/김도형 외 옮김, 『신, 죽음 그리고 시간』, 자크 롤랑 엮음 (서울: 그린비, 2013), 39-
      41, 108-109. 레비나스는 인간을 죽음을 포함하여 타자의 무한성에 의해 일깨워지는 존재라고 본다.
      이 깨달음은 책임에 대한 호소에서 비롯되고 신을 향함(à - Dieu) 자체로 나가게 한다.

48   J. Derrida, *The Gift of Death* (Chicago: University of Chicago Press, 1995a), 44. 왕철. "프로이트와 데리다
      의 애도이론", 787. 재인용.

49   J. Derrida, *The Work of Mourning*, 205.

50   Derrida, cited in Leslie Hill, *The Cambridge Introduction to Jacques Derrida* (Cambridge: Cambridge
      University Press, 2007), 11. 강남순, 『데리다와의 데이트: 나는 애도한다, 고로 존재한다』, 290-291. 재
      인용.

51   Antal, "Jacques Derrida's (Art)work of Mourning", 25.

52   폴 리쾨르는 애도가 용서의 정신에 의해 안내되는 차원을 지적한다. 때로 진정한 애도는 용서할
      수 없음을 용서할 때 마무리된다. 용서는 기억을 치유하고 애도를 완성하는 길이기도 하다. Paul
      Ricoeur, *Memory, History, Forgetting* (Chicago & London: The University of Chicago Press, 2004), 468. 정기
      철, "죽음의 애도와 기쁨 -리쾨르의 『죽음에 이르기까지 살아있는』을 중심으로-", 「해석학연구」 27
      권(2011), 213. 각주 15번 재인용.

53   Shemesh, *Mourning in the Bible*, 27-35, 350.

54   여기서 조상, 열조 또는 백성으로 다양하게 번역된 명사는 아버지, 그리고 조상을 가리키는 '‏אָב‎'('ab)

와 백성을 뜻하는 'עַם'('am)이다. 그리고 '돌아가다'로 번역된 동사는 '모으다, 거두어들이다'는 뜻의 'אָסַף'('asaph)가 수동형인 니팔(niphal) 형태로 쓰였다. 야곱이 창세기 47장 30절에서 "내가 조상들과 함께 눕거든"이라고 말했는데, 이 표현은 왕정 시대 왕들의 죽음을 묘사하는 전형이기도 하다(왕상 2:10; 11:43; 14:20; 14:31, 대하 9:31; 12:16; 14:1 등).

55 이은애, "히브리 성서에서의 죽음과 장례: 존재와 관계에 대한 기억", 「구약논단」 제22권 2호 (2016), 143. 다음을 참고하라. Annette krüger, *Auf dem Weg, "zu den Vätern" Tod und Jenseits im alten Israel und in seiner Umwelt*, Forschungen zum Alten Testament 64(2009).

56 물론 '조상에게로 돌아가는 것'이 물리적으로 조상의 묘, 가족무덤에 들어가는 것과 완벽하게 일치하는 것은 아니다. 월키(Bruce K. Waltke)와 프레드릭스(Cathi J. Fredricks)가 지적한 대로 아브라함이 묻힌 막벨라 굴은 그의 조상 묘가 아니라 그가 처음 산 것이지만 그는 '열조에게로 돌아갔다'로 기록되어 있다(창 25:8). 이에 조상에게로 돌아감은 곧 매장이 아니라 엄밀히 말해서 죽음과 매장 사이에 일어나는 일이라고 말한다. Bruce K. Waltke & Cathi J. Fredricks, *Genesis: A Commentary* (Zondervan Academic, 2001), 340-341.

57 이스라엘은 팔레스타인의 청동기 동굴 무덤과 달리 정방형 입구와 묘실 그리고 시신을 안치하는 자리와 부장품 보관 장소 등이 의도적인 구성을 갖고 있었다. 한상인, "성서시대 이스라엘의 매장제도", 「교수논총」Vol.15 (1999), 26-27. 각주 53번 재인용.

58 Shemesh, *Mourning in the Bible*, 27-35.

59 이희학은 막벨라 굴과 같은 가족무덤의 기능을 세대를 잇는 만남의 장소로 보고 사자숭배나 조상숭배와는 무관한 것이라고 말한다. 이희학, "구약성서 시대의 무덤, 매장, 부장품들에 관한 연구", 「신학사상」 121 (2003), 196-198. 이은애는 "산 자는 죽은 자를 애도함으로 그를 기억하고 죽은 자를 조상들의 땅에, 조상들과 함께 매장함으로써 조상들과의 관계를 유지한다"라고 말한다. 이은애, "히브리 성서에서의 죽음과 장례: 존재와 관계에 대한 기억", 144.

60 셰메쉬(Y. Shemesh)는 리스바가 자신의 신체적 곤경을 감수하면서 죽은 아들의 시체를 돌본 헌신적인 애도를 통해 다윗으로 하여금 죽음의 공적 맥락과 사적 맥락 사이에서 갈등하게 했고 매장이라는 결과를 만들어 냈다고 말한다. Yael Shemesh, *Mourning in the Bible: Coping with Loss in Biblical Literature*, 110-117.

61 우택주, "고대 이스라엘과 유다의 장례예식", 52-54.

62 아브라함의 장례에서는 본처에게서 난 이삭을 앞세워 '이삭과 이스마엘'이라고 순서를 짓고(창 25:8), 이삭의 장례에서는 순서대로 '에서와 야곱'이라고 순서를 매기고 있는 것이 흥미롭다(창 35:29). 장례는 한 조상의 후손들의 애도 과업으로서 가족의 질서를 반영한다. Waltke & Fredricks, *Genesis*, 479.

63 야곱은 사후 세계를 그리는 이집트의 내세관에 따라 시체를 향 재료로 방부 처리(חָנַט, hanat)하고 그 사회에서 높은 신분의 사람을 위해 했던 미라로 만들었다(창 50:2, 3, 26).

64 여기서 사용된 'וְהַעֲלִתֶם, wə·ha·'ǎ·li·tem'의 시상은 미래를 가리키고, 동사 형태가 사역 동사(hifill) 여서 '너희가 올라가게 될 것이다'를 뜻한다.

65 창세기는 요셉의 말대로 미라가 되었을 요셉의 유해가 마므레 앞 막벨라 밭 굴에 장사되었다(창 50:13)라고 말하는데, 여호수아 24장 32절에 의하면 야곱과 요셉의 무덤은 유다 땅이 아니라 세겜 하몰의 자손들에게서 산밭에 있다.

66 J. Richard Middleton, "The Blessing of Abraham and the Missio Dei: Reframing the Purpose of Israel's Election in Genesis 12:1-3", in *Orthodoxy and Orthopraxis* (Pickwick Publications, 2020), 44-64. 물론 아브라함의 이름 안에 담긴 하나님의 축복은 이제 그를 신앙의 선조로 믿는 모든 이들을 통해 그 선택의 범위를 재구성하고 확장된다.

67 이사야는 이 룻기의 내용을 하나님의 '헤세드'(חסד)가 오가는 삶의 현장으로 해석하고 여러 가지 차원의 '헤세드'를 부각하였다. 이사야, "율법을 넘어서는 은혜 -룻기의 윤리적-신학적 읽기-", 「기독교사회윤리」 26권 (2013): 217-244.

68 Marvin A. Sweeney, *King Josiah of Judah* (Oxford: Oxford University Press, 2001), 171-313.

69 지금도 입다의 딸의 죽음은 재해석되고 애도 된다. 그 죽음을 '집단 폭력의 희생'으로, 또는 '의지적 자기희생의 선택'으로 해석한다. 또한 그녀를 위한 애도를 '연대'로서 또는 '저항'으로서 조명한다. 다음은 일부의 참고문헌이다. 조현숙, "잔혹한 공동체의 희생양 찾기와 치유공동체의 가능성 탐구", 「한국기독교신학논총」 126 (2022-10): 327-352; 이경숙, "여성의 연대성을 강조하는 입다의 딸 설화", 「기독교사상」 38(2) (1994-02): 192-202; 이윤경, "네 지라르의 희생양 메커니즘으로 읽는 입다의 딸 이야기", 「구약논단」 Vol. 19 (2013): 96-122; 배희숙, "입다의 서원과 입다의 딸의 희생의 의의(삿 10-11장)", 「장신논단」 55(5) (2023):1 57-184; 방기민, "고대 동지중해의 애도와 애곡을 통한 저항 탐구", 「서양사론」 157 (2023): 9-40.

제5장

그리스도 안에서 새롭게 정의된 교회 가족에 관한 의미 고찰
갈라디아서와 고린도전서를 중심으로

김미화

I. 들어가는 말

21세기 사회와 문화는 다양하게 급변하고 있다. 따라서 가족이라는 개념과 문화 역시 다양화되었고, 전통적인 가부장주의가 지배했던 가족문화는 해체되고 있는 현실이다.[1] 그러나 한국 교회는 여전히 전통과 관습을 따라 부계 가족주의 형태를 가진 수직적인 가족 구조를 형성하고 있다. 안타깝게도 가부장적인 문화가 교회 위에 군림하고 있으며, 교회의 설립 역사가 오래된 교회일수록 전통과 규범이라는 무거운 옷이 교회를 덮고 있다. 따라서 교회 안에서의 제도와 문화 역시 수직적이고 차별적이다. 교회는 그리스도를 머리로 하여 한 몸을 이루고 있는 공동체이기에 상호 존중과 연합, 평등의 가치가 실현되어야 한다. 그러나 안타깝게도 획일적인 문화와 구조를 강요하고 있으며, 교회 가족에 대한 다양성을 인정하지 않고 약자를 향한 차별의 현상들이 나타나고 있다.

교회 안의 의사결정 시스템 역시 수직적이다.[2] 많은 교회가 당회 중심으로 의사결정이 이루어지며, 결정된 사항에 대해서는 '당회의 법'이라는 굴레로 모든 교인이 따라야 하는 구조이다. 교회 직분 역시 수직적이고, 권위적인 구조이다. 이러한 교회의 왜곡된 직분 제도와 문화는 건강하지 못한 의사결정 구조와 문화를 양산하고 있다. 2023년 4월 한국장로신문사와 목회데이터연구소가 공동으로 실시한 장로 인식 조사에 따르면, 다수의 한국 교인은 교회가 권위적, 보수적이라고 생각하는 것으로 나타났다. 그 이유 중 하나가 서열을 중시하는 유교 문화가 교회의 직분 제도와 결합한 결과라고 해석할 수 있다. 즉 교회가 수평적이지 못한 이유로 '서열을 중시하는 한국 사회의 전통(유교 문화)', '목회자나 장로 등의 문제'에 그 원인이 있는 것으로 나타났다.[3] 장로 인식 조사에서, 장로들 자신도 '사회적으로 지위가 있거나 돈이 있는 사람들이 장로를 해야 한다고 생각하고 있다'가 66.8%였다.[4] 이와 같은 교회의 수직적이고 인본주의적인 현실은 참여적, 수평적 문화로 가고 있는 사회 흐름에 한참 뒤쳐져 있다는 것을 나타낸다.

교회 안의 젊은 세대일수록 공정성과 소통, 수평적이고 참여적인 문화를 중시한다. 한국 교회의 청년들은 교회의 가부장적인 문화에 더 이상 견딜 수 없어 교회를 떠나고 있고, 오늘날 한국 교회에서 새롭게 등장한 대표 세대인 3040[5] 세대 역시 교회의 수직적인 문화에 적응을 못 하고 있는 현실이다.[6] 이들이 교회 출석에 불만족스러운 이유 가운데 하나는 '교회가 시대의 흐름을 못 따라가는 고리타분함'(31.8%)이다.[7] 이러한 현상은 교회가 젊은 세대의 가족 구성원들에게 적절한 해답을 주지 못하고 있는 현실을 반영한다. 청년들과 3040 세대의 떠남은 그 자녀들의 세대까지 부정적인 영향을 미치며, 한국

교회의 미래에도 위기를 초래할 것이다.

역사가 오래된 전통적인 교회일수록 3-4대가 함께 모여 예배드리는 것을 자랑스러워한다. 이러한 현상은 가족의 전통적인 혈연관계를 벗어나지 못하고 있는 현실을 반영한다. 그러나 핵가족을 이루고 있는 자녀들은 원가족인 부모와 함께 한 교회에서 신앙생활 하는 것을 매우 부담스러워하는 경향이 있다. 그 이유 중의 하나가 교회의 변화되지 않는 수직구조와 소통의 부재, 원가족 부모들이 그들의 신앙의 경향에 맞춰 자녀들이 신앙생활 하기를 강요하는 부분들을 들 수 있다. 자녀들은 신앙생활에 있어서 원가족인 부모와 분화를 원하지만, 부모 세대가 그 자녀들을 붙잡고 놓아주지 않는 강압적인 문화가 작용하고 있다. 부모와 애착이 강할수록 그것을 부모에 대한 효(孝)라고 생각하며 교회를 떠나지 못하는데, 그런 자녀들이 대부분 3040세대이다. 송진순에 따르면, 이러한 현상은 한국 개신교인들의 가족에 대한 보수적 인식을 강하게 나타내는 것으로,[8] 자녀들의 신앙생활에도 부정적인 영향을 준다. 자기 분화가 부부관계와 관련이 있다는 국내 연구에 따르면, 자기 분화 수준이 높을수록 부부관계가 원만하고 부부생활에 대한 만족도가 높으며 자기 분화 수준이 낮을수록 부부간에 갈등이 많이 발생한다.[9]

국민일보와 목회자그룹인 사귐과 섬김의 개신교인 의식조사에서도 교인 스스로가 보는 한국 교회는 한마디로 권위적, 보수적이다. 교회의 이러한 행태들은 교인이 교회를 옮기고 싶은 생각을 들게 하는 원인으로 작용하고 있으며, 교회의 젊은 세대인 청년 활성화를 위해 타파해야 할 1순위로 나타난다.[10] 또 다른 문제는 교회 안에 여성을 위한 자리가 없고, 여성 청년들도 가부장적인 문화를 견뎌야 하는 이중 삼중의 고통에 놓여 있다. 즉 교회의 가부장적인 문화가 '청년 선데이 크리스천'을 양산하고 있는 현실이다.[11] 이러한 현실은 교회 가족에 대한 잘못된 이데올로기가 자리하고 있다는 것을 나타내며, 그리스도를 머리로 하여 한 몸을 이루어야 할 교회 가족 공동체의 사명을 교회가 온전하게 감당하지 못하고 있다는 것을 나타낸다.

교회의 가부장적이고 차별적인 가족문화는 위에서 제시한 유교의 영향과 더불어 16세기 종교개혁가들의 영향이 크다고 할 수 있다. 마틴 루터는 가족을 남성/여성, 지배/피지배의 불평등한 관계로 인식하였으며,[12] 이러한 그의 사상은 개혁 교회 안에 수직적인 질서를 공고히 하도록 하였다. 장 칼뱅도 가부장적 가정을 신적 질서로 이상화하였는데, 그는 남성중심적, 가부장적 입장에서 남성우월주의적 성경해석을 해야 한다고 하였고, 여성의 공적인 리더십을 인정하지 않았다.[13] 따라서 루터와 칼뱅도 당시의 사회제도와 관습에 부합하는 가부장적 가족관을 강조하였음을 알 수 있다.

그러나 예수님은 일찍이 이러한 수직적이며 협소한 혈연 중심의 가족제도를 해체하고 수평적인 새로운 확대 가족을 탄생시켰다. 그것은 십자가에서 이루어졌는데, 예수님은 사랑하는 제자에게 자신의 어머니를 부탁했다(요 19:27). 예수님이 제자에게 어머니를 부탁한 것은 혈통을 중심으로 한 유대적인 가족제도를 뛰어넘어 그리스도 안에서 믿음으로 새롭게 된 자들이 진정한 예수님의 가족이라고 정의한 것이다(요 1:13).[14] 따라서 십자가는 새롭게 정의된 하나님 가족의 출발이 시작된 곳이며,[15] 예수는 지체를 향해 사랑을 나누는 것을 교회 가족 공동체의 본질로 보셨다(요 13:34; 15:12-13). 그러므로 교회에서 형제애는 차별이 없는 평등의 가치로 실현되어야 한다.[16]

또한 예수는 그의 진정한 가족을 "누구든지 하나님의 뜻대로 행하는 자"라고 정의하였는데(막 3:35; 마 12:50; 눅 8:21), 예수 안에서 새롭게 정의된 가족은 혈통적인 가족 관계보다 영적인 가족 관계가 중요했다. 예수의 제자를 규정하는 범위 역시 확대되었는데, 남성인 열두 제자뿐만 아니라 여성들을 포함하는 훨씬 더 넓은 사회를 예수의 가족, 즉 "자신의 형제요, 자매요, 모친"으로 확인했다.[17] 따라서 하나님의 뜻대로 사는 자, 곧 '하나님과 이웃을 사랑하는 자들'은 누구든지 예수의 가족이다. 여기서도 예수님은 그 당시 지배적인 혈통주의와 차별적인 부분들을 비판하면서 하나님의 뜻을 따르는 모든 사람을 가족의 개념으로 확대했다.[18] 진정한 예수의 가족은 인간의 혈연이나 친족이 우선 자리하지 않을 뿐 아니라, 궁극적으로 혈연, 친족과는 무관하다고 말할 수 있다. 이와 같이 예수님은 가부장적이고 차별적인 관습에서 벗어나 새로운 가족의 개념을 제시했다.[19]

위에서 살펴본 예수님의 가족관이 갈라디아서의 사라-하갈 알레고리(갈 4:21-31)와 고린도전서의 성만찬(고전 11:17-34)에서도 나타난다. 따라서 필자는 예수님 안에서 새롭게 정의된 교회 가족에 대한 의미를 두 본문을 통해 살펴볼 것이다. 갈라디아서에서는 사라-하갈 알레고리를 통해 예수 그리스도 안에서 새롭게 정의된 교회 가족에 대한 의미를 살펴보고, 고린도전서에서는 성만찬에서 나타난 교회 가족에 대한 의미를 고찰할 것이다. 이 연구를 통해 오늘날 개혁 교회가 옛 질서 안에서 세워진 가부장적인 문화와 비성경적인 교회 가족 이데올로기를 지양하고, 계층과 차별을 넘어 그리스도의 몸 됨을 실천하는 수평 가족문화를 형성함으로써 성경적이고 건강한 교회 공동체가 되는 것에 일조하고자 한다.

II. 신약 성경에 나타난 교회 가족의 의미 고찰

보편적으로 교회는 성도들의 모임이라고 지칭하며, 또한 교회를 하나님이 거주하시는 가족 공동체라고 한다.[20] 성경에서 가족이라는 언어는 교회의 본질을 설명하기 위해 사용되고 이상적인 가족의 가치는 교회를 통해 실현된다.[21] 갈라디아서에서 바울은 그리스도 안에서 새롭게 정의된 하나님의 가족을 혈연이나 인종, 관습, 성적 차별을 넘어 예수를 믿는 모든 자로 규정하였다(갈 3:27-28). 그리고 그들에게 요구되는 실천적인 사항은 예수 그리스도의 십자가 사랑을 실천하는 것이었다(갈 5:6, 13-14). 고린도전서에서 바울은 특별히, 예수의 가족인 교회를 '그리스도의 몸'이라는 메타포를 사용하여 설명한다. 바울이 강조하는 그리스도의 몸 사상은 교회 내의 지체들과의 관계성을 중요시하며, 교회의 가족이 그리스도를 머리로 하여 '그리스도 안'에서 '한 몸'을 이루는 존재임을 강조한다(롬 12:5; 고전 12:27). 이 '한 몸' 사상은 교회 안에 내재한 교회 가족에 대한 수직적이고 획일적인 구조와 문화를 해체한다. '그리스도 안'에서 '한 몸', 즉 '한 가족'이 된 성도들 모두가 평등하며 소중한 존재이기에, 약한 지체를 더욱 사랑으로 대해야 하며 어떤 부분에서도 차별적이어서는 안 된다는 것이 '몸 사상'에서 강조되었다(고전 11:17-33; 12:12-27).

또한 교회는 하나님의 부르심을 받은 성도가 받은 다양한 은사를 통해 그리스도의 몸을 세우는 곳이다. 따라서 교회는 그리스도의 몸을 이루고 있는 가족 공동체로서 위계적이고 차별적인 문화와 구조를 벗어나 지체들의 다양성을 인정하고 성경적 가족 공동체를 이루는 상호 의존적이며 수평적인 문화를 형성해야 한다. 필자는 서론에서 제기한 문제들에 대한 대안으로 그리스도 안에서 새롭게 된 교회 가족의 의미를 갈라디아서와 고린도전서를 중심으로 살펴볼 것이다.

1. 갈라디아서를 통해서 본 교회 가족의 의미 고찰

1) 갈라디아 교회의 상황

바울은 갈라디아 교회가 당면한 문제를 해결하기 위해 진정한 아브라함의 가족을 그리스도 중심적인 관점에서 새롭게 정의한다. 아브라함의 가족에 대한 바울의 정의는 갈라디아 교회의 문제가 발생한 상황에서 주어졌기 때문에, 갈라디아 교회의 당면한 문제들이 무엇이었는지를 살펴볼 필요가 있다. 바울이 그리스도의 복음을 전하고 갈라디아 교회를 떠난 후 갈라디아 교회에 '거짓 형제들'(ψευδαδέλφους, 프슈다델푸스)이 들어왔다. 갈라디아 교회의 문제는 이 거짓 형제들로 말미암아 발생하였는데, 그들은 바울이 전한 '그리스도의 복음'에 대항하여 '다른 복음'(ἕτερον εὐαγγέλιον, 헤테론 유앙겔리온)을 전했다.(갈 1:6, 8, 9) 바울은 다른 복음으로 인해 혼란 가운데 있는 갈라디아 교인들의 정체성을 확고히 하기 위해 창세기의 사라-하갈 이야기(창 16, 21장)를 가져와 그리스도 중심적 관점에서 알레고리로 해석했다(갈 4:21-31). 갈라디아서에서 바울은 그리스도가 이루신 성취의 관점에서 창세기 본문을 해석하면서 아브라함의 진정한 자손, 즉 진정한 예수님의 가족에 대해 재정의한다. 그것은 거짓 교사들이 강조한 것처럼 육에 속한 율법과 정결 규례, 할례 등을 행함으로 아브라함의 자손이 되는 것이 아니라, 그리스도를 믿음으로 진정한 아브라함의 자손이 된다는 것(갈 2:16-17; 3:6-7, 11)이며, 그것이 곧 바울 복음의 핵심이다.

거짓 형제들이 전한 "다른 복음"은 그리스도에 대한 복음이 변형된 것이며

(1:7), 갈라디아 교인들이 바울로부터 받았던 복음에 반대된 것이었다(1:9).[22] 거짓 교사들은 아브라함의 자손이 되기 위한 조건으로 "예수 그리스도를 믿는 믿음" 외에 율법 준수 및 할례 의식 등을 강요했다.[23] 그런 상황에서 어떤 이들은 그리스도의 복음에서 속히 떠나 '다른 복음'을 따르고 있었다(1:6). 거짓 교사들이 강요하는 다른 복음은 갈라디아 교인들이 예수 안에서 얻은 '자유'를 억압하여 다시 '종'으로 돌아가게 하는 것이었기 때문에 더욱 문제가 되었다(2:4). 이러한 문제 앞에서 바울은 그리스도의 복음 외에 다른 복음은 없다는 것을 강조하면서(1:6-9), 갈라디아 교인들의 정체성을 깨닫도록 하는 것에 주력한다. 그것은 곧 예수 안에서 새롭게 정의된 아브라함 가족의 정체성을 말하는 것이며, 진정한 하나님 백성의 정체성을 정의하는 것이다.

2) 진정한 아브라함의 가족은 누구인가?

갈라디아 교회에 침투하여 문제를 일으킨 거짓 교사들은 그들이 아브라함의 진정한 자손이라고 주장하며, 성경에 나타난 구원사 노선을 아브라함, 사라, 이삭에서 시작하여, 시내산에서 주어진 토라를 거쳐 율법, 약속의 땅, 성전과 관련해서 이스라엘의 모든 소망을 집약적으로 나타내주는 현재 예루살렘 성에 초점을 두고 있었다. 그러나 바울은 이러한 구원사에 대한 이해를 전복시킨다. 그 이유는 그들이 구원의 구심점으로 삼고 있는 예루살렘은 하갈과 같이 '그 자녀들과 더불어 종노릇'하는 곳이기 때문이다(갈 4:24-25). 이러한 삶은 율법에 얽매여 있는 삶이며 육을 따라 살아가는 삶이다. 대조적으로 '위에 있는 예루살렘'은 유대교의 정치적, 종교적 중심지인 '지금 예루살렘'과 반대되는 개념으로 묘사되었다. 바울은 '위에 있는 예루살렘'을 종말론적인 개념에서 '자유자'로 묘사했고 창세기에서 '우리들의 어머니'인 사라를 '자유 있는 여자'로 묘사했는데(갈 4:26), 이러한 바울의 해석은 그리스도 중심적인 관점에서 이루어진 것으로,[24] 진정한 아브라함의 가족이 누구인지를 정의한 것이다. 바울은 진정한 아브라함의 가족을 유대적인 율법과 인간의 전통, 아브라함의 육적인 혈통을 통해서가 아니라, '그리스도 안'에 있는 자들, '그리스도의 것', 즉 그리스도를 믿음으로 말미암은 영적인 자녀들로 규정함으로써 인종이나 성별 그리고 그 어떤 것에서도 차별이 없다는 것을 강조한다(갈 3:28). 바울이 전한 복음을 따라 예수를 믿고 아브라함의 가족이 된 갈라디아 교회 교인들 가운데, 거짓 교사들이 강요한 다른 복음을 따라 율법 아래 있고자 한 사람들이 있었다(갈 4:21). 바울은 그들을 질책하며 갈라디아 교회 안에 있는 두 그룹 중, 누가 하나님의 진정한 가족인지를 창세기의 본문(창세기 16, 21장)을 인용하여 그들의 정체성을 밝힌다.

3) 거짓 교사들의 정체성과 갈라디아 교인들의 정체성

갈라디아 교회에는 두 그룹이 있었다. 한 그룹은 옛 질서를 강요하던 거짓 교사들이고, 또 다른 그룹은 예수 그리스도를 믿고 예수님의 가족이 된 갈라디아 교회의 성도들이다. 바울은 이들의 정체성을 구분하며, 진정한 예수님의 가족이 누구인지를 밝혀간다. '다른 복음'을 전하던 거짓 교사들은 그들이 아브라함의 진정한 자손이라고 믿고 있었다. 그들은 그리스도를 믿는 믿음 외에 율법에 순종함을 통해 의롭게 된다는 거짓 복음을 전하고 있었다. 이러한 문제에 직면하여 바울은 "사람이 율법의 행위가 아니라 믿음으로 의롭게 된다"는 이신칭의 복음을 강조하면서(3:1-14), 그리스도의 빛 아래서 아브라함의 가족을 재정의한다. 이 과정에서 바울은 갈라디아 교인들의 정체성을 창세기의 사라-하갈 이야기를 통해 확고히 하고, 거짓 교사들에 대한 정체성도 규정한다. 바울은 갈라디아서 4장 4-7절에서 아브라함의 진정한 자손을 "그리스도의 것"이 된 사람들, 즉 "그리스도 안"(ἐν Χριστῷ Ἰησοῦ-엔 크리스토 이에수)에 있는 사람들로 요약한다. 이어서 바울은 갈라디아 교인들의 정체성을 재확인시키는데, 그것은 "형제들아 너희는 이삭과 같이 약속의 자녀다"라는 내용이다(4:28).[25] 그러므로 바울은 갈라디아 교인들의 정체성이 율법에 얽매여 살았던 하갈의 자녀가 아니라 '자유 있는 여자, 사라'의 자녀라는 것을 강조한다(4:30-31).[26]

사라-하갈 알레고리(갈 4:21-31)에서 바울의 대조적인 설명은 그리스도께서 성취하신 새 질서에서 하나님의 진정한 백성과 유대주의자들의 위치에 관한 깊은 차이를 보여준다.[27] 바울은 갈라디아 교인들과 유대주의자들을 명확하게 분리하는데, 창세기의 추방 이야기를 인용하여 그리스도 중심적 관점에서 적용한다. 창세기 21장에서 육적으로 출생한 이스마엘이 영적으로 탄생한 이삭을 희롱했던 것처럼, 갈라디아 교회에서 거짓 교사들은 성령으로 말미암아 새로운 생명을 얻은 자들을 박해하고 있었다(4:29). 29절에서 바울이 사용한 '박해'(διώκω-디오코)라는 용어는 갈라디아 교회의 현재 상황을 나타내는데, 그리스도를 믿음으로 이미 하나님의 자녀가 된 갈라디아 교인들에게 율법과 할례를 강요하는 거짓 교사들의 미혹은 박해와 다름없었기 때문이다.[28] 그러나 바울은 갈라디아 교인들의 정체성이 '위에 있는 예루살렘의 자녀'이고, '성령의 사람들'이므로 거짓 교사들의 미혹에 저항해야 한다는 것을 강조한다.[29] 갈라디아서에 바울은 갈라디아 교회 가족 공동체의 정체성을 "너희가 그리스도의 것이면 곧 아브라함의 자손이며, 약속대로 유업을 이을 자"라고 말한다(갈 3:29). 이러한 상황 속에서 바울은 거짓 교사들과 갈라디아 교인들에 대한 정체성의 차이를 강조하기 위해 29절의 서두를 '그러나'(ἀλλά-알라)로 시작하는데,[30] 거짓 교사들을 육을 따라 난 자로, 갈라디아 교인들을 성령을 따라 난 자로 규정하였다.

육에 속한 여종과 그녀의 아들을 내쫓으라는 추방 명령(갈 4:30)에서도 바울은 진정한 아브라함의 가족에 대한 정체성을 재정의한다. 갈라디아 교인들의 정체성은 "믿음으로 말미암는 자"(갈 3:7, 9), "그리스도께 속한 자"(3:29), 그리고 "성령을 따라 난 자"(4:29)이다. 바울은 이들이 "진정한 아브라함의 자손"(3:29)이기 때문에, 약속된 언약의 축복을 이어받을 상속자로 규정한다.[31] 그러므로 갈라디아 교인들이 누리고 있는 복음의 축복은 율법과 관계없이 믿음을 통해 '성령 받음', '아브라함의 자녀 됨', '의로움'이며, 이 복음의 축복은 '약속', '유업', '양자 됨'으로 이어진다.[32] 그러나 거짓 교사들은 시내산 및 현재의 예루살렘과 연관된 자들이므로 갈라디아 교인들이 그들을 내쫓음으로써 그 정체성을 유지하라고 권고한다(4:30).[33] 그것은 곧 교회 공동체로부터 거짓 교사들과 그들의 영향력을 "내쫓아야" 한다는 것이다.[34]

창세기 본문을 인용하여 갈라디아 교회에 적용한 사라-하갈 알레고리를 통한 바울의 신학적인 의도는 아브라함 이야기를 혈통 중심적으로 이해하려는 유대주의자들의 잘못된 관념을 거부하고 아브라함 가족의 참된 성격과 정체성을 새롭게 정의하는 것이다.[35] 이 과정에서 바울은 '종'과 '자유 있는 여자', '육체'와 '약속', '종의 아들'과 '자유 있는 여자의 아들', '육'과 '성령'으로 대조하여 복음을 제시한다. 이러한 대조를 통해 갈라디아 교인들의 정체성은 '종'이 아니라 '아들'이고 '성령'을 따라 난 자들이며, 이삭과 같이 '약속'의 자녀라는 것이 강조되었다(4:28). 따라서 갈라디아 교인들은 예수 그리스도를 믿음으로 말미암아 이미 약속의 자녀가 되었고 '유업'을 얻을 자이다(4:7).[36]

또한 바울은 '율법'과 '약속'의 대조를 통해 진정한 아브라함의 자손에 대해

정의했다. 거짓 형제들이 갈라디아 교회에 들어와 다른 복음, 즉 "율법을 행함으로" 의롭게 된다는 것을 주장했지만, 갈라디아 교인들이 "예수 그리스도를 믿음으로" 말미암아 하나님의 자녀가 되었기 때문에, 그들의 정체성이 육에 속한 '종'이 아니며 영적인 '하나님의 아들'이라는 것이 강조되었다.[37] 여기서 율법의 행위를 강조하는 "율법의 행위의 사람들"은 율법 또는 율법의 행위를 통해서 의(義), 성령, 아브라함의 자손, 아브라함의 축복을 추구하는 사람들이며 의롭게 되기 위해서 율법에 의존하는 사람들이다.[38] 그러나 바울의 핵심 논지는 '누구든지 그리스도에게 속해 있으면, 아브라함의 자손이요, 약속대로 유업을 이을 자'라는 것이다(3:26-29). 따라서 그리스도를 믿는 이들은 인종, 사회적 지위 혹은 성별을 막론하고 아브라함과 맺어진 언약의 상속자이다(3:28).

사라-하갈 알레고리에서 바울이 강조한 '육'은 율법의 행위를 말하며, '육'의 개념이 의미하는 것은 율법의 행위가 아무 능력이 없는 인간적인 관습이나 전통에 불과하다는 것이다. 따라서 율법은 죄가 지배하는 영역인 '육'을 극복하지도 못하고 구원할 수도 없는 무능한 옛 시대의 조문이다. 그러므로 바울은 혈통, 할례, 율법 등과 같은 옛 시대의 표지들은 이제 더 이상 하나님의 진정한 백성을 규정하는 요소들이 될 수 없다는 것을 강조했다. 바울의 알레고리 해석은 율법과 할례에 대한 유대주의자들의 강조에 반대하여, 그리스도를 믿고 '그리스도 안에서' 성령과 자유를 얻은 자들이 진정한 아브라함 가족이며, 진정한 약속의 상속자임을 성경 자체에서 정의된 바와 같이 증명하려 한 것이다.[39]

바울은 특별히 '진정한 아브라함의 가족'은 그리스도와 연합되기 위하여 '한 세례'를 받은 자들이기에 유대인이나 헬라인이나 종이나 자유인이나 남자나 여자나 다 '그리스도 안에서 하나'라는 것을 강조하였다(갈 3:27-28). 이 것은 그리스도 안에서 하나님의 통치에 따른 새로운 실제성에서 평등성을 주장하는 것이며, 기독교인의 생활에서 가장 원리적인 것으로서 갈라디아서 3장 28절을 붙잡으라고 말하고 있다. 따라서 바울은 교회 안의 수직적인 구조로부터 평등의 관계와 차별이 없는 구조로 나아갈 것을 촉구한다.

바울은 또한 '여종'과 '자유 있는 여자'라는 대조적인 용어를 사용하여 아브라함의 합법적인 상속자들은 그리스도 안에서 자유를 누리는 사람들이라는 결론에 도달한다(4:31-5:1).[40] 바울은 갈라디아 교인들의 정체성을 바로 깨닫도록 하기 위해 창세기의 사라-하갈 이야기를 가져와 알레고리로 해석했는데, 그 최종 결론이 31절에서 주어진다. 그것은 갈라디아 교인들의 정체성이 '여종'의 자녀가 아니라 '자유 있는 여자'의 자녀라는 것이다(4:31). 갈라디아 교인들은 육을 따라 난 것이 아니라 성령으로 났기 때문에, 그들의 정체성은 하갈의 자녀가 아니라 위에 있는 예루살렘의 자녀, 즉 자유 있는 여인의 자녀이며 이삭과 같이 약속의 자녀이다.[41] 그러나 거짓 교사들은 여전히 율법에 예속되어 살아가는 종 된 자들이며, 하갈과 그녀의 아들, 이스마엘과 같이 약속 밖의 자녀들로 나타난다.

2. 고린도전서의 성만찬에 나타난 교회 가족의 의미 고찰

교회 가족의 정체성을 나타내는 '그리스도의 몸' 사상은 고린도전서의 성만찬에서 강조되고 있는 중심 신학이다.[42] 그것은 교회 공동체가 그리스도를 머리로 하여 '한 몸'으로서 연합과 일치를 이루어 가는 것이요, 그리스도의 십자가 죽으심을 근간으로 한 희생과 섬김의 사랑을 삶 속에서 실천하는 것이다. 그러나 고린도 교회는 그리스도의 죽으심을 헛되게 하는 문제들이 있었다. 그 문제들은 그 당시 고린도의 사회·문화적인 배경과 관련이 있었으며, 고린도 교회가 세속화되었다는 증거들이었다. 고린도 교회의 문제들 역시 바울이 성만찬의 의미를 강조하게 된 원인이 되기에, 고린도의 사회-문화적 배경과 고린도 교회의 문제들을 살펴보고, 성만찬에서 강조되고 있는 교회 가족에 대한 의미를 고찰할 것이다.

1) 고린도의 사회·문화적 배경과 고린도 교회의 문제

고린도 교회의 특별한 상황은 바울 당시, 고린도시의 일반적인 사회-문화 현상을 살펴볼 때 더욱 분명하게 드러나기 때문에,[43] 고린도라는 지역의 특별한 상황을 고려하지 않고 고린도 교회의 성만찬의 문제를 다루는 것은 바울이 의도한 본문의 의미를 잘못 이해할 소지가 있다.[44] 로마 식민지로서 1세기 고린도 도시의 사회-문화적 상황을 살펴보면, 고린도는 경쟁, 후견인 제도(patronage), 상업주의, 그리고 다양한 형태와 다양한 수준의 성공 같은 것들이 고린도 시민들을 둘러싼 주된 문화였고,[45] 당시 고린도 문화는 경쟁과 성공을 향한 욕구로 가득했다.[46]

고린도 교회는 그리스도의 한 몸을 이루지 못한 분열의 문제(고전 1:11-12), 파당(고전 1:12), 소송의 남발(고전 6:1-8)과 성적인 부도덕의 문제들(고전 5:1-2)이 있었는데, 교회 안의 이러한 문제들은 공동체의 사회적 관습을 깨뜨리지 않으려는 후원자들의 이득과 상당히 관계가 있었다.[47] 이와 같은 배경은 고린도 교회가 수직적이고 차별적이며 세속적인 문화였다는 것을 나타내는데, 이러한 문화가 교회 안의 문제를 유발했다. 그 문제는 부유한 자와 가난한 자의 경제적인 구조에 의한 차별로 집약되어 나타나는데, 같은 문제가 성만찬에서 발생하였다. 이러한 문제에 직면하여 바울은 고린도 교회 성도들에게 교회의 정체성을 나타내는 '그리스도의 몸' 사상을 강조하였는데, 그것은 교회 가족 공동체가 그리스도를 머리로 하여 '한 몸'으로서 연합과 일치를 이루어가며, 그리스도의 십자가 죽으심을 근간으로 한 희생과 섬김의 사랑을 삶 속에서 실천하는 것으로 나타난다.

2) 성만찬에 나타난 교회 가족에 대한 의미(고전 11:17-34)

고린도 교회 예배에서 행해진 성만찬이 그 당시의 사회-문화적 관습을 따라 행해지므로,[48] 사회 계층적인 구조에 의해 분열과 차별을 유발했다.[49] 따라서 바울은 고린도 교회 성도들의 성만찬을 거행하는 태도에 대해 칭찬할 만한 것이 하나도 없다고 책망한다. 그 이유는 그들의 모임이 "유익"이 되지 않고 도리어, "해로움"이 되었기 때문이다(11장 17절). 주님의 몸과 피를 기념하고 기억하는 성만찬이 유익이 되려면, 주님의 뜻에 합당한 그리스도 중심의 성만찬이 되어야 한다. 그러나 오히려 '해'가 된 이유는 고린도 교회의 부유한 자들이 세속적인 가치관에 따라[50] 성만찬을 행함으로 그리스도의 몸을 분별하지 못하고 가난한 자들을 차별했기 때문이다(고전 11:22).

따라서 바울은 사회적인 문화를 따라 연약한 자들을 차별한 고린도 교인들에게 상호 존중과 연합을 강조하기 위해, '그리스도의 몸'을 성례론적 범주에서 '성만찬'을 의미하는 것으로 사용한다.[51] 바울은 교회 가족 공동체의 성격을 고린도전서 11장 24절에서 성만찬의 중요 부분으로 강조하였는데, 교회 가족을 '그리스도의 몸 사상'(롬 12:3 이하: 고전 12:12 이하)을 가지고 살아가야 하는 유기체로 표현하였다. 그러면서도 바울은 고린도 교회에서 성도들 각인의 차이점과 다양성이 있다는 사실을 간과하지 않았고, 결속되고 통일된 전체로서 교회 공동체임을 강조하기 위해 교회 건물과 몸의 비유를 말하고 있다.[52] 바울이 강조하고 있는 '몸' 사상에 근거하여 성만찬의 본 단락은 다음과 같은 구조로 형성된다.[53]

A(17-22절) 성만찬에서 분열에 대한 바울의 책망
B(23-26절) '주의 몸'을 기억하라(성만찬의 원리적 의미)
B´ (27-32절) '주의 몸'을 분별하라(성만찬의 원론적 준칙)
A´ (33-34절) 교회의 상황을 고려한 바울의 권고

위에서와 같이 고린도전서 11장 23-32절은 본 단락의 구조에서 '몸' 신학에 근거한 바울의 핵심적인 논지를 나타내는 것으로 본문의 구조에서 중심적인 위치(sandwiches)를 차지하고 있다. 본 구조 안에서 23-32절의 기능은 바울이 강조하고 있는 전체적인 논지의 핵심으로서 성만찬의 역사적인 의미를 바로 알고, 그 의미에 합당하게 성만찬을 거행하는 것이다. 그것은 곧 '그리스도의 몸'을 분별하여 상호 간에 연합과 일치를 이루는 것이다. 따라서 이 부분은 고린도전서 10장 16-17절에서 바울이 고린도 교회에 강조하고 있는 '주의 몸'과 연합된 '한 몸'으로서의 교회 공동체가 되어야 한다는 논지와 연결된다. 교회의 모든 가족은 그리스도 안에서 '한 성령을 받아 한 몸'이 되었으므로(고전 12:13), 고린도전서에서 나타난 성만찬의 의미는 교회에서 분열과 차별이 있을 수 없다는 것이며, 이것은 교회 가족 공동체에 대한 바울의 가장 강력한 수사적 표현이기도 하다.[54]

고린도전서 11장 19절에서 바울은 종말론적 진리에 속한 자를 구분하는 긍정적 역할을 하는데,[55] 성만찬에서 차별과 분열은 하나님 앞에서 옳다 인정함을 받은 진정한 예수님의 가족을 선명하게 드러나도록 하기 때문이다. 바

울은 친정한 예수님의 가족을 수직적인 구조와 차별을 넘어, 그리스도의 몸 사상을 따라 연합과 일치를 이루는 자들로 규정한다.[56] 바울은 고린도 교회가 성만찬에서 그리스도 몸의 통일성에 기초하지 않고, 세속적인 가치관을 따라 경제적으로 부유한 자들이 권력을 가지고 약자들을 차별하는 것에 대해 강하게 질책했고, 그러한 차별의 일들이 교회를 업신여기고, 그리스도의 죽음을 헛되게 하는 것이라고 말한다(고전 11:22). 또한 바울은 약자들에 대한 차별이 주님의 몸과 피에 대해 죄를 짓는 것임을 강조한다(고전 11:27).

고린도전서에서 바울이 강조하고자 하는 성만찬의 원리적인 의미는 '십자가에 못 박히신 그리스도'이다(참조 2:1-2).[57] 24절의 '주의 몸'은 또한 연합적인 측면에서 '신자들의 공동체'(교회 가족)를 뜻한다. 따라서 24절의 중점적인 이해는 주께서 자기 몸을 너희(고린도교회의 부유한 자들)를 위한 속죄 제물로 드려 희생하셨듯이, 너희들도 주를 본받아 먼저 타인(가난한 자들)을 위해 희생하고 섬기라는 것이다. 또한 이것은 자신에게 주어진 권리를 자기를 위해 쓸 것이 아니라, 약한 자들을 위해 사용하여 섬김의 본을 보여야 한다는 것이다.[58]

본문 27절에서 "그리스도의 몸을 분별치 않고" 먹고 마시는 것은 서로를 향한 생각이나 행위에 있어서 사랑 없이 대우하며 떡과 잔에 아무 생각 없이, 즉 무가치하게 참여하는 것을 의미한다.[59] 따라서 고린도 교회 성도들의 성만찬에서 나타난 약자에 대한 차별은 교회의 정체성을 나타내는 '몸 사상'에 대한 신학적인 무지를 나타내는 것이었으며, 자신의 만족을 위한 것이었고, 사랑의 부족을 나타내는 증거였다. 고린도 교회의 부유한 자들은 그리스도 몸의 의미(사랑과 섬김, 일치)에 반대되는 육적인 몸의 행태(이기적, 차별, 과시)로 성만찬을 행하였는데, 그러한 행태는 결국 심판을 받게 된다는 것을 바울은 강조한다(29절). 교회 가족은 '그리스도의 몸 된 지체'이기에, 부유하고 힘 있는 자들이 가난하고 약한 자들을 섬기고 배려하는 사랑이 전제되어야 한다.[60] 이와 같은 바울의 강조는 그가 고린도 교인들의 죄를 얼마나 진지하게 생각하고 있는가를 보여주고 있다.

바울은 고린도 교회 성도들이 성만찬을 무분별하게 시행한 결과 병든 자와 죽은 자가 많았다고 지적하면서, 앞에서 말한 성만찬의 원리에 따른 준칙을 그들의 상황에 적용한다. 바울의 지적처럼 고린도 교회 성도들은 자신을 살피는 일에 실패하여 약하고 병들고 죽게 되는 "심판"을 받았다(30-31). 헤이스에 따르면, 여기서 자신을 살핀다는 것은 교회 가족 공동체를 향한 것으로, 그리스도의 한 몸을 이루고 있는 교회의 지체에게 주님의 사랑으로 대하지 못한 것을 말한다.[61] 따라서 고린도 교회의 상황에서 주의 만찬을 "합당하게" 먹는 것은 그리스도를 머리로 하여 한 몸을 이루고 있는 교회 가족 공동체가 약한 자들에 대해 차별적인 태도를 지양하고, 성도 중 누구도 소외감을 당하지 않도록 하는 것을 의미한다. 이와 관련하여 크로커(C. C. Crocker)는 그리스도 안에 있는 교회 가족의 정체성을 다음과 같이 설명한다.[62]

> 그리스도 안에서 새로운 공동체를 인식하는 것을 의미하는 그 부르심을 새기는 것은, 종말론적인 소망을 그리스도의 죽으심과 부활 사건에 근거를 두는 것이다. 이는 사회적 계급구조와 명예, 수직적인 사고를 초월하여 사람들 사이의 평등한 관계, 즉 공동체에서 다양한 사람들의 포용, 그리고 교회 생활에 모두 참여하기를 통해 더 충만하게 하나님의 새로운 창조를 반영할 공동체를 수립하는 방향으로 이동하는 것을 의미한다.

이와 같이 그리스도 안에서 새롭게 정의된 교회 가족에 대한 정체성을 크로커도 적절하게 설명하듯이 교회 공동체는 그리스도의 몸을 이루는 한 가족으로서 수직과 차별의 문화를 넘어 그리스도 안에서 새롭게 된 수평과 상호 존중, 그리스도를 머리로 한 연합 공동체로 나가야 한다. 이것은 곧, 고린도전서의 성만찬에서 바울이 강조한 몸 신학의 중점 사항이다.

III. 나가는 글

지금까지 그리스도 안에서 새롭게 정의된 교회 가족에 대한 의미를 갈라디아서와 고린도전서를 중심으로 살펴보았다. 갈라디아서에서 바울은 하나님의 진정한 가족을 유대인들의 전통과 관습, 혈통 중심적인 관념을 넘어 '예수님을 믿는 자'로 정의하였다. 고린도전서에서 바울은 교회 가족을 예수님을 머리로 하여 '한 몸'을 이루고 있는 공동체로 정의하였고, 교회 안에서 차별이 있을 수 없다는 것을 강조하였다. 갈라디아서와 고린도전서에서 나타난 문제들은 오늘날 교회 안에서도 유사하게 나타나고 있다. 오랜 시간 동안 한국 교회는 가부장적인 구조 안에서 권위적이고 보수적인 문화를 형성해 왔는데, 그 원인은 유교 문화의 영향과 16세기 종교개혁가들의 영향을 받은 것으로 나타났다. 그러나 예수님은 십자가에서 이 모든 옛 질서를 폐하시고 가족의 의미를 새롭게 창조하셨다. 예수님에 의해 새롭게 정의된 가족은 인간적인 관습과 전통, 육적인 혈통을 넘어 '예수님을 믿는 자'이며, '하나님의 뜻대로 행하는 자', 즉 '하나님을 사랑하고 이웃을 사랑하는 자'이다. 갈라디아서에서 바울은 교회 공동체 구성원들이 그리스도와 연합되기 위하여 '한 세례'를 받은 자들이므로, 유대인이나 헬라인이나 종이나 자유인이나 남자나 여자나 다 '그리스도 안에서 하나'라는 것을 강조하였다(갈 3:27-28). 이것은 기독교인의 생활에서 원리적인 것이므로, 바울은 교회 가족 공동체가 갈라디아서 3장 28절을 붙잡아야 한다고 강조하였다.

고린도전서의 성만찬에서도 바울이 강조하고 있는 원리적인 준칙은 개인의 삶에 초점이 있는 것이 아니라 교회 가족 공동체를 향한 것으로, 그리스도의 한 몸을 이루고 있는 교회의 지체에게 주님의 사랑으로 대하는 것이다. 따라서 고린도 교회의 상황에서 주의 만찬을 '합당하게' 먹는 것은 그리스도를 머리로 하여 한 몸을 이루고 있는 교회 가족 공동체가 약한 자들에 대해 차별적인 태도를 지양하고, 성도 중 누구도 소외감을 당하지 않도록 하는 것을 의미한다. 즉 고린도전서에서 진정한 예수님의 가족은 수직적인 구조와 차별을 넘어, 그리스도의 몸 사상을 따라 연합과 일치를 이루는 자들이다. 교회의 모든 가족은 그리스도 안에서 '한 성령을 받아 한 몸'이 되었으므로(고전 12:13), 교회에서 분열과 차별은 있을 수 없다는 것이 교회 가족 공동체에 대한 바울의 가장 강력한 수사적 표현이었다. 바울은 고린도전서의 성만찬에서 교회 안의 수직적인 구조로부터 평등의 관계와 차별이 없는 구조로 나아갈 것을 촉구하였다.

갈라디아서와 고린도전서에서 바울이 강조하고 있는 '진정한 교회 가족 공동체'는 혈연이나 지연, 수직적이고 전통적인 옛 질서를 넘어서 그리스도께서 십자가에서 이루신 사랑을 실천하며 '한 몸'을 이루는 것이다. 그것은 곧 강한 자들이 약한 자들을 용납하고 품는 사랑이다. 바울은 '그리스도 안에 있다고 하면서 지체를 차별하는 것을 그리스도의 십자가 죽으심을 헛되게 하는 일이며 죄를 짓는 일로 규정하였다. 따라서 그리스도 안에서 새롭게 된 교회 가족 공동체는 수평적인 관계를 형성하고, 수평적인 소통 관계로 변화해야 하며, 각각의 다양성과 평등을 보장하는 성경적인 규범을 따라야 한다.

갈라디아서에서 바울은 교회 가족 공동체 안에 율법주의, 인간의 전통, 혈통적인 자랑 등이 앞선 것은 육적인 것에 집착하는 일이며 저주받을 것이라고 하였고, 이 모든 것을 육에 속하며 종에 속한 것으로 규정하였다. 바울은 이러한 현상들을 "무능한 옛 시대의 조문"이라고 하였으며, 옛 질서를 따르는 것을 "그리스도의 죽으심을 헛되게 하는 일"이라고 강조하였다.

갈라디아 교회에서 거짓 형제들이 전한 "다른 복음"은 그리스도에 대한 복음이 변형된 것이며(1:7), 갈라디아 교인들이 바울로부터 받았던 복음에 반대된 것이었다(1:9). 오늘날 개혁 교회 안에서도 복음이 변형되어 가부장적인 문화와 옷을 입고 있으며, 교회 가족에 대한 의미 역시 전통적인 입장에 고착되어 있는 현실이다. 그러나 이와 같은 현상들은 갈라디아 교회의 거짓교사들이 강조했던 옛 질서를 따르는 것이며, 고린도전서의 성만찬 의미를 통해 알 수 있었듯이 그리스도의 죽으심을 헛되게 하는 일이다. 갈라디아서와 고린도전서에서 바울이 강조하고 있는 메시지의 초점은 그리스도의 십자가이며, 예수를 따라가는 삶이다. 그것은 곧 주를 본받아 먼저 타인을 위해 희생하고 섬기는 것이며, 자신에게 주어진 권리를 약한 자들을 위해 사용하여 섬김의 본을 보이는 삶이다. 이러한 실천적 과제를 이루어 가는 것이 교회 안의 가족 공동체를 건강하게 살리는 길이며, 주님의 한 몸 됨을 온전하게 이루어가는 것이 될 것이다. 교회 가족의 삶의 원리는 서로를 향한 겸손한 섬김과 차별이 없는 사랑의 제자도이다. 그리스도 안에서 새롭게 된 교회 가족 공동체는 평등성과 포용성, 억압이 아닌 자유를 가지고 성장해야 한다.

[미주]

1 김혜경에 따르면, 한국의 부계적 가족주의가 생계부양자 역할을 해체하는 신자유주의적 시장의 횡포 앞에서 실패의 징후를 드러내었으며, 유교적인 부계 직계 가족 규범을 중심으로 작동되었던 가족주의 원리는 이제 생식 가족 단위의 운영이 중심이 되었고 2인 소득자 중심의 새로운 핵가족주의로 대체되고 있다고 보았다. 김혜경, "부계 가족주의의 실패?: IMF 경제위기 세대의 가족주의의 개인화", 「한국 사회학」 47/2 (2013): 133, 135; 최소정에 따르면, "역사적으로 가족은 혈연 중심으로 이루어졌지만, 산업화와 도시화를 겪으면서 전통적 가족 공동체가 가지고 있는 권위, 희생, 종속, 복종의 관념 다시 말해 불평등에 기반한 문제들은 21세기 지식 기반 사회와 지구화의 확정이라는 사회적 환경에서 나타나는 문제와 합일을 이루고 있다"고 주장했다. 그것은 사회적 환경의 변화로 전통의 가족주의가 가족 중심이었다면, 이제부터는 친밀성과 이해를 중심으로 한 가족 형태로 변화할 것을 말한다. 최소정, "가족 공동체 간의 수평적 관계 형성을 위한 커뮤니티 댄스 기획", 「모드니 예술」 12 (2015): 57.

2 한국 교회의 교인들은 교회의 의사결정에 대해 전반적으로 만족도는 23.5%로 낮은 편이다. 낮은 이유는 첫째, 의사결정 과정에서 다양한 구성원의 참여가 미흡하기 때문이며, 둘째, 의견 수렴이 부족하고, 셋째, 의사결정에 대한 소통도 안 되고 있다: 지용근 외, 『한국교회 트렌드 2024』 (서울: 규장, 2023), 173-174.

3 앞의 책, 176.

4 앞의 책, 177.

5 지금의 3040세대는 이전의 3040세대로서는 경험하지 않았을 어려움들을 경험하고 있다. 대면 예배 출석 비율이 가장 낮은 연령대이며, 요즘 이슈로 떠오른 '플로팅 크리스천'(온라인상에서 떠다니는 성도)도 이 세대가 주도하고 있다. 가나안 성도의 주된 연령대 역시 40대이며, 3040세대는 한국 교회의 약한 고리가 되고 있다. 앞의 책, 135-136, 148-149.

6 3040세대에 속하는 젊은이들은 직장 밖에서도 위계 서열 따지기를 불편하게 여기는데, 교회에서 직분도 위계 서열을 중시하기에 교회를 기피하는 것으로 나타난다. 앞의 책, 154.

7 앞의 책, 155.

8 송진순, "주요 사회 현안에 대한 2021 개신교인 인식조사 통계분석 자료집", 「한국기독교사회문제연구원」 (2022): 54.

9 조승희 · 정혜정, "기혼남녀의 원가족 경험과 자기분화가 핵가족의 부부관계와 부모자녀관계에 미치는 영향", 「한국생활과학학회지」 17권 5호 (2004): 878. 최지영에 따르면(최지영, "결혼과정을 통해서 본 모-자녀 관계변화에 관한 질적 연구: 기독교가정을 중심으로", 「상담학 연구」 10권 3호 (2009): 1706), 자녀에 대한 신앙생활을 주도하려 하며 집착이 강한 사람은 아버지보다 어머니가 더 강한 것으로 나타나는데, 자녀들은 어머니로부터 분리되며 자신만의 가족에 대한 애착을 강하게 느끼는 반면, 어머니는 자녀로부터 분리되지 못하며 가정을 이루고 살아가는 자녀의 결혼 과정을 가족의 확대로 인식하고 있다.

10 지용근 외, 『한국교회 트렌드 2024』, 164.

11 한국기독공보, "청년들, 한국교회, 가부장적이고 매력 없어"(2019. 12. 3.), http://m.pckworld.com/
    article.php?aid=8322839599; 지용근 외, 『한국교회 트렌드 2024』 165에서 재인용.

12 야로슬라브 펠리칸/지원용 옮김, 『루터 선집 1권』 (서울: 컨콜디아사, 1981), 108.

13 존 칼빈/김종흡 외 옮김, 『기독교 강요 (중)』 (서울: 생명의 말씀사, 1986), 244-245; 박유미, "칼빈의 해
    석은 영원한 진리?", 「구약논단」 67 (2018): 108, 121-128; 이난희, "한국 교회의 가족 담론 변화에
    대한 여성신학적 연구", 「신학논단」 제111집 (2023): 156.

14 권해생, "예수의 십자가와 하나님의 새로운 가족(요 19:25-27)", 「신약연구」 제17권 3호 (2018.12.):
    542.

15 앞의 논문, 548-549.

16 강대훈, "신약에 나타난 가족의 가치와 규례-공관복음, 바울서신, 베드로전서를 중심으로", 「교회와
    법」 8권 1호 (2021): 18.

17 도널드 헤그너/채천석 옮김, 『WBC 성경주석 33: 마태복음 상』 (서울: 솔로몬, 1999), 595.

18 김은혜, "한국사회의 가족해체와 가족신학의 정립의 필요성", 「장신논단」 39 (2010.12.): 233.

19 이난희, "한국교회의 가족 담론 변화에 대한 여성신학적 연구", 154-155.

20 M. L. Coloe, *God Dwells with Us: Temple Symbolism in the Fourth Gospel* (Collegeville: Liturgical Press,
    2001), 52-53.

21 강대훈, "신약에 나타난 가족의 가치와 규례", 19.

22 조호형, "갈라디아서에 나타난 율법에 대한 바울의 부정과 긍정적 진술 연구", 「신학지남」 통권 345
    호 (2020): 135-136.

23 H. D. Betz, *Galatians: A Commentary on Paul's Letter to the Churches in Galatia*, Hermeneia
    (Philadelphia: Fortress, 1979), 7; Thomas R. Schreiner, *Exegetical Commentary on the New Testament
    Galatians*, ed. Clinton E. Arnold (Nashville: Zondervan, 2010), 49; 조호형, "갈라디아서에 나타난 율법
    에 대한 바울의 부정과 긍정적 진술 연구", 134.

24 이한수, 『복음의 정수: 그리스도의 십자가』 (서울: 솔로몬, 2009), 474.

25 Frederick W. Weidmann, *Galatians* (Louisville, Kentucky: Westminster John Knox Press, 2012), 101.

26 Ben Witherington III, *Grace in Galatia: A Commentary on Paul's Letter the Galatians* (Grand Rapids: W.
    B. Eerdmans, 1998), 325.

27 David. A. deSilva, *The Letter to the Galatians*, NICNT (Grand Rapids: W. B. Eerdmans, 2018), 127.

28 Schreiner, *Galatians*, 305.

29 Ibid.

30 Betz, *Galatians*, 249; Schreiner, *Galatians*, 305.

31 이한수, 『복음의 정수』, 390.

32 최갑종, 『갈라디아서』 (경기: 도서출판 이레서원, 2016), 390.

33 Louis, J. Martyn, *Galatians* (London: Yale University press, 1997), 453-454.

34 Richard N. Longenecker, *Galatians*, Word Biblical Commentary, vol. 41 (Dallas, Texas: Word, 1990), 217.

35 이한수, 『복음의 정수』, 486.

36 Witherington, *Grace in Galatia*, 336-337.

37 Martyn, *Galatians*, 435.

38 M. Silva, "Paul's Use of Scripture: Interpreting Galatians 3:6-14", in *Interpreting Galatians* (Grand Rapids: Balers, 2001), 228; Schreiner, *Galatians*, 228.

39 John M. Barcley, *Obeying the Truth: Paul's Ethics in Galatians* (Vancouver, Colombia: Regent Collage, 2005), 92.

40 Barcley, *Obeying the Truth*, 92.

41 Schreiner, *Galatians*, 306-307.

42 Cornelia Cyss Crocker, *Reading 1 Corinthians in the Twenty-First Century: Dialogues concerning the New Community in Christ* (New York/London: T. & T. Clark International, 2004), 145; 김옥순, "성만찬 예전 예배에 대한 해석학적 차원에서 디아코니아 의미", 「신학과 실천」 통권 28호(2011): 258; F. F. 브루스/박문재 옮김, 『바울』 (서울: 크리스챤다이제스트, 1992), 307.

43 J. H. Elliot, *What is Social-Scientific Criticism?* (Minneapolis: Fortress Press, 1993), 55.

44 Bruce W. Winter, *After Paul Left Corinth: The Cultural and Social Bacround of Corinth: 1 Corinthians 11:17-34* (Grand Rapids: Eerdmans, 2001), 11.

45 Anthony C. Thiselton, *The First Epistle to the Corinthians*, NIGTC (Grand Rapids: Eerdmans, 2000), 14; 데이비드 A. 드실바/김경식 외 옮김, 『신약개론』 (서울: 기독교문서선교회, 2013), 754-755.

46 Thiselton, *The First Epistle to the Corinthians*, 28.

47 Gerd Theissen, *The Social Setting of Pauline Christianity: Essay on Corinth of Social Networks in Corinth* (Sheffield: JSOT, 1992), 57.

48 정우홍, "로마 식사 관습을 통한 고전 11:27-44 해석", 「신학지남」 통권 265호 (2000): 256-274; Jerom Carcopino, *Daliy Life in Ancient Rome: The People and the City at the Height of the Empire,* tr. E. O. Lorimer (New Heaven: Yale University Press, 1960), 264; 앤터니 C. 티슬턴/권연경 옮김, 『고린도전서』 (서울: SFC, 2011), 49; 리처드 B. 헤이스/유승원 옮김, 『고린도전서』 (서울: 한국장로교출판사, 2006), 330; Peter Lampe, "The Eucharist: Identifying with Christ on the Cross", *Int* 48 (1994): 37-40.

49 타이센은 고린도 교회에 부자와 가난한 자로 이루어진 두 집단이 있었고 그들 사이에 차별이 있었다고 보았다. 또한 고린도전서 11장 21절에 근거하여, 사회 계층의 차이는 식사의 분량에도 반영되었으며, 식사의 질적 차이도 있었던 것으로 추정했다. Theissen, *The Social Setting of Pauline Christianity,* 58. 이와 관련하여 I. Howard Marshall, *Last Supper and Lord's Supper* (Grand Rapids: Eerdmans, 1981), 43; 크레이그 L. 블롬버그/채천석 옮김, 『NIV적용주석 고린도전서』 (서울: 도서출판 솔로몬, 2012), 173-180을 참조하라.

50 위더링톤에 따르면, 고린도 교회가 성만찬을 행할 때 있었던 사회적 신분에 따른 계층적 차별은 그리
    스-로마의 만찬의 관습의 영향을 받은 것으로, 이러한 관습은 이방 종교적 배경에서는 보편적이었다.
    Ben Witherington III, *Conflict and Community in Corinth* (Grand Rapids: Eerdmans, 1995), 241-242.

51 조셉 A. 피츠마이어/배용덕 옮김, 『바울의 신학』 (서울: 솔로몬 출판사, 1996), 206.

52 Crocker, *Reading 1 Corinthians in the Twenty-First Century,* 145.

53 Margaret M. Mitchell, *Paul and the Rhetoric of Reconciliation: An Exegetical Investigation of the
    Language and Composition* (Louisvill: Westminster/John Knox Press, 1987), 184.

54 심상법, 『바울의 영성: 떨림(십자가) 울림(윤리) 어울림(공동체)』 (생명의 말씀사, 2006), 27.

55 "너희 중에 파당이 있어야 너희 중에 옳다 인정함을 받은 자들이 나타나게 되리라."

56 Richard B. Hays, *First Corinthians* (Louisville: John Knox 1997), 195.

57 Gordon D. Fee, *The First Epistle to the Corinthians* (Grand Rapids: Eerdmans, 1987), 548.

58 참조. 고전 9:12, 19; 10:23-24; 14:18-19.

59 브루스, 『바울』, 307.

60 Gunther Bornkam, "Lord's Supper and Church in Paul", in *Early Christian Experience* (London: SCM,
    1969), 256; 참조. 고전 16:13-14; "너희 모든 일을 사랑으로 행하라."

61 Hays, *First Corinthians*, 202.

62 Crocker, *Dialogues Concerning the New Community in Christ*, 139.

제2부

역사적 · 현대적
의미 찾기

제1장

17세기 영국 청교도 가족의 이상과 한계
존 번연의 경우를 중심으로

안주봉

Ⅰ. 들어가는 말

종종 학문의 관심 대상이 되는 주제는 그것이 위기를 경험하기 때문이다. 이번에 가족 문제가 관심 대상이 된 이유도 가족 해체 또는 가족 소멸의 위기에 직면했기 때문이라고 말할 수 있다. 그런데 17세기 청교도 혁명 시기 청교도들의 설교나 글에도 의외로 가족에 대한 관심이 많이 표출되고 있다. 그렇다면 17세기 잉글랜드에서도 가족의 위기가 있었던 것일까? 치밀한 조사가 선행되어야겠지만, 필자의 생각에 모종의 위기의식이 작용했을 것이라고 여겨진다. 그렇다면 그 원인은 어디에 있으며 청교도들은 무엇을 해야 했을까?

한편 근대의 학문적 가족 연구는 보편적이고 본질적인 가족의 성격 연구 전통으로부터 가족의 해체 그리고 다양한 가족 문제 등에 대한 것으로 이어져 오고 있다. 이는 최근 여타 다른 연구들처럼 근대성으로부터 탈근대성으로의 이행을 보여준다. 박민자는 가족 사회학 방법의 양상을 구조 기능론, 비판이론, 마르크스주의적 관점, 페미니즘 이론, 가족사적 접근, 포스트모더니즘 등으로 나열하면서 이를 크게 실증주의적 방법과 후기 실증주의(postpositivism)로 나누어 구분한다.[1] 어쨌든 가족 연구 방법에 대한 최근의 주요 관심사는 결국 경직된 가족 개념 혹은 억압적 가족 문제로부터 더 유연하고 자유로운 가족으로의 이행에 대한 문제이다. 그리고 이런 이행에 대해서는 해체에 따른 성의 도구화, 욕망의 무한긍정, 이혼의 확산, 고립된 자아의 확산 등에 대한 우려가 지적된다.[2]

본고는 이런 문제의식들을 유의하면서 근대성에 입각한 가족 이념이 등장하기 전의 근세 초 영국에서 가족 이념의 역사적 변화 양상을 살펴보고자 한다. 이를 위해 먼저 종교개혁과 칸트, 헤겔 가족 이념의 성격을 살펴본 후 그사이에 있었던 청교도주의적 가족 이념의 진행적 성격을 존 번연(John Bunyan, 1628-1688년)을 중심으로 살펴봄으로써 청교도주의가 근대 가족 이념의 발전에 미친 영향의 명암을 규명해 보고자 한다.

II. 종교개혁과 칸트, 헤겔의 가족관과 청교도 시대

중세에는 독신주의가 예찬 되었으나, 종교개혁의 시발점이 된 독일의 마르틴 루터(Martin Luther)는 기존의 독신주의 이상을 타파하고 결혼을 권장하였을 뿐만 아니라 스스로 결혼하고 자녀를 낳아 양육함으로써 개신교 기독교인의 가족 이상 토대를 마련하였다. 여성적 관점에서 루터가 끼친 긍정적, 부정적 영향에 관해서는 구체적으로 다음과 같이 정리한다. 첫째, 결혼을 하나님에 의한 제도로 설정함으로써 가정에서의 여성 지위를 향상하였다. 둘째, 부부의 상호적 사랑과 존경에 관한 규정으로 여성의 존재감과 위상을 높였다. 셋째, 성관계를 긍정함으로써 여성혐오증에 놓인 여성의 성을 해방하였다. 넷째, 법적 보호 밖에 놓여 있던 성직자의 첩이던 여성들을 법적 보호를 받는 지위로 올려놓았다. 다섯째, 만인제사장론에 입각한 소녀들의 교육 기회가 마련되는 동시에 이들을 위한 여교사의 고용을 가져왔다. 즉 여성 교육의 신장이다. 여섯째, 결혼을 성례로 취급하지 않음으로써 불가피한 이혼과 재혼의 기회가 주어지게 됨에 따라 여성의 권익 신장을 가져왔다. 이와 달리 부정적인 점도 지적되었는데, 그것은 수도원의 해체 과정에서 여성들이 조금이나마 자율적이던 공간과 기회를 상실하고 가정에 국한되고 결혼이라는 굴레 속에서 남편에게 아내로서 종속하게 했다는 것이다.[3]

장 칼뱅(Jean Calvin)도 남녀 모두 하나님의 형상으로 지어졌다는 사실을 강조하였음에도, 여성을 남편에게 속한 보조적 존재로 보았다고 평가된다.[4] 어쨌든 마르틴 루터나 칼뱅과 같은 개혁가들로 인해 신앙적으로 가족을 지도하는 가장과 이를 내조하는 아내 그리고 그들의 지도를 따르는 자녀들에 의한 경건한 가족이라는 모범이 나타났다. 종교개혁의 영국 계승자였던 청교도 혁명기 청교도의 가족 이상도 이 기반 위에 세워질 것이었다. 그러나 이러한 유럽 대륙과 영국의 공통된 신교도 가족 이상에도 불구하고 역사적 고유성이라는 관점에서 청교도 혁명기 가족 이상의 긍정적 측면과 부정적 측면을 당시의 역사적 배경과 당대인의 주장을 통해 구체적으로 규명할 필요가 있다.

18세기 계몽의 시대, 근대성의 태동 시기에는 칸트가 가족 문제에 대하여 이성적 이념 고찰을 제시하였다. 김석수의 정리에 따르면 칸트는 가족의 성립 계기인 결혼을 당사자 각각이 지닌 소유물을 합법적으로 사용할 수 있는 법적 사건, 즉 계약으로 파악한다. 달리 말하면 결혼이란 당사자들이 계약을 통해 상호 간의 성을 인격적 차원에서 사용한다는 것이다(물건적 인격권). 인격적 차원이란 성의 사용이 욕망에 휘둘리지 않아야 함을 의미하며 결혼 조건이 자유와 평등의 원칙 위에서 이루어져야 한다는 것이다.[5] 그런데 욕망에 휘둘리지 않아야 한다는 것, 즉 성 자체를 도덕적 차원으로 승화시켜야 한다는 칸트의 입장은 루터의 원죄설을 수용하고 있었기 때문으로 설명된다. 그러므로 칸트는 결혼을 통해 욕망이 조절되어야 한다는 의견이었다.[6]

칸트에 이어 헤겔은 결혼이란 생물학적 종족 보존이라는 성적인 관계로만 보아서도 안 되고, 서로를 물건으로 사용할 수 있는 시민적 계약으로만 보아서도 안 되며, 우연적인 감정에 기울어지는 단순한 사랑으로만 해석되어서도 안 된다고 보았다. 그에게 결혼이란 법적 효력이 있는 인륜적 사랑이었다.[7] 달리 말하면 헤겔에게 있어 결혼이란 성적 결합, 계약, 인륜적 사랑의 결집체로서, 자연적인 성적 욕구를 충족시키는 "자연적 생명의 계기"와 이를 넘어 서로가 사랑을 나누는 "정신적인 통일"의 계기를 내포한다는 것이다.[8] 그렇게 사랑을 강조한 헤겔의 가족은 자연적 공동체로서 서로에게 희생하는 인륜적 공동체이다.[9] 또한 헤겔은 부모가 자녀를 교육할 때 윤리를 감각적 차원에서 심어주어야 하고 사랑과 신뢰의 바탕 위에서 이성을 키워주어야 한다고 주장하였다.[10]

이상과 같은 칸트와 헤겔의 가족관은 일견 전통적 가부장주의와 무관하지 않을 것 같으나, 사실 그들은 가장을 중시하고 개인보다 가족 전체의 운명을 중시하는 가족의 논리가 사회로 확장되어 국가 자체가 가부장적인 국가로 되는 것을 비판했다. 왜냐하면, 그들이 생각하는 가족에서는 개인의 자유와 권리가 존엄하게 추구되어야 하는 것으로 보았기 때문이다. 그러므로 그들의

가족 이념은 개인의 자유와 권리를 추구하는 시민사회를 지향하고 있었다고 평가된다.[11]

청교도들의 가족 이념을 살펴보기에 앞서 먼저 그 가족 이념의 등장에 즈음한 영국 사회의 위기적 변화 현상들에 대하여 먼저 개관해 보고자 한다. 근세 초 영국은 사회경제적으로는 봉건제로부터 자본주의로의 이행이라는 시기를 경험하고 있던 시기였다. 중세의 장원과 농노제에 기반한 사회 · 경제체제가 해체되기 시작했으며, 도시와 상업의 발전이 증대됨으로써 봉건적 구조가 훼손되고 있었다. 그리고 혁명을 틈타 전통 신분제에 대한 반항과 더불어 미약하나마 실질적인 신분 이동 현상이 일어났다. 존 번연이 바로 그 한 예이다. 그는 옥스퍼드, 캠브리지 같은 대학교에서 정규적인 신학교육을 받지 못했음에도 일개의 미천한 땜장이에서 대중적으로 존경받는 목사로 변모했다. 그리고 이런 사회 · 경제적 변화의 시기에 몰락하는 귀족도 민중도 사회적으로 호락호락하지 않은 생존 투쟁에 시달려야 했다. 존 번연은 그의 첫 아내와 결혼 할 당시에 살림을 위한 식기조차 제대로 장만할 수 없을 정도였다.

문화적으로는 16세기의 셰익스피어에 이어 《실낙원》,《아레오파지티카》 등의 저작으로 유명한 17세기 존 밀턴의 예에서 볼 수 있듯이 르네상스 인문주의와 종교개혁이 두루 영향을 끼치고 있던 시기였다. 또한 귀납법으로 잘 알려진 프랜시스 베이컨(Francis Bacon)의 사상을 계승하는 런던 과학협회, 즉 로열소사이어티가 설립된 것도 이 시기였고, 이 시기 과학자 중 일부는 유물론적인 에피큐리안 성향이 있다는 혐의를 샀다.

혁명이 일어날 즈음 인쇄물의 유통이 급속도로 확대됨으로써 정치적 상황과 주장들이 공유되고 대중의 판단에 영향을 미칠 수 있었다. 이런 배경에서 청교도 혁명 초기에 런던 민중들은 왕의 오른팔과 왼팔에 해당하는 스트래퍼드 백작과 로드 대주교의 탄핵을 압박할 수 있었다. 내란 직전 여성들에 의한 반전 데모도 있었다. 이 때문에 하버마스나 공론장 이론을 따르는 학자들은 영국에서 이즈음 여론 비슷한 것이 발전했다고 평가하였다. 이는 종교개혁 후 진행된 교육의 진전으로 미약하나마 문자해독력이 증대된 때문이었다. 그럼에도 당시에는 종교의 전통적 지배력을 동반한 강력한 미신적인 경향 때문에 마녀사냥도 일어났었다. 번연의 작품들에서도 일상에서 나타나는 마녀나 사탄의 활동에 대한 일화들이 언급되었다.[12]

정치 역시 봉건적 지방 분권 형태로부터 중앙집권적 형태로 발전되면서 제임스 1세, 찰스 1세는 왕권신수설을 주장하고 실제 그런 전제적 지배 행태를 보였기에 1628년의 권리청원과 1688년의 권리장전이 값진 의미를 갖게 된 배경이 되었다. 그 두 문서는 모두 전제적 왕권으로부터 인신의 자유와 재산권을 보장받으려는 내용을 담고 있었다. 한편으로는 대륙에서 합리주의 철학이 싹을 틔우고 있던 것과 궤를 같이하여 토머스 홉스(Thomas Hobbes)와 같은 인물은 왕권에 대한 전통적인 종교적 지지를 넘어서 사회계약 이론을 통해 왕권을 정당화하려 함으로써 권력의 기원에 관한 이성적 설명을 제시하려고 했다.

그리고 비록 실패하였지만, 혁명기 의회파 군대 내에서 봉기한 회중주의 세력 가운데 유력했던 평등주의자들인 수평파(Levellers)는 투표권에 제한을 두었음에도 나름 민주적 의회 구성에 의한 평등한 새로운 국가 성립을 주장하였다. 수평파의 교회는 남녀가 평등한 자격으로 참여하였다는 설도 전해지고 있다. 존 로크는 이런 경험적 성과를 바탕으로 권력 분립과 민주적 사회계약 이론을 주장할 수 있었다.

이와 같은 시기 영국 가족의 성격에 관해서는 로렌스 스톤의 연구를 통해 개관할 수 있다. 프랑스 아날학파의 심성사(心性史, 망탈리테사 'histoire des mentalités')[13] 영향을 받은 그는 근세 초 영국의 가족이란 가족 간의 거리감 더 나아가서 적대감 수준의 냉랭함이 있었다고 하였다. 여성들과 자녀들의 입장에서는 경외심과 두려움 그리고 복종만이 기대되는 상황이었다고 한다. 그러므로 당시 영국에서의 아버지란 가정 내의 합법적인 독재자이자 전제군주와 같은 절대적 권위로 아내와 아이들을 다스린 존재였다.[14] 로렌스 스톤의 사료 해석 방식에 대한 반론도 있기에 그의 평가를 액면 그대로 수용하기 어렵다는 점을 고려하더라도 당시에 강력한 가부장주의가 자리하고 있었다는 맥락을 피하기는 어렵다.

이런 시기에 영국인의 일상을 지배한 것은 국교회였던 성공회였다. 상원의 일부를 차지하고 왕의 대관식도 주관하는 것이 교회와 성직자였으니 일반인들의 일상생활에 대한 종교적 통제는 당연하였다. 부부와 가족의 형성도 국교회의 결혼 예식과 세례 예식을 통해 이뤄졌다. 국교회의 공동 기도서(1548년)[15]는 세세한 지침들을 통해 연간 신앙생활을 규정하였는데 결혼식도 마찬가지였다. 그것에 따르면 결혼이란 하나님이 에덴동산에서 제정한 것이며 사람이 죄 없을 때에 만든 것이라고 선언하였다. 또 이것은 우리에게 그리스도와 그의 교회 사이의 신비로운 결합이라는 은유도 있다는 것을 언급하였다. 아울러 이것은 결혼의 이유를 세 가지로 제시하였다. 그 첫째는 아이들의 출산이다. 둘째는 음행이라는 죄를 피할 수 있기 위함이다. 셋째는 서로 돕도록 하기 위함이다. 하지만 결혼은 당사자의 합의를 바탕으로 하기에 주례를 맡은 신부는 양자에게 동의를 요구하였다. 그런데 여성에게는 다음과 같은 질문이 던져졌다.

아무개 씨는 이 남자를 남편으로 맞아 하나님의 규례에 따른 거룩한 혼인으로 함께 살기를 원합니까? 그대는 남편에게 복종하고 섬기며 사랑하고 존중하며 아플 때나 건강할 때에도 그를 돌보겠습니까? 그리고 다른 모든 것을 버리고 함께 사는 날 동안 오직 그를 돌보겠습니까?

이후 사제는 "누가 이 여자를 이 남자에게 넘겨주어 결혼시키겠습니까?"라고 말하고 사제가 여자를 그녀의 아버지나 친구의 손에서 받아 남자가 오른손으로 여자를 잡게 하여 남자와 여자가 각각 위와 비슷한 말로 상대방에게 다짐하게 하였다. 이런 언행들은 여성의 종속적 지위를 드러낸다. 이후 결혼하는 남자는 반지와 금·은으로 된 배우자의 징표를 주는데, 사제는 이것을 성경 위에 두었다가 남자에게 주어 여자에게 끼우게 함으로써 중재의 역할을 하였다. 이처럼 결합의 예식에 사제가 틈틈이 개입하는 절차는 중세 교회의 유산이 계속되는 것을 보여주었다. 이후에 사제는 결혼 당사자들의 손을 잡고 "하나님이 맺어준 것을 아무도 가르지 못하리로다" 하고 여러 약속을 상기시키며 "이들이 부부가 되었음을 선언하노라. 성부와 성자와 성령의 이름으로…"라 하였다. 그리고 신랑 신부는 이날 성찬식까지 받도록 하였다. 따라서 이러한 혁명 전 성공회의 결혼식은 가톨릭의 일곱 성례전을 답습하는 것이라는 비판을 피하기 어렵다.

그리고 공동 기도서는 출산한 여성을 대상으로 하며 아이가 세례를 받은 후에 집행되는 어머니 정결례(the purification of the mother)라는 예식을 제시하고 있어 여성의 부정에 대한 인식이 잔존하고 있음을 보여주었다. 그러므로 개혁을 주장했던 청교도 혁명기 장로파적 의회파는 아직 승리를 확정하기도 전인 1644년에 예배 지침서를 마련해 이런 것들을 수정하였다. 교회로부터 미신적인 것을 추방하고 예배의 간소화를 지향했던 그들은 정결례 자체를 없애버렸다.

그리고 결혼에 대하여 의회파의 청교도주의적 입장은 결혼이 성사(성례)는 아니지만 주님 안에서 하는 것이므로 하나님의 말씀에 입각한 특별한 교훈, 지침, 권면이 필요하고 하나님의 축복도 필요하다고 하였다. 그러므로 적법한 말씀 사역자에 의한 예식 진행을 권고하였다. 물론 결혼 당사자들의 합의도 중시되었다. 그리고 결혼은 공개적이었기에 3주 전에 회중에 공지되어야 하며 그 전에 부모 또는 그에 준하는 사람의 동의가 있어야 했고 기록되어야 했다. 이처럼 당시의 개혁적 결혼도 결혼 당사자들에 대한 부모의 동의는 필요했지만, 자녀가 원하지 않는 결혼을 강요하지 않도록 하였다. 결혼식은 편리한 때에 공적 예배 장소에서 상당수의 증인들 앞에서 이루어지게 하였다.

결혼은 말씀과 기도로 신성화 하도록 했는데, 축복 기도의 예문은 결혼을 하나님의 언약과 연결 지었다. 축복 후에는 결혼이란 제도의 이용과 목적, 결혼에 관한 의무 등에 대해 성경 내용을 언급할 것이 권고되었다. 쌍방 간의 서약이 이루어지면 사역자는 다른 예식 없이 회중 앞에서 하나님의 규례에 따라 그들이 남편과 아내가 되었음을 선포하고 기도로 마쳤다.[16]

그런데 이조차도 모든 예식에 부정적인 회중주의자들의 입김이 강해지던 시기, 즉 수평파의 봉기 이후부터 올리버 크롬웰이 권력을 장악해 가던 시기에는 결혼이란 단지 공무원에게 신고하는 절차가 되어 버렸다.

어쨌든 개혁의 과정을 거쳤으나 부부의 형성에서 여성은 끝내 사랑스럽고 충실하며 순종하는 아내가 되는 것이 이상이었다. 근세 초 영국에서 기독교인 가족이란 이렇게 형성된 부부, 그리고 이들 사이에서 낳은 세례 받은 자녀로 구성되는 것이 기본 단위였다.

Ⅲ. 존 번연의 작품에 나타난 가족 이상과 한계

이제 17세기 가족의 모습에 대해 존 번연의 경우를 중심으로 그 구체적 모습을 확인하고자 한다. 앞에서도 언급하였듯이 번연은 읽고 쓰기 이상의 정규교육을 받지 못했었다. 그의 주요 지식 배경은 그를 지도한 존 기포드라는 침례파 목사, 마르틴 루터의 갈라디아서 주석, 두 권의 경건 서적 그리고 성경이었다. 그 외에는 군 복무 중 들었을 부대 방문 설교자, 수감 생활 중 함께 했을 비(非)국교파 인사들의 영향이 있었을 것으로 보인다. 그의 회심에 가장 큰 영향을 미쳤던 사람은 아무래도 이름이 알려지지 않은 독실한 그의 첫 아내였을 것이다. 결국 번연에게서는 수준 높은 학문적 식견으로서 제시할 주장을 기대하기는 어렵고 대중적인 수준의 인식을 엿볼 수 있다는 정도에서 접근하는 것이 무난하다.

전해지는 존 번연의 작품이 보여주는 전체적 특징은 대체로 영국에서의 혁명기적 종교개혁 입장에 전념하였기에 개혁적 구원론 설명과 그들을 둘러싼 논쟁 문제를 극복하는 것이 주요한 관심사였음을 보여준다. 그럼에도 그는 여러 작품을 통해 일상의 문제와 관련이 있는 가족, 가정 문제에 관심을 보여주었다. 그 원인은 17세기 영국의 위기적 상황과 무관하지 않다. 당시 영국은 크리스토퍼 힐이라는 역사가가 표현한 것처럼 뒤집힌 세계, 즉 기성 사회가 전복된 상태를 경험했다는 점에 유의할 필요가 있다. 권력의 중심인 군주제가 뒤집혔다가 회복되었으나 전과 같은 위상을 회복하지 못했으며, 사회·경제적 변동이 진행되었다. 기성교회도 청교도혁명이라는 격변에 의해 무너졌다가 회복되었으나 왕권과 마찬가지로 전과 같은 중심성을 회복하지 못했다. 그러므로 번연의 교회와 같은 회중 교회는 그 나름대로 기성 교회를 벗어난 개혁적인 삶의 방식을 제시해야 했다.

한편 번연은 그의 작품들에서 가족의 성립에 중요한 절차인 결혼식에 대하여 특별한 언급을 하지 않는 것을 보아 의회파의 결혼식 지침을 수용했을 것으로 보인다. 다만 그에게 이상적인 여성이란 용모가 훌륭하고 매력적이며 늘 부지런한 사람이다. 더 나아가 그 부지런함으로 이웃에게 베푸는 사람이 되기를 기대하였다.[17] 또한 이상적인 아내는 한편으로 자녀들을 생산하여 대를 잇게 하고, 다른 한편으로 그들에게 교리문답 같은 교육을 할 수 있어야 했다.[18] 그런데 결혼 당사자의 의도가 중요하다는 관념이 표출되고 있는 당시 상황임에도 천로역정 2부에서는 아버지가 딸을 남자에게 준다는 표현들이 나타난다.[19] 그리고 성적 방탕에 대한 심각한 단죄를 언급하는 바는 그가 종교개혁의 금욕주의를 계승하고 있다는 것을 드러낸다.[20]

가족에 관한 존 번연의 관념을 살펴볼 수 있는 가장 직접적인 작품은《기독교인의 행동》(1674년)[21]이라는 작품이다. 이 작품은 존 번연이 왕정복고 후 다시 회복된 성공회 예배를 거부하고 회중파들에 의한 비밀예배를 주도한 혐의로 12년 수감 생활을 마친 2년 뒤의 작품이라 그 내용은 거의 감옥 생활 중에 정리되었을 것으로 보인다. 그는 여기서 가족의 가장, 아내, 자녀, 주인과 하인, 부모, 이웃 등의 의무에 대하여 일일이 언급하였다. 이 외에도《천로역정》1, 2부나《악인씨의 일생》등과 같은 작품들을 통해서도 가족에 대한 번연의 관념을 살펴볼 수 있다.

가족에 대한 그의 이야기 첫 번째 대상은 가장(Master)의 의무에 관한 이야기이다. 그는 가장이란 모름지기 이중의 의무가 있음을 적시하였다. 하나는 가족의 영적 상태, 다른 하나는 가족의 외적인 상태에 대한 것이다. 전자에 관해서는 믿음을 진작시킬 의무를 진다. 가장은 주교나 목사처럼 건전한 교훈을 가지고 가족을 가르치고 권면하여야 하며 믿음과 경건의 본이 되어야 한다. 또 교회처럼 그들을 모아 기도하고 가르쳐야 한다.[22]

그리고 가장은 아내를 자기의 뼈와 살처럼 자기의 몸처럼 아끼고 사랑해야 한다. 또한 번연은 당시의 많은 사람들과 같이 남편과 아내의 관계를 그리스도와 교회의 관계 은유로 설명하면서 그리스도가 교회의 머리이듯 가장은 그 아내의 머리가 되어야 한다고 주장했다. 더 나아가 그는 남자가 여자의 머리가 되는 것이 결혼이라는 제도의 궁극 목적이라고 믿었다.[23] 물론 번연이 영적 동등성을 무시하는 것은 아니었다. 그는 죽음과 저주가 여자를 통해 들어오기는 했지만, 생명과 건강도 여자를 통해 들어왔다고 지적하였다. 그리고 예수의 행적에서 나타난 여성들의 활동들을 상기시키며 여성은 남성과 더불어 생명의 은혜를 함께 누린다고 설명하였다.[24] 여자가 천국에 들어갈 때도 남자와 동일한 방법의 환대를 받는 것으로 묘사하였다.[25] 그리고 여성은 아내를 사랑하라는 성경의 명령에 따라 남편이 불성실할 경우 아내는 이를 근거로 사랑해 달라고 요구할 수도 있었다.[26] 하지만 여성들이 남성 없이 자기들만의 기도 모임을 가질 수 있다는 Mr. K라는 인물의 주장에 대해 번연은 성경에서 이를 뒷받침하는 논거를 찾을 수 없다고 반대함으로써 결국 그가 교회에서 여성의 독립적 지위를 인정하지 않는다는 것을 드러냈다.[27] 그런데 번연의 반대 견해에도 불구하고 이런 논쟁이 거론된 자체가 청교도 혁명 시기에 여성들의 종교적 자율성 문제가 고민되고 있었다는 것을 확인할 수 있게 해준다.

그리고 번연은 교회의 머리는 예수라는 성경의 은유를 극단적으로 강조하다가 이것으로 현실 남녀 부부의 존재론적 목적론에 이르고 말았다. 루터와 같은 개혁자에게 결혼이란 인간 남녀에게 유용하다는 것이었을지 몰라도, 번연에게 결혼은 인간 남녀가 성경의 은유를 완성시키기 위한 것이었다. 그러므로 그에 따른다면 결혼은 반드시 해야 할 통과의례인 셈이다. 하지만 결혼에 대한 번연의 이 같은 이상적 묘사 뒤에는 정반대의 암울한 현실이 있었다. 그의 작품에 소개되는 현실의 나쁜 가장은 아내에게 욕을 퍼붓고 주먹질과 발길질도 서슴지 않는다.[28] 또한 나쁜 여성은 남자를 기만하여 강제로 결혼하게 만들고 결혼 생활 중에 남자가 행패를 부릴라치면 그에게 덤벼들어 드잡이하며 싸운다.[29] 그러므로 번연은 불행한 사태를 막기 위해서는 신자가 불신자와 결혼하는 것을 피해야 한다고 조언하였다.[30] 이런 조언은 현재 교회에도 이어져 오고 있다.

어쨌든 남녀 부부로 구성되는 부모는 자녀들을 주님의 양육과 훈계로 양육하여야 했다. 인내와 온화함으로 그들에게 신앙을 가르치고 교정해야 한다는 것이다.[31] 자녀들에 대해서는 그들이 부모에 순종하고 존경할 것을 권고하였다. 또한 가장에게 주인으로서 그의 하인들(servants)도 그의 자녀들처럼 영·육적으로 지도하기를 권고하였다.[32] 그러나 그들을 노예처럼 부리지 말 것을 당부하였다. 이에 대한 이유는 성경의 청지기에 근거하였다. 너에게도 하늘에 주인이 있다는 관점에서 하인에게 정당한 노동과 정당한 임금을 부여해야 한다는 것이었다.[33] 동시에 그는 하인들에게 그들의 손과 발은 하인 자신의 것이 아니라 주인의 것이라고 단언하였다. 즉 번연에게 하인이란 주인의 수중에 있는 자이다. 이 점에서 볼 때 현대의 고용인과 달리 당시의 하인이란 당연히 매우 예속적인 이미지를 보여준다.[34] 당시의 평등주의자였던 수평파도 자신들이 추구하던 미래 잉글랜드 선거권의 자격을 자유인이라고 규정함으로써 예속된 삶에 대한 차별 의식을 공공연히 드러내고 있었다. 그러므로 번연이 하인이란 있는 처지를 그대로 받아들이고 위에서 언급한 자유인들과 동등하지 않다는 것을 인지해야 한다고 주장한 것은 그 역시 시대적 한계에 머물고 있었음을 보여준다.

아내들의 품행에 대하여 번연은 앞에서 언급한 것처럼 고린도전서 11장 3절, 딤전 2장 11, 12절, 즉 여자의 머리는 남자라는 구절을 인용하며 남편에 대한 복종을 권고하고 그의 위에 서지 않도록 권고하였다. 그리고 번연은 아내가 조신하게 행동하는 것이 바람직하다고 보았는데, 이는 경박한 수다에 대한 경계를 동반하였다. 부적절한 의상(노출)과 화려한 머리, 장신구, 요상한 걸음걸이도 피해야 할 것이었다.[35] 이것에는 화려한 외모보다 내적 경건미를 갖추라는 요청이 동반되었다. 그럼에도 아내가 남편의 노예가 되라는 것이 아니라는 점을 주의시켰다. 아내는 남편과 함께 멍에 메는 자로서 남편이 부재할 경우, 또는 여의찮으면 그를 대신하여 가정을 지도할 책임이 있다.[36]

이상에서 살펴본 바와 같이 존 번연이 의식하고 있던 가족이란 종교개혁자들의 이상을 공유하면서도 전통적 가족 개념에 천착해 있었다. 그리고 철저히 종교적인 그에게서 가족 또는 가구의 구성원 모두에게는 믿음을 가져야 할 의무는 있었지만, 믿지 않는 자유는 바람직하지 않은 것이었다.[37] 그럼에도 이것은 강압으로 대할 것이 아니라, 관대함과 온유한 마음으로 믿지 않는 가장, 남편, 아내, 자녀, 부모, 주인, 하인 그리고 이웃을 설득하는 것이 기독교인의 의무였다.

IV. 나가는 말

17세기 영국은 다방면에서 변동 위기를 경험하고 있었다. 이런 위기적 변동 가운데에서 당대인의 삶은 어떤 이념적 수단에 의해 삶의 원칙이 재정립

될 필요가 있었는데 청교도주의자들도 개혁된 교회와 생활방식으로 기성교회와 종교 생활방식을 대체하려고 하였다. 그러나 국교회를 물리친 기득권 세력인 장로파가 사태 진행의 주도권을 장악할 것이라는 기대와 달리 회중주의자들이 이들을 제압하고 정치 전면에 등장하는 상황이 일어났다. 그러므로 기존의 왕정과 국교회 타도는 성공하였으나 혁명 세력의 분열로 인해 해체적 상황이 나타났고 지지기반이 약한 소수 급진 세력에 의한 정국 주도라는 추진력 약한 정국이 진행되었다. 결국 왕정복고가 되었으나 타협의 결과로 돌아온 왕정의 지배력은 전과 같지 못했고 회복된 국교회의 지배력도 전과 같지 않았다. 오히려 회중교회가 인정됨으로써 번연 같은 비(非)국교파 성직자가 등장하게 되었다.

그런 진통 속에서 비록 소수임에도 불구하고 침례파나 퀘이커파 같은 영국 특유의 회중교회가 자리를 잡게 된 영국에서는 당대 언약 신학의 영향 속에서 결혼식에 언약적(계약적) 관념이 투사되었다. 아직 보완 작업이 필요하지만, 17세기 영국 청교도의 언약 신학과 홉스, 로크의 계약이론은 18세기 이후 칸트와 헤겔의 결혼 개념에 나타난 금욕주의적 법적 계약 관념에 영향을 주었을 것이다. 이러한 역사적 전개 과정에서 청교도들의 기여를 꼽는다면, 청교도들은 단순히 그들의 이념을 주장하고 설득하는 데 그치지 않고 기성 체제를 깨뜨림으로써 부분적으로나마 대안적 세계가 자리할 수 있는 틈을 만들어주었다는 점이다. 이미 그들은 성사가 아닌 축복 받는 금욕적 결혼 계약 전통을 수립한 것이다. 그리고 루터나 칼뱅이 지향했던 가족 이상을 실현할 수 있는 기회를 마련하였다. 하지만 번연과 같은 청교도들은 그와 동시에 기성 종교개혁가들의 이상에 집착했기 때문에 그들 역시 가부장 중심의 종교적 가족 관념에 머물 수밖에 없는 한계도 가졌었다.

[미주]

1 박민자, "현대의 가족사회학: 이론적 관점과 쟁점", 「사회와 이론」 2 (2003. 5.).

2 김석수, "현대적 관점에서 본 칸트와 헤겔의 가족", 「동서사상」 제11집 (2011. 8.): 124.

3 김선영, "루터의 여성관: 영육 이원론적 논법 대 믿음과 사랑의 논법", 「한국교회사학회」 38 (2014): 51-54.

4 박성철, "아우구스티누스와 장 칼뱅의 신학과 가부장제의 상관관계에 대한 연구", 『성폭력, 성경, 한국교회』, 권지성 편 (서울: 기독교문서선교회, 2019), 253-254.

5 김석수, "현대적 관점에서 본 칸트와 헤겔의 가족", 105-109.

6 앞의 논문, 110.

7 앞의 논문, 113.

8 앞의 논문, 114.

9 앞의 논문, 116.

10 앞의 논문, 119.

11 앞의 논문. 120.

12 존 번연/유성덕 옮김, 『천로역정』 (서울: 크리스챤 다이제스트, 1993), 301-303.

13 1960년대 말부터 아날학파 3세대 및 비아날학파 몇몇 역사가들이 역사적 인간의 심리구조나 사회 이데올로기 구조에 대한 관심을 갖게 된 연구 경향.

14 L. Stone, *The Family, Sex and Marriage in England 1500-1800* (New York: Harper and Row, 1977), 7, 171; 박순준, "로렌스 스톤과 영국혁명의 사회사", 「영국연구」 제10호 (2003. 12.).

15 William Gilson Humphry, *An Historical and Explanatory Treatise on the Book of Common Prayer* (Cambridge: Deighton, Bell & Co; London, Bell and Daldy, 1864), 23-24.

16 Parliament of England, *A Directory for the Publique Worship of God Throughout the Three Kingdoms of England, Scotland and Ireland* (London, 1644), 58-64.

17 번연, 『천로역정』, 236.

18 앞의 책, 233, 265, 281.

19 앞의 책, 274, 281.

20 존 번연/박화목 옮김, 『미스터 뱃맨의 일생』 (서울: 대한기독교출판사, 1977), 75-87.

21 John Bunyan, "Christian Behaviour", in *The Works of John Bunyan*, vol. II, reprinted from 1854, ed. G. Offor (Avon: The Bath Press, 1991), 548-574.

22 Ibid., 555-557.

23 Ibid., 557-558.

24 번연, 『천로역정』, 266.

25 앞의 책, 308.

26 번연, 『미스터 뱃맨의 일생』, 122.

27 John Bunyan, "A Case of Conscience Resolved", in The Works of John Bunyan, vol. II, 660-674.

28 번연, 『미스터 뱃맨의 일생』, 109.

29 앞의 책, 222-224.

30 앞의 책, 111.

31 John Bunyan, "Christian Behaviour", 558.

32 Ibid., 559.

33 Ibid., 559-560.

34 Ibid., 564-565.

35 번연, 『미스터 뱃맨의 일생』, 193.

36 John Bunyan, "Christian Behaviour", 560-562.

37 Ibid., 556.

제2장

19세기 후반기 독일 부르주아의 가족 위기 담론[*]

19세기 가족 화보 잡지를 중심으로

고재백

I. 들어가는 말

근래에 우리 사회에 '정상 가족'과 '건강 가정'이라는 말이 회자하고 있다. 2000년대 '가족 위기'에 대한 논의가 시작된 이후에 위기 극복 방안으로 건강하고 정상적인 가족에 대한 담론이 본격화되었다. 이어서 2004년에 '건강가정기본법'이 제정되어 2005년부터 시행되었다. 그동안 논의된 내용을 요약하면, 정상 가족이나 건강 가정이란 혼인으로 맺어진 이성 부부와 그들 사이에서 태어난 자녀들이 함께 거주하면서 경제적으로 협동하고 정서적으로 유대감을 갖는 사회적 기본 단위를 말한다.[1] 그리고 이 두 가족 개념에 따르면

---

[*] 이 글은 필자의 저서 Jae-Baek Ko, *Wissenschaftspopularisierung und Frauenberuf. Diskurs um Gesundheit, hygienische Familie und Frauenrolle im Spiegel der Familienzeitschrift Die Gartenlaube in der zweiten Hälfte des 19. Jahrhunderts* (Peter Lang Verlag, 2008)의 일부를 수정하고 보완하여 재작성한 내용을 부분적으로 포함하고 있음을 밝힌다.

가족의 사회적 기능은 자녀를 양육하고 가족 구성원을 부양하고 보호하며 사회 전체의 질서와 안전을 유지하는 것으로 규정된다.[2]

한국 교회도 이 가족 담론에 적극 동참하여 정상 가족, 건강 가정을 열심히 설파하고 있다. 교회 안과 밖으로 가족 위기 극복을 위해 다양한 행사를 개최하고, 건강한 가정을 세우고 보호하기 위해 갖가지 교육 프로그램을 운영하고 있다. 2024년 가을 한국 교회의 대표적인 기관과 교회들이 광장에서 대규모 집회를 개최하면서 앞에 내세운 구호가 '건강 가정'이었다. 연구자들에 따르면, 이러한 교회의 가족 담론은 두 가지 전략으로 진행되고 있는 것으로 해석된다.[3] 하나는 타자화 전략이다. 이는 정상 가족의 파괴 요소를 배제하고 척결하는 전략인데, 동성애가 주요 대상으로 거론된다. 동성애는 신의 창조 질서에 근거한 가족 제도를 근본적으로 파괴하고 남성과 여성의 역할 구분에 따른 근대적 가족 질서를 혼란시키는 '사회악'으로 간주한다. 그래서 개신교는 동성애가 교회 안으로 침투하지 못하도록 대내적으로 통제의 메커니즘을 작동시키는 동시에 대외적으로 동성애 척결을 위한 반동성애 운동과 차별금지법 철폐 운동을 적극적으로 전개한다. 다른 하나는 주체화 전략이다. 이는 정상 가족의 유지와 강화에 필수적인 주체를 재생산하고 강화하는 전략이다. 다양한 가족 관련 교육 프로그램을 개최하여 '존경받는 남편, 사랑받는 아내'라는 구호하에 이성애 중심의 가족 만들기와 소위 정상 가족 지키기에 노력한다.

이런 정상 가족 개념은 다양한 유형의 가족을 건강성과 정상성의 기준에 따라 차별하고 배제하게 된다. 오늘날 가족 형태는 사회와 문화의 변화에 따라 다양한 양상으로 분화하고 있다. 소위 정상 가족 이외에 부부의 이혼이나 사별에 따른 한 부모 가족, 무자녀 부부, 혼인하지 않은 동거 가구, 독신 가구,

동성의 파트너 등이 가족 형태로 공존한다. 특히 최근 들어서 가족이 사치재로 간주될 정도로 비혼이 늘고 있다. 유럽도 마찬가지인데,[4] 한국 사회에서 다양한 이유로 1인 가구 비율이 증가 추세다.[5] 2023년 현재 1인 가구 비율은 33.6%로 10년 사이에 두 배 넘게 증가했다. 비혼뿐만 아니라 이혼과 사별에 따른 1인 가구도 많다. 그런데 '정상 가족' 모델은 이러한 다양한 가족 유형을 불온시하고 가족 위기의 주범으로 간주하게 된다.

그리스도교와 서양문명의 긴 역사를 살펴보면, 가족뿐만 아니라 정상 가족 개념도 역사적 형성물임을 발견하게 된다. 그리스도교 2000년 역사에서 오랫동안 종말론적인 신앙 전통에 따라 독신과 비혼이 결혼보다 우월하게 평가되고 존중되었다. 이런 전통을 이어서 가톨릭 사제는 여전히 독신을 의무로 삼는다. 500여 년 전 개혁자 마틴 루터는 이전의 긴 전통을 전복하고 결혼을 독신보다 우위에 두었고 적극 권장했다. 서양 가족사 연구에 따르면, 고대와 중세, 근대와 현재의 가족 유형이 다르고 나라마다 유사점과 함께 차이점이 발견되며, 같은 시대에도 신분과 계층에 따라 다른 가족상을 보여주었다. 시대의 변화에 따라 가족에 대한 규범도 변화했다. '정상 가족'이라는 관념 자체도 그와 마찬가지였다. 교회와 사회가 규정한 이념형과 현실의 가족상 사이에서도 차이가 적지 않았다. 그런 점에서 한 시대의 전형으로 간주하는 가족이나 정상 가족은 역사적 개념이고 담론의 결과물이라 하지 않을 수 없다. 이런 맥락에서 정상 가족을 논할 때 언제 어디에서 누가 주도한 담론인가에 주목할 필요가 있다.

이 글은 19세기 후반기 독일 부르주아 시민계급의 가족 위기 담론과 이 담론이 제시한 정상 가족의 상을 탐구한다. 독일의 경우 19세기 초에 시작된 산업혁명 이후에 산업사회와 부르주아 사회가 정착되었다. 19세기 후반기에 이 부르주아 시민계급은, 연구자에 따라 편차는 있지만, 대략 전 인구의 5-15%에 불과한데, 다양한 사회 영역에서 헤게모니를 장악했다. 이 계급은 정치적 영향력을 강화했고, 경제적으로나 사회 문화적 영역에서 지배적인 영향력을 행사했다. 그래서 19세기를 부르주아의 시대라고 부른다.[6] 이 시대에 공론장의 담론에서 주도적 역할을 담당한 세력도 바로 부르주아 시민계급이었다. 종래의 논의에 따르면, 담론은 그 주체의 가치관과 이데올로기에 근거하여 사회정치적 의도에 따라 진행된다. 그런 점에서 담론이란 정치적 기제의 작동과 다름이 없다. 즉, 자신을 타자와 구별 짓기 하고, 타자를 통제하고 배제하려 하며, 자신의 문화와 가치를 타자에게 확산시키면서 이들을 자신의 문화로 흡수하는 기제가 작동하게 된다.[7]

부르주아 시민계급은 19세기에 문화적 정체성을 통해 하나의 계급으로 형성되었다.[8] 부르주아의 구성원들은 사회적 지위나 직업 분야 등에서 차이가 있었고, 정치적이고 경제적인 이해관계도 달라서 하나의 계급을 형성하기가 쉽지 않았다. 그런데 이들은 한편으로 타 계층, 즉 위로는 귀족과 아래로는 농민과 노동자 등의 하층과 '구별 짓기'를 통해서, 다른 한편으로는 문화적 정체성을 공유하면서 계급이 되었다. 이러한 두 방향의 정체성 형성 과정에서 핵심적으로 작동한 기제가 바로 가족 담론이었다.

우선 담론의 내용을 다루기에 앞서 담론의 매체를 먼저 살펴보는 것이 필요하다. 담론의 성격과 의미는 그 과정에서 작동하는 매체에 따라 규정될 수 있기 때문이다. 의사소통 매체는 사회적 공론을 비추는 거울이자 촉매제이기도 하다. 공적 여론을 반영할 뿐만 아니라, 그것을 창출하고 선도하는 역할을 담당한다. 더욱이 매체를 통해서 담론이 가공되기도 한다.[9]

이 글에서 탐구 자료로 이용할 매체는 19세기 독일의 대표적 부르주아 가족 잡지 《가족화보 가르텐라우베(Die Gartenlaube‒Ilustriertes Familienblatt)》
다. 이 잡지는 주간화보(週刊畵報)로서 독일 문예학이나 언론 매체학 연구에
서 주목받는 역사적 사례였다. 한편으로 19세기 중반에 등장하여 곧 붐을 일
으킨 새로운 장르의 부르주아적 가족 잡지의 '전형'이자 '대표자'로, 다른 한
편으로 대중지라는 '근대적 잡지의 선구자'로 평가되었다.[10] 19세기 잡지는
당대 역사를 분석하고 해석하는 데에 매우 유용한 사료이다. 잡지는 도서 판
매 시장의 점유율이나 독자층의 증대, 그리고 다양한 종류의 잡지의 등장 등
에서 확인되듯이 19세기 동안에 대중화되었다. 이러한 잡지는 역사 연구에서
'한 시대의 기록문서'이면서, 동시대의 문화적, 정치적 지향점들을 가리키는
지시계이자, 대중의 취향과 문화적 추세를 알리는 풍향계로 간주된다.[11] 그런
점에서 이 매체는 동시대 담론과 담론장의 작동 과정을 분석하는 데에 적절
하고 유용한 자료임이 분명하다.

이 글은 연구 대상 자료의 분석 시기와 분석 방식에 대해 일정한 제한을 두
었다. 시기적으로 이 잡지가 창간되던 1853년부터 출판사의 경영진과 잡지
의 내용 구성에 변화를 맞이하게 된 1903년까지를 분석 단위로 삼았다. 이
기간은 역사적 시기 구분에서 19세기 후반기에 해당한다. 분석 방식의 경우
잡지에 실린 기고문과 그림을 대상으로 삼았다. 잡지의 그림은 글과 함께 동
시대의 가치와 사회를 반영하는 '텍스트'로서 최근 그 사료적 가치를 인정받
고 있다. 잡지 편집자도 '민중교육의 지렛대'로 여겨지던 삽화를 적극 활용했
고, 시간이 흐를수록 잡지 내용 구성에서 삽화의 비중이 커졌다.[12]

19세기 후반기 독일 사회를 들여다볼 창문으로서 《가르텐라우베》는 다
음과 같은 특성을 가졌다.[13] 첫째로 당대에 대표적인 대중적 잡지였다. 발행
인의 창간사와 뒤이어 매호에 실린 편집부의 사고(社告)는 남녀노소와 계층

의 구별 없이 '모두'를 독자층으로 고려한 대중지임을 천명했다. 편집 방식이나 내용 구성 및 유통과정에서 이러한 방향을 확인할 수 있다. 이런 노력의 결과로 한때 발행 부수가 38만 부에 이르렀고 추정 독자 수가 300만에 이를 정도로 당대 최고의 저널이었다. 그리고 다양한 연령층과 사회 계층을 포괄하는 독자층을 확보했다. 더욱이 정치와 사회, 지역과 계급으로 분열되어 있던 독일에서 독보적인 전국적 잡지였다.

둘째로 '모두를 위한 잡지'를 천명했음에도 불구하고 사실상 부르주아 계급적 성향이 강한 잡지였다. 부르주아 편집진과 필자들이 부르주아 독자층을 겨냥하여 만든 잡지였다고 볼 만하다. 발행인을 비롯해 편집자와 집필자의 대다수는 당시에 상대적으로 높은 교육 수준을 갖춘 부르주아 지식인들이었다. 독자 편지나 기고문의 내용을 살펴본 결과 이 잡지의 부르주아적 성격이 분명했다.

셋째로 여성용 주간지라는 성격이 강했다. '가족 화보'라는 제목에서 드러나듯이 가족 구성원 모두가 읽을 수 있도록 제작되었고, 가정생활의 증진을 발행 목적으로 천명했다. 그런데 사실상 여성을 주요 독자층으로 삼았다. 지면 구성을 보면 여성 독자들을 위한 소설, 가정주부들을 위한 가사 관련 기사와 조언 및 광고, 그리고 여성 교육과 여성의 직업 활동 및 이와 관련된 각종 사회 활동에 관한 기사, 또한 여성운동과 관련한 각종 기고문이 다수를 차지했다. 그런 점에서 이 잡지가 여성 독자를 대상으로 담론을 전개했다는 점을 먼저 주목할 필요가 있겠다.

넷째로 이 가족 잡지는 당시의 정치 지형에 있어서 상대적으로 진보적 가치를 대변한 자유주의적 성향의 매체였다. 창간 당시의 발행자와 편집진, 그리고 이후 편집자들과 필자에 관한 분석의 결과에 따르면, 이들 대부분은 정치적으로 당시에 진보적이고 자유주의적인 가치를 대변했다. 다만, 가정과 가족 및 젠더 문제에 대해서도 그와 같은 지향점을 가졌는지에 대해서는 아래에서 좀 더 면밀히 살펴볼 필요가 있다.

II. 19세기 후반기 부르주아의 이상적 가족상

"… 지아비는 밖으로 / 험난한 세상 속으로 들어가 /
활동하고, 노력하고 / 경작하고, 창조하고 /
계략을 쓰고, 빼앗고 / 내기하고 모험하여 /
행운을 잡아야 하느니. / … /
집안일을 맡아보는 것은 / 정숙한 안주인 /
아이들의 어머니. / 그녀는 현명하게 /
온 집안을 다스린다 / 딸을 가르치고 / 아들을 보호한다
/ 끊임없이 / 부지런한 손을 움직인다. …"
〈실러의 시 「종의 노래」 (1799) 중에서〉[14]

〈권두삽화, ≪Die Gartenlaube-Familienblatt≫ (1853)〉[15]

독일의 시인 실러(F. v. Schiller, 1759-1805년)가 대표작 「종의 노래」에서 묘사한 가족의 모습은 19세기 부르주아 계급의 이상적 가족상과 같았다. 위에서 인용한 시구에 잘 드러나듯이, 부르주아 가정의 부부는 가부장적 질서 속에서 각각 남편은 공적 영역에서 부인은 사적 영역에서 역할을 분담하며 단란한 가정을 꾸렸다.[16] 부르주아 가족은 부부와 2-3명 내외의 소수 자녀를 중심으로 소가족으로 구성되었다. 그리고 집에 하인과 하녀 및 친인척 등의 가족 이외의 구성원을 거느린 대규모 가계 유형이 일반적이었다. 이러한 가계의 경우 부유한 경제력을 바탕으로 크고 넓은 저택에 소수의 혈연가족이 거주하였다. 이런 조건에 따라 사적 공간과 사생활을 보장하고 존중하는 부르주아적 가치관과 문화가 형성될 수 있었다. 이러한 가족 모델과 가치관과 문화가 점차 다른 계층으로 모방되며 확산하였다.

실러가 노래한 가족상은 당시 여러 가지 방식으로 이상화되며 확산하였다. 각종 잡지나 달력, 혹은 기도서나 낱장 인쇄물을 통해서 이 시가 널리 보급되었다. 학교에서 학생들이 이 시를 암송하며 익혔다. 가정에서는 주부들이 이 시의 한 구절을 하얀 리넨 커튼이나 탁자 보의 모서리에 경구처럼 수놓았고, 시 한 구절을 넣은 그림판을 장식용으로 벽에 걸어놓기도 했다.[17]

당시에 대중적 인기를 누렸던 ≪가족잡지 가르텐라우베≫도 실러가 노래한 가족상을 대변하고 확산시키는 데 기여했다. 앞에 소개한 시의 일부 구절이나 간단한 시구를 담은 그림들이 이 잡지에 자주 등장했다. 앞의 그림처럼 잡지가 발행되는 동안 내내 표지를 장식했던 권두삽화(卷頭揷畵)는 실러의 시가 그린 이상적 가족을 잘 묘사하고 있다, 즉 '단란한 가정', 우리에게 익숙한 말로 '홈 스위트 홈'[18]의 전형을 보여준다. 마치 교회 종소리가 멀리서 들리는 듯한 어느 날, 이 잡지의 이름처럼 아름다운 '정원의 정자'(Gartenlaube)에 화목해 보이는 가족 3대가 둘러앉아 있다. 동시대의 대표적 문화의 하나였던 연극 무대의 한 장면처럼 가족 구성원들의 위치와 자세가 잘 연출되어 있다. 부모와 자녀 중심의 핵심 가족의 범위를 넘어 친인척과 하인을 포함한 대가족이 세대별 서열과 남녀 성별 구분 및 사회 계층적 차이에 따라 배치되어 있다. 부르주아 가정에서 하인과 하녀가 필수적인 가계 구성원이었고, 이들이 주인 가족들을 위해 가사 노동을 제공한다. 가부장적 질서와 남성 위주의 사회의식을 반영하듯 무대의 주연은 남성 연장자이다. 가족들이 잡지를 읽으며 담소를 나눈다. 부르주아 계층의 대표적인 여가문화의 하나인 집단 독서를 즐기고 있다. 독서 방식은 오랜 전통을 가진 낭독이다. 남성 연장자가 낭독하고 경청한 청자들이 그 내용에 관해 대화를 나누는 자세를 취하고 있다. 물론 여기서도 낭독과 토론의 주체는 남성이다. 여성들은 동시대의 가치관에 따라 주부나 어머니로서 역할을 수행하며 경청하고 있다. 결국 실러의 시와 마찬가지로 이 그림도 동시대에 전형으로 간주되던 가부장적 질서와 성별 역할 분담에 기반한 이상적 가족상을 독자들에게 전달하고 있다.

Ⅲ. 19세기 후반기 부르주아의 가족 담론

이 잡지의 주요 기고문과 그림을 분석한 결과에 따르면 가족 담론은 두 가지 방향으로 진행되었다. 하나는 젠더 개념에 근거하였고, 다른 하나는 가족의 기능에 초점을 맞추어 담론이 전개되었다. 그 과정에서 가족의 기능에 맞추어 여성의 역할이 논의되었고, 이어서 가족 위기 문제가 여성의 문제와 연결하여 다루어졌다. 이 잡지가 주로 여성을 독자층으로 겨냥하였고, 실제로 독자층의 다수가 여성이었기 때문으로 해석된다.

첫째로, 젠더 개념에 따라 성별 역할을 구분하고, 그 성별 차이에 근거하여 가족 담론이 진행되었다. 당시에 젠더, 즉 남성성과 여성성에 대한 논의는 다양한 접근 방식으로 전개되었다. 전통적이면서 오랜 영향력을 끼친 신학적 해석이나 역사적 접근은 신의 뜻에 따라서 고래로부터 성별 차이와 역할이 특정되어 있다고 보았다. 19세기 초반에는 이전의 계몽주의 시대에 인간학으로 등장한 인류학에 근거하여 성별 차이가 논의되었다. 이어서 19세기 후반기에 다양한 분야의 자연과학이 발전함에 따라서 의학과 생리학 및 생물학의 접근 방식이 등장했다.[19] 그런 점에서 19세기 후반기에 젠더 담론의 소위 '의학화'와 '자연과학화' 경향을 확인할 수 있다.[20]

이러한 역사적 배경 속에서 이 잡지에서도 젠더 논의가 다양한 방식으로 전개되었다. 이 잡지의 한 필자는 인류학적 해석에 따라 남성과 여성을 다음과 같이 비교했다. 여성은 육체적으로나 정신적으로 약하고, 민감하고 감상적이며, 감정과 감수성이 강하며, 현재적이고 일상적이며 개인적인 활동을 지향하고, 질투심과 사소한 일에 대한 호기심이 강하며, 독립적이고 주체적인 사고와 판단력뿐 아니라 창조적이고 논리적인 사고가 부족하다고 했다. 다른 필자는 자연과학적 시각으로 여성의 신체가 남성에 비해 전반적으로 작고 약하며 섬세하여, 마치 "아이와 같은" 상태라고 설명했다.[21] 또 다른 필자는 두뇌의 크기를 예로 들며 여성은 남성에 비해 작은 두뇌 때문에 정신적 능력이 약하고 자립심이 부족하며 외부의 자극에 민감하다고 설명했다.[22] 결국 남성과 여성은 "강한 성"과 "약하고 아름다운 성"으로 정형화되고 상징화되었다. 이런 흐름으로 종래의 인류학적인 젠더 개념이 새로운 자연과학적이고 의학적인 이론을 통해 공고화하는 경향을 보였다.

성별 차이 이론은 성역할과 성별 활동 영역의 차이에도 연결되었다. 사회적 영역은 일반적으로 공적인 영역과 사적인 영역으로 구분되는데, 전자는 남성의 영역으로 후자는 여성의 영역으로 분류되었다. 생물학적으로나 숙명적으로 남성은 공적인 성격이 강한 정치 사회적 활동 영역에 맞고, 여성은 사적인 영역인 가정과 가족을 위한 활동에 적합하다는 것이다. 이에 따라서 여성에게 아내와 어머니 그리고 주부라는 역할이 자연스럽게 부과되었다. 이처럼 자연적이고 숙명적으로 타고난 여성성에 근거하여 여성의 역할은 '소명'과 '천직'이라는 중의적인 의미를 지닌 '직업'(Beruf)[23]으로 표현되었다. 여성의 소명이자 직업이 펼쳐지는 활동 공간은 가정으로 제한되었다.

이런 맥락에서 19세기 부르주아 시기에 전적으로 가정 내에서 활동하는 주부와 이들의 비영리적 가사 노동이 강조되었다.[24] 전근대 시대의 농촌적이고 전(前) 산업적인 생활세계가 축소되고 근대 사회가 정착되면서 가족의 개념도 변화했다. 산업화 과정에서 부르주아 시민계급을 중심으로 주거지와 일터, 노동시간과 자유 시간이 분리되었다. 이에 따라서 공적인 생산 영역과 사적인 재생산 영역이라는 개념이 등장했고, 이에 따라서 공적 영역의 생산노동과 사적 영역의 가사 노동이 대비되었다. 주부는 '안주인'이자 '가계 관리자'로서 사적 영역에서 비(非)생업적인 재생산 노동으로서 가사 노동을 전담해야 했다. 가사 노동은 일반적으로 가족 구성원을 위해 제공하는 물리적 측면(요리, 청소, 세탁 등)과 정신적 측면(자녀 양육과 교육, 정서적 환경 조성 등)을 가진 이중적인 돌봄을 의미한다. 이런 활동은 당시에 '사랑으로 하는 노동'으로 평가되었다. 부르주아 계급을 중심으로 형성된 주부와 가사 노동이라는 '여성 직업' 개념이 여러 사회 계층으로 확산하고 정형화되었다.

'여성 직업'에 대한 논의는 1860-70년대에 '여성문제'와 연관되어 본격화되었다. 당시 여성들이 가외 직업 활동에 참여하는 경향이 강화되자 이념과 정치색의 경계를 넘어 '여성문제'와 '여성 직업'이 논란의 대상이 되었다. 19세기에 '여성문제'란 동시대에 일반적으로 "여성 노동과 여성운동"[25]으로 이해되었는데, 이 잡지에서는 대체로 "생업과 직업의 문제"[26]로 이해되었다. 대부분의 논자가 "여성의 진정한 직업은 가정"이라는 데에 일치를 보였다.[27] 이러한 상황에서 당시에 도시를 중심으로 가사 교육을 위한 '주부신문'이나 '주부클럽' 그리고 가사를 전문으로 하는 교육기관이 등장하기도 했고, 초등학교와 여학교에 가사 과목을 도입하려는 움직임이 등장하였다.[28] 가족 잡지로서 ≪가르텐라우베≫도 이러한 사회적 논의와 나란히 1850년대 중반 잡지 창간 초기부터 여성의 "자연적이고", "신성하며", "진정한" 직업으로 주부와 가사 노동과 가정을 강조하면서 '여성의 천직'과 '여성의 직업' 문제를 다루었음을 확인할 수 있다.[29] 이 잡지에서 여성의 직업에 대해 논의할 때 주로 아내, 어머니, 주부, 사교모임의 주관자에 초점이 맞추어졌다.[30]

두 번째로 19세기 가족 담론은 가족의 기능 측면에서 전개되었다. 19세기 후반기 독일 사회에서 가족의 전통적인 기능이 변화하고 있다는 인식에 따라 '가족의 위기' 담론이 진행되었다. 이런 맥락에서 전통적인 가족의 가치와 기능이 강조되었다. 잡지의 가족 담론에서 이 주제는 여성과 관련하여 논의되었다. 이전의 연구에 따르면 '가족의 위기'와 '신여성' 문제는 1920년대 바이마르 공화국 시기에 본격적으로 부상했다고 알려졌다. 그런데 그에 앞서 19세기 중반부터 이 주제가 논란거리였다.[31] 동시대 사회이론가이자 가족사회학의 선구자로 평가받는 빌헬름 리일(W. H. Riehl, 1823-1897)이 이러한 논의를 대표했다.[32] 그는 산업화와 도시화에 따라 옛날의 '좋았던' 대가족이 해체되는 현상을 주목하였다. 그는 보수적인 가치관을 기준으로 독일 사회의 개인주의화를 통한 가족 가치의 상실, 잦은 이혼, 도덕적 타락 등의 사회현상에 대해 개탄해 마지않았다. 이 과정에서 부모의 권위가 붕괴하고, 가족들이 점차 종교와 멀어지면서 도덕성을 상실하며, 공동체가 해체되고 못된 개인주의가 득세하게 되었다고 설명한다.

이러한 당대의 논의를 반영하듯이 가족 잡지 ≪가르텐라우베≫도 가족 위기 현상과 여성의 역할을 다양한 방식으로 다루었다. 그리고 동시대의 사회 문제에 대한 대책으로 전통적 가족관과 가족의 전통적 기능과 역할을 강조하였다. 앞에서 언급한 권두삽화를 비롯하여 여러 종류의 그림들, 특히 당시의 사회를 사실주의적으로 그려낸 풍속화들, 필자들의 기고문 등이 이러한 사회 문제를 적극적으로 다뤘다. 필자들은 설교와 경고 및 훈계 혹은 상담이나 조언 형식을 띤 기고문을 통해 가족의 기능과 여성의 역할을 역설했다. 이 잡지에서 다루어진 가족의 기능과 여성의 역할에 대한 담론을 다음과 같이 주제별로 정리할 수 있겠다.

첫째로 가족과 가정은 노동력 재생산의 기능을 담당하는 것으로 간주하였다. 노동력 재생산은 이중적 의미를 갖는데, 한편으로 후세대의 출생과 다른 한편으로 소진된 노동력 회복을 가리킨다. 이 잡지의 많은 글이나 그림에서 가정 밖의 세계는 갈등과 경쟁과 적대감 및 노역의 영역이고, 가정은 가정 밖의 공적 영역으로부터 차단된 사적 공간으로서 평화롭고 조화로우며 친밀성으로 뭉친 영역으로 묘사되고 있다. 가정에 대해서 이렇게 기대감을 표명한다. "그곳에 우리는 다시 모여 휴식을 취하고, 그곳에서 휴식을 취한 후 활력 있게 용기와 신뢰를 가지고 돌아가리."[33] 이러한 말로 한 필자는 가정과 가족의 기능을 설명한다. 다른 필자들도 가족은 일터에서의 "생존경쟁과 수고 이후 잃어버린 평안을" 되찾을 수 있는 "순수하고 충만한 평화의 처소"[34]여야 한다고 말한다. 다음 세대의 노동력 재생산이라는 측면에서 자녀의 출산과 양육이 중요한 의미를 갖지만, 이 잡지에서는 무엇보다 공적인 영역에서 지친 남성들을 위한 안식처이자 노동력 회복을 위한 가정의 기능이 강조되었다.

이러한 가정의 기능과 역할에 따라 여성, 특히 가정주부는 남편을 위한 '아내'로서 정신적으로나 육체적으로 남성의 노동력을 회복시키는 역할을 담당해야 했다. 그런 점에서 사실상 여성에게 가정은 안식처라기보다는 노동의 장소였다. 가족과 가정의 이러한 기능 논의는 남녀 성별 역할이 상대적으로 분명하게 분리되어 있었던 부르주아 가정의 상황과 인식의 산물임이 분명하다. 사회 하층의 경우 일터와 가정의 구분이 상대적으로 분명하지 않았고, 대체로 남녀 구분 없이 모두 일터에서 노동을 해야 했기 때문이다.

둘째로 자녀의 사회화를 위한 교육기관으로서 가정의 기능이 자주 논의됐다. 근대에 들어서면서 점차 가족 구조가 자녀 중심으로 재편되었다. 말 그대로 근대를 '아동의 발견'의 시대 혹은 '모성애의 등장'의 시대라고 하듯이, 가정의 생활과 문화가 점차 자녀 위주로 구성되었다.[35] 이런 변화에 따라서 이 잡지도 자녀 교육을 위한 기관으로서 가정의 기능을 강조했다. 그리고 이와 연관되어 자녀의 교육과 양육을 담당하는 교육자 내지 양육자로서 부모의 역할이 강조되었다. 특히 필자들은 전적으로 가정에서 활동하는 어머니의 역할과 모성애에 초점을 맞추었다. 물론 이 시기에 공적 교육기관이 발달하였고, 다양한 방식의 교육이 이루어졌다. 초등 교육의 경우 국가적 차원에서 의무화되었다. 많은 부르주아 가정에서는 보모나 가정교사가 자녀 교육을 담당했다. 그럼에도 불구하고 여전히 어머니가 자녀 교육에 관해 책임을 지는 것으로 전제하였다. 잡지의 분석 대상 시기 동안 내내 대부분의 필자는 자녀 교육이 공공 교육기관보다는 오히려 '사회화 기관'으로서 가정 내에서 부모의 일상생활과 모범을 통해 이루어져야 한다는 점을 강조했다.

셋째로 가정은 가족의 건강을 책임지고 질병에 걸린 가족 구성원들을 돌보는 의료기관의 기능을 담당해야 하는 것으로 논의되었다. 이런 점은 당시의 사회적 배경에서 설명될 필요가 있다. 한편으로 19세기 중반 공적 의료시설이 열악한 상황이었기 때문에, 가족과 가정의 역할이 중요했다. 다른 한편으로 19세기 후반기 내내 '위생'이 중요한 사회적 화두였다. 이 잡지의 의료-위생 관련 논의에 따르면 당시에 성인과 영유아의 잦은 질병과 높은 사망률은 심각한 사회 문제였다. 이것은 비단 개별 가정의 문제일 뿐 아니라, 사회적으로는 노동력의 상실을, 국가적 차원에서는 군사력의 약화를 의미한다는 점에서 국가 사회적 문제였다. 구체적인 수치까지 제시하며 개인과 가족의 질병에 따른 사회적 결과를 강조하고, 민족의 쇠망 측면에서 매우 심각하게 취급하였다.[36] 반면에 병원 시설이나 의사에 대해서는 회의적 시각이 확산되어 있었다. 잡지의 논의에 따르면 신체적 위생뿐만 아니라 주거 위생의 중요성이 강조되었다. 특별히 1870년대 전염병이 빈발하던 시기나,[37] 세균학이 발전한 1880년대에 전염병 예방의 중요성이 강조됨으로써 주거의 위생은 더욱 주목을 받았다.[38] 이런 상황에서 가정과 주부의 역할은 무엇보다 긴요했다. 특히 예방의학이 무엇보다 중요시되면서 가정에서 섭생법을 통한 가족들의 질병 예방이 강조되었다. 따라서 일차적으로 가정이 가족의 건강관리와 병자에 대한 간호를 담당해야 했다.

이런 배경에서 주부는 가정에서 의료 관련 역할을 담당할 수밖에 없었다. 가정주부는 희생정신과 모성애라는 여성성에 근거하여 "절반의 의사"[39]라는 역할을 부과받았다. 가족들이 건강상 위급상황에 처했을 때 가정 내에서 제때 응급처치를 해야 했고, 주거 위생을 위해서 주택의 청결과 소독과 같은 가사 노동을 담당해야 했다. 이런 맥락에서 잡지에 가정과 주부를 위한 의료적 정보와 조언을 전달하는 다수의 기고문이 게재되었다. 결국 이러한 가정의 의료 기능 논의는 개인 신체와 가정 및 사회에 대한 '의료화'와 '위생화', 그리고 이를 위한 일상생활의 '과학화'를 지향했다.[40] 이러한 과정의 수용 대상은 가정의 주부였고, 수용 분야는 무엇보다 가사 노동이었다.

넷째로 가정, 특히 부르주아 가정에 가족 중심의 사적인 문화를 준비하고 실행하며 밖으로 표출하는 문화적 기능이 부여되었다. 부르주아 계급에게 가정은 자신들의 가치관이나 생활방식 및 일상 문화를 대외에 과시하는 무대였고, 가족문화는 자신들의 지위와 부를 사회적으로 상징하는 역할을 했다. 부르주아 계급은 문화를 통해서 계급 정체성을 형성하고 동류의 사회 구성원들을 하나의 계급으로 결합하고자 했고, 또한 다른 사회 계층을 배제하고 자신들과 구별 짓고자 했다. 이런 사회적 역할과 기능 측면에서 보면 부르주아 가정은 순수 사적인 공간으로 간주하였으나 사실상 반(半)공적 장소였던 셈이다.[41] 종래의 부르주아 계급 연구에서 중심 개념으로 사용되는 '부르주아적 문화'는 다른 어떤 계급적 공통성과 구성요소보다 부르주아 계급의 계급적 결속을 가능하게 한 구심점이자 자신의 계급을 과시하는 매개체였다.[42] 부르주아적 가정 문화로는 한편으로 주택의 구조나 외양과 내실의 치장, 그리고 가정 내에서 이루어지는 각종 가족 기념일 행사와 친인척과 지인들과의 사교 모임, 종교행사 등을 포괄했다. 다른 한편으로 주말이나 휴일 혹은 여름 휴가철 가족 여행이나 휴양 및 여가 활동 등이 이에 속했다.

가족과 가정의 문화 담당자는 아내이자 어머니로서 가정주부였다. 공적인 직업 활동에 전념하느라 사적인 가정에 소홀할 수밖에 없던 가장을 대신하여 가정주부가 사적 영역의 문화 매니저 역할을 수행해야 했다. 주부는 부르주아 가족문화를 주도하고 향유하며, 자녀로 하여금 이러한 문화 활동을 통해 부르주아 가치와 생활방식을 체득하면서 사회화하도록 돕는 역할이 주어졌다.

마지막으로 가족과 가정은 국가와 민족의 초석으로서 역할을 담당했다. 가족이란 독립적 사회 기관이자 국가와 민족의 토대를 이루는 사회적 기본 단위였다. '민족지'이자 '독일지'를 자처한 이 잡지는 소위 건강한 가정과 가족의 강화가 독일 민족의 부강 및 세력 확장에 기여한다는 점을 강조했다. 민족과 국가의 인구 정책적 측면이나 군사적 측면에서 건강한 노동자와 건장한 군인을 배출하고, 더욱이 이들에게 민족적 정체성을 일깨워 주고 확산시키는 것은 가정의 중요한 사회적, 국가적 기능이라는 것이다.[43] 이러한 가족이 붕괴한다는 것은 19세기 후반기에 새로 태동한 독일 제국의 국력 약화를, 더욱이 19세기 말 열강들의 뜨거운 경쟁 속에서 민족적 후퇴를 가져올 위협이었다. 이 문제는 민족적 공포 차원에서 충분히 정치적 사안이었다. 그런 점에서 가족 위기 담론은 계층적 차원과 젠더 차원의 문제이자, 국가와 민족의 운명이 걸린 정치적 문제였다.

이와 관련하여 주부는 민족과 국민의 재생산자이자 양육자의 역할을 담당하게 된다. 이로써 노동력과 전투력을 제공하는 남성뿐 아니라 가정에서 자녀를 양육하는 여성들도 국민적이고 민족적인 책무를 담당하게 된다. 이를 통해 여성과 주부가 민족의 일원이 되고 국가의 국민이 될 수 있었다. 여성은 여전히 주권이 허용되지 않았지만, 가족 내의 역할을 통해 '국민화'되고 '민족화'되었던 것이다.[44]

가족의 기능 담론을 종합하면, 부르주아 시민계급은 전통적 가족상과 가족의 기능을 규범적 모범으로 제시하고, 이를 예찬했던 것으로 평가할 수 있겠다. 앞의 실러의 시나 ≪가르텐라우베≫의 권두삽화가 그랬듯이, 가족과 가정은 경쟁적이고 이해타산적인 사회(Gesellschaft)와 비교하여 사회로부터 격리되어 친밀성으로 이루어진 공동체(Gemeinschaft)이자 사회에 대한 대항 기관이며 안식처이자 천국이고, 또한 늘 그러해야 한다는 인식을 강조했다. 이러한 사적인 공간은 소비와 교육과 여가 시간을 위한 공동체이면서, 여성들이 가계 관리자의 책임을 맡아 활동하는 여성의 영역으로 간주하였다.[45]

이 잡지에서 가족과 가정의 여러 기능이 한편으로는 이념형으로서 논의되고 있지만, 다른 한편으로 부르주아 가정에서 실제로 관철되고 있었던 것으로 보인다. 여러 그림 자료와 기고문들이 이러한 실제 생활 모습을 뒷받침해 준다. 그런데 전통적 규범에 비교해 볼 때 가족의 기능이 상실되거나 축소되며 변화한 것으로 동시대인들이 인식했던 것으로 보인다. 이러한 변화를 우려한 부르주아 필자들이 전통적인 가족의 기능을 강화하고자 했을 것이다. 이를 위해 실러의 시를 널리 보급했고, 가족 잡지를 통해 가정과 가족에 대한 담론을 확대 재생산하고자 했을 것이다.

IV. 19세기 후반기 가족 위기와 여성문제 담론

공론장에서 가족과 가정의 기능과 역할이 자주 논의된 것은 그 빈도수만큼이나 여론 주도층이 가족의 변화와 가정의 붕괴에 대해 위기의식을 가졌기 때문이었던 것으로 보인다. 또한 가족 위기 담론은 부르주아적 가족상에 비추어서 실제로 가족이 위기 상황에 처했거나 부정적으로 변하고 있었음을 방증한다. 가족 잡지로서 ≪가르텐라우베≫는 창간 이후 19세기 후반기 내내 이 위기의식이나 위기 상황을 주목했고, 가족과 가정 담론에 주력했다.

앞에서 살펴본 것처럼 가족과 가정의 기능에 대한 논의들은 무엇보다 여성의 역할과 연관되어 있었다. 마찬가지로 대부분의 필자는 가족 위기 문제의 해결을 명목상 남성과 여성의 책임으로 다루고 있지만, 실제로는 여성의 문제, 즉 아내와 어머니 그리고 주부의 문제로 논의했다. 이에 따라서 가족 위기 담론 속에서 다루어진 사회적 현상과 그 원인을 19세기 후반기 사회 문제의 주제로 부상했던 '여성문제'와 관련지어서 다루는 것이 적절하다.

1. 가족의 해체

행복한 가정 만들기를 창간 목표로 내세운 ≪가르텐라우베≫가 가장 비중 있게 다룬 가족 위기 현상은 가족 해체였다. 이 가족 잡지가 주목한 가족 해체 현상은 주로 만혼과 높은 비혼율 및 이혼율이었다.[46] 부르주아 시민계급의 경우 이런 현상을 사회 문제로 인식했다. 그리고 이 문제를 직업 활동 없이 가정에 충실해야 한다는 이상적 여성상의 해체와 연결되는 것으로 해석했다. 여성들이 직업을 갖게 되자 만혼과 혼인율 감소 등의 사회현상이 발생하게 되었다고 진단하고, 따라서 "여성문제"로 접근하는 흐름이 나타났다. 이러한 경향에 대해 역사가 중 일부는 실제보다 과장된 논란으로 해석하고,[47] 다른 일부는 단순히 위기의식을 조장하는 것으로 그치지 않고 매우 심각한 사회 문제가 발생했다고 설명한다.[48] 이 잡지의 경우 심각한 현실적 사회 문제로 다루었다.

당시에 부르주아 여성의 만혼이 사회 문제로 자주 거론되었다. 부르주아 가정의 딸들이 학교 졸업 이후 결혼 시까지 장기간의 독신생활이나 만혼이 낮은 출생률의 원인으로 지목되었다. 당시에 여성들의 결혼 연령이 점차 높아졌다. 18세기 후반기에 독일의 여성 결혼 연령기는 평균 20-22세였는데, 19세기 중반기에 25-26세로 높아졌다.[49] 1867년 브레멘시의 사례를 보면, 연령대별 결혼 비율이 25세 이하에서는 약 15%에 불과했고, 25-30세에는 약 45%, 30-40세에는 약 67%, 40-50세에는 68% 정도였다.[50] 이런 배경에서 비혼여성을 위한 직업과 교육 기회가 사회적 관심사가 되었다. 그래서 이 당시에 등장한 여성운동은 여성의 교육과 직업 문제에 주목하지 않을 수 없었다.[51]

당시에 여성의 비혼율도 매우 높았고, 나이 많은 비혼녀는 가족이나 사회의 근심거리나 조롱거리로 여겨졌다.[52] 19세기 전반기에 비혼율은 같은 해 출생한 사람의 20-30%에 이르렀다. 이 중 여성이 차지하는 비중이 상당히 컸다. 1867년 브레멘시의 경우 16-50세 여성의 약 50%가 결혼을 했고, 마찬가지로 약 50% 정도는 미혼이나 미망인 혹은 이혼녀로서 비혼 상태였다. 1905년에 프로이센 전체에서 20-40세 여성 전체의 60%가 결혼했고 40%는 비혼 상태였다.

19세기 중반 독일에서 이혼율이 상승 추세를 보였다. 종교적인 사회 분위기와 가부장제적 가족 구조 속에서 이혼은 매우 어려운 일이었다. 가정에서 주부는 침묵하고 인내하고 복종해야 했다. 그래서 종래의 역사 연구에서는 서유럽 사회에서 이혼이 흔하지 않았다고 보았다. 19세기 말에 들어서야 여성이 이혼을 제기하는 것이 가능해졌고, 그것도 상류층의 특권에 해당했다. 더욱이 이혼은 거의 대부분 남성의 특권이었다.[53] 그렇지만 19세기 중반 독일 사회는 결혼관과 결혼법과 관련하여 중요한 전환을 겪게 되면서 법률적 이혼 사례도 증가하였다. 프랑스 혁명의 영향으로 결혼은 이제 종교적 성사가 아니라 두 개인 간의 법률적 결합으로 점차 인식되었고, 1875/76년에 "의

무적인 법률혼"이 입법화되었다.[54] 이러한 흐름에 따라서 법률에 따른 이혼 사례가 증가했다. 특히 19세기 초 독일 내 일부 지역인 프로이센의 경우 이혼법은 다른 여타의 유럽 국가들에 비해 상대적으로 자유주의적이었는데, 다수의 법률적 이혼 사례가 이를 입증한다.[55] 프로이센의 사례를 보면, 1810년에 이혼 판례가 631건이었던 것이 1817-1822년에 17,944건으로 급증했다. 1840년대에는 매년 약 4,000건의 이혼이 판결되었다. 1844년의 법률 개정으로 프로이센에서 이혼소송 절차가 더욱 까다로워짐에 따라 이혼소송이 감소한 경향을 보였다. 그래도 19세기 중반 프로이센의 경우 이혼소송 건수는 적지 않았다. 1850년에 3,100건, 1869년에 2,700건 이상이 기록되었다. 1871년에는 독일 제국 전체에서 약 70,000건의 이혼 사례가 있었다. 이러한 이혼 문제가 사회 전반에 걸친 가족의 위기로 비추어졌다. 여성들이 남성들의 일방적이고 무책임한 결혼생활의 피해자로서 이혼소송을 제기하는 비율이 작지 않았다. 한 법률가는 자기 경험에 비추어 여성과 남성의 이혼소송 제기 비율이 3:1 정도라고 했다.[56]

이 잡지의 필자 중 일부는 가족 해체의 원인을 대도시의 생활 방식에서 찾았다. 가족 위기는 무엇보다 도시의 문제이자, 도시민, 특히 부르주아 계급의 문제로 인식했다. 그리고 독신과 만혼 및 이혼은 남녀를 불문한 사회현상이었지만, 주로 부르주아 계층의 여성문제로 다루었다. 세기 중반에 한 여성 기고자는 대도시에서 점증하는 위락시설이 "[이혼이나 사치와 같은-필자 부연] 가정생활의 파멸과 [미혼 독신 남녀의 증가와 같은-필자 부연] 자신들의 살림을 차리기를 거부하는 경향"을 초래한다고 설명했다.[57] 세기말에 한 부르주아 여성운동 지도자는 산업화에 따른 일상생활의 큰 변화 중 하나로 생필품의 대량생산과 소비에 따른 가사 노동의 변화를 설명하면서, 바로 이 변

화가 비혼여성들의 증가를 초래했다고 진단했다. "이전에 모든 여성 생활을
온통 차지하였던 많은 가사 노동과 육체적 작업이 대량 생산된 상품을 통해
불필요하게 되었다. 그러나 동시에 점증하는 생활상의 욕구들이 결혼을 어렵
게 하는 여러 방해 요소를 초래하게 되었는데, 이제 스스로 생활을 영위하면
서 그럼에도 도덕적 타락을 원치 않는 미혼여성의 수가 증가하였다."[58]

가족 해체의 원인을 소위 '해방된 여성'의 책임과 연결 짓는 필자도 있었다.
당시에 여성의 고등교육 기회가 확대되고, 가정 밖 직업 활동에 참여하는 여
성들이 점차 늘었다. 그에 따라서 독립적이고 자립적인 여성들이 소위 '해방
된 여성'으로 인식되었다. 바로 이러한 여성들이 이혼이나 비혼을 통해 가족
해체를 일으키고 있다는 주장이 자주 등장했다. 19세기 후반기에 잡지에서
'해방 여성', 혹은 '고등교육을 받은 여성'을 비난하면서 가족과 가정의 중요
성을 강조하는 경향이 컸다.[59]

2. 가사 노동에 대한 혐오와 기피

"여성의 영역은 집이다. 아이들의 양육과 교육은 결혼을 하든 안 하든 그녀
의 의무이다. 이 의무를 이행하는 데에서 여성들은 그들 인생의 사명을 추구
해야 한다. … 남성들은 돈을 벌어온다. 가정 내 상세한 일거리는 여성들에게
주어졌다. 그래서 여성들은 여기에 얼마를 쓰고 저기에 얼마를 써야 할 지를
늘 생각해야 하며, 그래야 전 가계가 균형 있게 편성될 수 있다. 결혼의 행복
은 때때로 이 능력에 달려 있다."[60] 이와 같이 한 여성 필자는 "여성성을 오직
살롱을 위해서만 가꾸는" 귀족적 생활 방식과 비교하여 소위 '여성 직업'에
대해 논했다.

가족 위기의 주범으로 여성들이 가사 노동을 혐오하고 기피하는 현상이 지목되었다. 앞에서 인용한 내용과 같이 여성들이 자신의 고유한 '직업'을 소홀히 하고 있다는 점이 자주 문제시되었다. 이 사안도 부르주아 여성들의 고등교육과 관련지어 논의되었다. 한 필자는 동시대 여러 사회 문제를 나열하면서 "무엇보다 교육받은 신분의 여식들에게서 나타나는 노동 혐오 경향"과 더불어 "'교육받은' 소녀들의 점증하는 가사 기피 현상"을 언급했다.[61] 한 가정의 행복과 불행은 여성이 가사 노동의 의무를 잘 이행하느냐 못 하느냐에 달려 있는데, 가족 위기는 여성들의 가사 노동 혐오와 기피에서 비롯된다고 강변했다.

당시 여성 중에서 고등교육을 받고 경제적으로 여유 있는 부르주아 여성들이 가사 노동을 기피하는 경향이 강하다는 인식이 널리 확산하였던 것으로 보인다. 물론 어쩔 수 없이 노동 현장에서 생계비를 벌어야 하는 노동자층 여성들 때문에 노동자 가정에서도 문제가 발생하기는 하겠지만, 무엇보다 부르주아 여성들의 가사 노동 혐오와 의도적인 회피가 사회 문제처럼 다루어졌다. 이 잡지의 필자들은 이러한 사회현상이 무엇보다 '여성문제'에서 비롯된다고 보았다. 여성문제란 당시에 여성들이 가정을 벗어나 사회로 진출하여 직업 활동에 참여하는 일이 많아지고, 여성운동이 확산함에 따라 여성해방 욕구가 팽배해졌으며, 그와 함께 소위 '남성적 여성'(Mannweib)이라 불리는 '해방된 여성들'이 증가하는 등의 제 현상들과 관련된 사회 문제로 이해하였다.[62] 이 주제에 대해서는 아래에서 별도의 항목으로 다루고자 한다.

3. 사치 문제

"가정생활이라는 건물이 붕괴되도록 위협하는 지렁이"[63]는 무엇일까? 일반적으로 역사가들은 당대의 성적 방종과 같은 도덕 문제를 주목한다.[64] 그런데 이 잡지의 발행 초기부터 사치 문제가 자주 거론되었다. 필자들은 수입에 비해 과다한 지출을 하는 사치, 특별히 부르주아 가정의 사치를 하나의 도덕적인 문제로 보았다. 1850년대에 이 잡지에 정기적으로 글을 투고한 한 여성 필자는 50여 년 전 사회 상황과 비교하면서 다음과 같은 사치의 사례들을 조목조목 나열했다. 엄청나게 커진 저택 규모, 거의 모든 가정에 마련된 사교 공간, 매년 증가하는 집세, 계속 증가하는 자녀 교육비, 특별히 사교육비의 증가, 각 가정의 많은 도서 구입비, 각 가정이 거느린 한두 명의 하녀와 그에 따른 어머니들의 자녀양육 기피, 무엇보다 심각한 문제로서 가정 수입에 비교해 높은 남성의 담배 소비와 함께 그와 비견될 여성들의 높은 화장품 소비, 예를 들어 이전 세대에서 볼 수 없었으나 어느새 이젠 여성의 필수품이 되어버린 화려한 비단 의상, 값비싼 하얀 장갑과 손수건 등.[65] 이 잡지의 필자인 한 문화 역사가가 언급했듯이 과도한 소비에서 오는 가정경제의 불균형은 이전 세기와 비교하여 무척 높아진 물가 때문이었을지도 모른다.[66] 그러나 대중 계몽과 교육을 지향하는 이 잡지의 필자들은 가계 위기의 원인을 가족들의 사치에서 찾고 있다.

사치 문제와 관련하여 이 잡지의 편집진이나 필자들은 가정경제의 운용 전담자인 여성, 곧 가정주부의 책임을 강조했다.[67] 이들 담론의 주도자들은 사치 문제를 주부들의 가사 노동의 무능과 무지와 연결하여 논의했다. 그러면서 가정 밖의 공적 영역에서 생활비를 벌어오는 남성과 달리 가정 내에서 가사를 전담해야 하는 여성이 가족의 사치 문제의 원인이자 해결책을 찾아야 할 당사자로 간주했다. 그리고 여성 독자들에게 '단순하고 근검절약하면서 자연에 어울리는 생활 태도'를 적극 권장했다. 또한 가족 위기 해결을 위해 무엇보다 가정주부가 가계 운영의 합리화를 추구해야 한다고 주장했다. 이를 위해서 여성의 가사 교육을 무엇보다 강조했다. 이런 상황에서 당시 소녀를 위한 공적, 사적 교육기관에서 가사 과목이 교과목으로 중요하게 다루어졌고, 여러 도시에서는 가사 노동 교육을 위한 주부 협회와 주부 교실 등이 등장했다.[68] 이와 같은 사회변화에 발맞춰 가족 잡지도 여성 가사 교육의 필요성과 중요성을 강조하면서 다양한 정보와 소식을 적극적으로 다루었다. 가사 교육 내용의 핵심은 "이성적" 소비 태도와 절약 정신이었다. 이것은 19세기 부르주아 시민계급의 계급적 가치들을 대변했다. 부르주아적 가치로 거론되는 것은 근면과 성실, 정확성, 질서, 자제, 양심, 성취, 검약 그리고 가정 중심 생활 태도 등이었다. 이런 가치관에 따라서 사치 논쟁이 당시 주목을 받게 되었다.[69] 이와 같은 사회적 배경에서 공론장의 주도자들이 다른 나라 여성들과 달리 절약 정신이 투철하고 검소하게 생활하는 '독일 주부'라는 상상의 공동체를 형성하고자 노력했다.[70]

'사치 논쟁'이 발생한 배경은 19세기 소비문화와 소비주의라는 사회 경제적 변화 양상이었다.[71] 일반적으로 서유럽에서 근대적 '소비사회'와 '소비문화'는 18세기에 시작된 것으로 알려졌다. 그런데 19세기 중반기 이후에 여타의 서유럽 국가들과 마찬가지로 독일도 '소비혁명'이라 할 정도로 '소비자 문화'를 특징짓는 사회 경제적 변화가 나타났다.[72] 1870년대 이후에는 '소비주의'라 할 만한 사회 경제적 현상들이 등장했다. 세기말에는 대도시마다 대규모 백화점과 대중음식점과 신형 오락거리들이 등장했고, 광고가 발달했다.

종래에 주부들이 가정에서 손수 만들어 사용하던 소비품들을 점차 구매하는 경향이 강해졌다. 이에 따라 가계의 지출에서 생필품 목록이 차지하는 비율이 점차 커져 갔다. 따라서 주부를 대상으로 하는 잡지나 조언서를 통해 주부들은 가격이나 품질을 평가하는 방식이나 신제품 등에 대한 정보를 얻고자 노력했다.[73]

이러한 사회적 배경에서 1890년대 이후 근대 산업사회와 소비주의와 관련한 '사치 논쟁'이 벌어졌다. 사치 논쟁 자체는 이전 시대에도 있었지만, 이 시기의 논쟁에서 주목할 점은 그 내용이었다. 18세기에 이루어진 사치 논쟁이 귀족의 사치를 다루었다면, 19세기 말의 논쟁 주제는 부르주아 계층과 관련된 것들이었다. 이 논쟁은 학자들과 전문 학술지로부터 대중적인 화보 잡지들이나 예술잡지에 이르기까지 광범위하게 진행되었다. 부르주아적 사회 문제, 사치와 소비와 관련하여 여성의 변화된 위상과 역할 등이 논의되었다.[74] 그런 점에서 이 논쟁은 부르주아적 성격이 강했다. 사치가 부르주아에게 갖는 내적 함의는 곧 부르주아 시민계급의 내적 건강성의 파괴와 시민계급의 몰락이었다. 그래서 논자들은 교육의 중요성을 강조했다.

사치 논쟁에서 빠지지 않는 주제가 사치와 여성의 관련성이었고, 이에 따라 여성 교육이 강조되었다. 여성의 사치와 무절제에 대한 교정 수단으로서는 자기조절 능력을 강조하고 이를 배양하기 위해서 여성 교육이 강조되었다. 이런 배경에서 각종 여성용 잡지와 가사 관련 실용적 조언서가 발간되었고, 주부 협회와 협회가 운영하는 가사 학교와 같은 다양한 조직체들이 결성되었다. 이들은 주부를 '전문직업'으로 보고, 이들에게 고도의 전문 기술을 교육하여 전문화하고자 하였다.[75] 이러한 사회적 흐름에 비추어서 볼 때 가족 잡지 ≪가르텐라우베≫가 여론을 단순히 반영한 것에 그치지 않고 앞장서서 주도한 측면을 확인할 수 있다.

4. 여성의 사회진출과 직업 활동

"오직 가정주부! 그래요, 그녀는 가정은 여성의 본향이며, 활동 공간이자 행복의 처소라는 확신으로 살았습니다." ≪가르텐라우베≫ 1873년호에서 역사학 교수이자 작가인 한 필자가 부인을 추모하면서 여성 작가였던 부인이 공적 활동보다 주부로서 자의식을 중요시했음을 이렇게 강변했다. 그러면서 그는 여성의 가외 직업 활동을 비판하고 가사 노동의 중요성을 강조했다. 여성을 주 독자층으로 겨냥하고 가정생활의 증진을 목표로 삼은 이 잡지의 필자들도 마찬가지의 입장을 드러냈다. '여성 직업'으로 가정주부의 역할과 이들을 위한 가사 교육의 필요성을 강조했다. 그리고 일부 여성들의 가사 노동 회피를 '여성문제'로 간주하며, 이 문제를 여성의 가정 밖 직업 활동과 이와 관련한 여성운동과 연결하였다.[76]

이처럼 19세기 후반기에 가족 위기의 원인으로 여성의 사회진출과 직업 활동이 논의되었다. 당시에 많은 부르주아 여성이 사회로 진출하고 직업 활동에 참여했고, 이에 따라 여성운동이 활성화되었다. 1840년대 초에 여성해방 문제가 여론의 수면 위로 떠올랐다. 1848년 혁명을 거치면서 공적 영역에서 남녀가 동등한 권리를 가져야 한다는 정치적 요구가 분출했다. 이와 더불어 여성의 교육 기회와 여성 직업 활동에 대한 요구가 확산하였다. 여성 직업으로서 사회적 약자를 위한 활동과 유치원 교사 활동이 주목을 받았다. 그리고 하녀나 재봉사와 같은 여성 직업인들을 위한 여성협회가 결성되었다. 1860년대에 들어서 여성협회들은 여성 교육, 직업 활동에서 발생하는 여성

문제 해소 및 사회적 빈곤 문제 해결을 위해 활발한 활동을 펼쳤다. 세기말에는 남녀의 동등한 선거권과 여성의 법률적 해방을 요구하는 급진적 여성운동이 등장하였다. 이런 상황에서 가족 위기의 원인이 여성들에게 돌려졌다. 그런 점에서 이 논의는 동시대의 반페미니즘적 사회 분위기와 연관되는 것으로 보인다.[77]

이러한 논의의 역사적 배경은 19세기 중반 이후 산업화에 따른 여성의 가정 밖 직업 활동의 증가 현상이었다. 전반적으로 생활 수준이 높아진 상황에서 중간층 가족의 경우 주로 가장 한 사람의 수입에 의존했기 때문에 가계의 수입과 지출 사이 불균형이 심화하였다. 이에 따라서 '빈곤 문제'가 발생하면서 부르주아 가정의 여성들, 특히 미혼여성들이 가정 밖 일터로 내몰리게 되었다는 여론이 형성되었다.[78] 그런데 당시 부르주아 여성들의 생업 활동은 '신분에 어울리지 않는'다는 명목으로 금기시되고 있었다. 그럼에도 불구하고 생업 활동에 종사하는 부르주아 여성의 수가 19세기 내내 점증하다가, 특별히 1880년대 이후에 급증하였다.[79] 무엇보다 여교사나 여성 사무직 노동자의 증가가 뚜렷했다. 이러한 노동시장의 현실에 직면하여 여성운동 진영은 이들 직종과 관련된 여성의 노동 참여 확대, 노동조건의 개선 및 여학생의 직업 교육에 주목하지 않을 수 없게 되었다.

이러한 상황에서 1870년대 이후에 가정 밖 직업군에 종사하는 여성들에 대한 이 잡지의 논조도 변화했다. 이전의 비판적 입장이 지속되는 가운데 긍정적인 논의가 종종 등장했다. 1875년에 한 필자가 전신국의 여성 사무직 노동자들을 다루는 글에서 여성 노동을 긍정적으로 묘사하면서 이들은 대부분 관리나 장교의 여식들이라고 했다. 동시대 독자층 저변에 깔려 있던 부정적 인식을 염두에 두고 있는 듯, 고위 귀족층의 손녀도 전신(電信) 기사로 일하고 있다고 언급했다.[80] 이와 달리 앞에서 언급한 역사학 교수이자 작가였던 한 필자의 사례처럼 여성의 직업 활동에 대한 비판적 태도가 여전했다. 이 필자의 부인은 작가였는데, 그녀는 생전에 "나는 여성 작가가 아니다. 나는 주부일 뿐이다"라고 말했다고 한다.[81] 1903년에 루마니아의 왕비는 이 잡지에 기고한 글에서 스스로 구세대에 속한다고 하면서 가사 노동과 직업 활동의 균형을 강조했다. 그러면서도 여성의 가사 노동과 무급의 사회 봉사활동을 "가장 성스러운" "여성 직업"이라고 평가하면서 여성의 사회적 진출과 직업 활동에 대해 비판적 인식을 드러냈다.[82]

이러한 맥락에서 1870년대에 여성운동 내에서 진행된 모성 담론은 여성들의 직업 활동에 대한 새로운 시각을 제공했다. "모두를 위한 어머니의 의무"[83]라는 의미의 '사회적 모성' 시상이 등장했다. 이 사상은 기혼이든 미혼이든 모든 여성은 사랑과 돌봄 및 희생정신이라는 '정신적 모성'을 소유하고 있고, 이 여성적 특성에 적합한 "가장 신성한"[84] 직업 활동으로서 '사회적 직업'을 '전문화'하여 여성문제를 해결할 수 있다는 내용을 담고 있다. 이러한 인식에 따라서 여성들이 가정 밖의 생업 활동에 진출하는 것을 긍정적으로 평가했다. 중산층의 유복한 여성들의 경우 빈민들을 대상으로 한 비직업적이고 무급의 구제 활동에 활발하게 참여하고 있었다.[85] 이러한 소식과 더불어 여성들의 직업적인 '사회노동'[86]이 이 잡지에서 자주 그리고 긍정적으로 논의되었다. '사회노동'으로서 빈민, 고아, 병자에 대한 구호 활동이 자주 언급되고, '사회적 직업'으로서 디아코니세(사회봉사 기관 디아코니아 여성 활동가), 간호사, 빈민 구호 활동가 등이 자주 거론되었다. 이처럼 여성의 사회진출이 확대되던 사회 상황의 변화에 따라 여성의 노동과 직업 활동에 대한 담론의 변화 과정을 확인해 볼 수 있다. 그럼에도 불구하고 여성 노동을 가정에 국한시키거나,

가정 밖의 영역에서는 여성성에 적합하다고 여겨지는 특정 분야로 제한하려는 의도가 분명해 보인다.

이러한 여성 노동 담론에서 계층 간 '구별 짓기'의 의도도 발견된다. 이 잡지 필자들은 여성의 가외 직업 활동을 논의할 때 사회 계층에 따라 다른 입장을 드러내고 있다. 필자들은 프롤레타리아와 부르주아의 여성 노동에 대해 이중적이고 차별적이었다. 한편에서는 노동자 가정에 주부가 없어서 위기를 겪고 있다고 주장하고, 다른 한편에서는 하위 계층 여성의 가정 밖 생업 활동은 매우 당연하고, 또 필요한 것으로 간주했다.[87] 반면에 부르주아 여성의 유급 직업 활동은 부르주아 공론장에서 여전히 불편한 주제였다. 결국 필자들 다수는 가족의 위기라는 명목으로 부르주아 여성의 활동 영역을 가정으로 제한하고자 했다. 그런데 사회 상황의 변화에 따라 여성의 사회 활동에 대해 좀 더 확대된 시각이 등장하기도 했다. 그렇지만 이런 입장도 여성의 직업 활동을 '사회적 모성'에 적합한 영역으로 제한하고자 했다.

5. 여성해방과 성정체성의 위기

"'여성문제'나 '여성해방'이라는 단어에서 다른 것도 아니고 오직 여자 체조선수, 여대생, 여의사만을 떠올리는 사람이 여전히 많다. 그런데 이 개념은 정신적으로 근면하게 진지하게 노동하는 여성상을 연상시키지 못하고, 담배 피우기, 당구 치기, 방자한 말버릇, 자유분방한 행동거지와 연결되어 있다."[88] 1903년에 이 잡지의 대표적인 여성 필자 한 사람이 여성문제나 여성해방에 대한 동시대인들의 편견과 오해에 대해 이렇게 토로했다.

당시에 가족 위기의 원인으로 지목된 여성문제는 곧 여성의 정체성 위기와 동일시하는 인식이 표출되었다. 당시에 공론장에서 불온시되던 여성해방이란 여성이 가정으로부터 탈주하여 사회로 진출하려는 여성운동을 지칭했다. 그런 결과로 여성의 성정체성이 붕괴하고 있다고 해석했다. 이처럼 가족 위기 담론의 배후에는 성정체성에 대한 위기의식이 숨어 있었다. 동시대 사람 다수는 남성성과 여성성이라는 '자연적'이면서 '불변'의 성별 차이라는 이원론적 규범이 붕괴함으로써 사회적 혼란이 초래될 것을 두려워했다. 이러한 혼란은 무엇보다 "그릇된 교육을 받았거나 지나치게 교육을 받은 여성들", 즉 "해방된 남성적 여성의 뻔뻔스러운 몰염치"에서 비롯된 것으로 인식되었다.[89]

1850년대 기고문에 이미 소위 '남성적 여성' 혹은 '여성적 남성'이 비판의 표적이 되고 있었다. 어느 필자는 "남녀 두 성이 전 생애를 통해 근본적으로 대비됨에도 불구하고" 당시에 "거의 남성적인 정신과 특성을 지닌 여성들과 행동이나 감성에 있어서 일종의 [생물학적인-필자] 여성성뿐 아니라 [행동상의-필자] 여성다움을 지닌 남성들"이 있노라고 말한다.[90] 이런 논의에서 특히 소위 '해방된 남성적 여성'이 주요 비판 대상이었다. 이런 종류의 글은 동시대 사회이론가인 빌헬름 리일의 사회 문화적 이론과 여타 의학자들의 의학적 소견에서 비판적 근거를 찾았다. 이들은 '남성적 여성'이나 여성의 '남성화' 혹은 남성의 '여성화'에 대해 적극적으로 비판했다.[91] 널리 유포된 성별 역할이나 성정체성에 반하는 탈선의 표지로 이용되던 말인 '남성적 여성'은 동시대에 동성애 논란을 불러일으켰다.[92] 그런데 모든 가족 구성원들이 함께 읽을 수 있는 가족 잡지의 속성상 이러한 주제는 이 가족 잡지에서 자세히 다루어지지 않았다. 다만 이 잡지의 필자들은 '남성적 여성'을 '해방된 여성'과 연결하면서 여성해방 운동을 표적으로 삼았다. 이 시기 여성해방 운동은 여성들이 권리를 주장하면서 자신들의 고유 영역으로부터 탈주하여 "남성이 되려는" 시도로, 그리고 공적인 '남성 영역'을 침입하는 것으로 간주하였다.[93] 한 여성운동 지도자의 증언에 따르면, 당시에 여성들이 남성 중심의 노동 영역에 밀려들어 옴에 따라 이들과 노동시장에서 경쟁해야 한다는 공포가 남성들 사이에 퍼져 있었다고 한다.[94]

이러한 성정체성 위기의식은 남성과 함께 여성들 다수도 공유한 것으로 보인다. 최근 연구자들은 당시의 여성성 논의를 여성해방 요구에 대한 "제도화된 저항"으로, 혹은 "양성 간의 투쟁"으로 설명하기도 한다.[95] 그렇지만 이 잡지의 경우 성정체성 위기 논의는 결코 남성 필자들에만 국한되어 있지 않았다. 여성 필자들도 가정 밖 여성 직업 활동이나 소위 여성해방에 의한 성정체성의 혼란을 우려하며, 이러한 흐름을 비판했다. 따라서 반페미니즘은 결코 남성들만의 방어 운동이라고 보기 어렵다. 일부 여성들조차도 성정체성의 혼란을 우려하여 여성해방 운동에 맞섰던 것으로 보인다. 잡지의 편집부가 작성한 한 단편 기사에서 어느 과학자의 다음과 같은 말이 인용된다. "본래적으로 남성적인 영역에 있는 여성은 언제나 부자연하고 불완전하며 웃음거리가 될 것이다." 그래서 여성해방은 "고상한 어머니와 참하고 아리따운 자매"로서 "단지 여성의 영역 내에서" 이루어져야만 한다.[96] 이러한 반페미니즘적인 사회 분위기 속에서 세기말 이후 ≪가르텐라우베≫는 여성의 활동 영역이나 직업 분야를 가사나 혹은 소위 여성성에 걸맞은 것으로 인식된 사회노동 분야에 국한하려는 견해를 대변했다.

V. 나가는 말

이 글은 19세기 후반기에 가족 잡지라는 부르주아적 공론장에서 전개된 가족 위기 담론을 분석했다. 당시의 공론장이 전통적인 가족의 변화를 위기로 진단한 내용을 추적해 보았다. 그리고 가족의 위기적 현상과 그 원인에 대해 담론의 주체들이 가졌던 인식을 재구성하며, 그 담론에서 작동한 기제를 살펴보았다.

19세기 후반기 가족 담론은 성별 차이와 역할에 근거한 부르주아적 가족 이데올로기를 대변했다. 실러는 그런 가족상을 이상화하며 노래했다. 아버지이자 남편은 "밖으로 험난한 세상 속으로 들어가" 노동하고 어머니이자 아내는 "집안일을 맡아보는" "정숙한 안주인"으로서 "끊임없이 부지런한 손을 움직"이며 가사 노동을 해야 했다. 동시대에 독일의 대표적인 가족 잡지 ≪가르텐라우베≫도 이러한 이상화된 가족상을 대중화하는 데 기여했다.

이 담론 매체는 이데올로기를 대변할 뿐만 아니라 동시대인의 사고와 생활을 특정한 방향에 맞추어 이끌고 가려는 계몽의 프로젝트를 수행한 것으로 평가할 수 있겠다. 잘 알려져 있듯이, 대중매체는 한편으로 사회현상을 반영하고 여론을 전달하는 역할을 하지만, 다른 한편으로 특정 가치관과 이데올로기에 근거하여 정치적이고 경제적이며 사회적이고 문화적인 기제를 활용하여 어떤 목적을 추구하기도 한다. 이 잡지의 가족 위기 담론도 마찬가지였다.

첫째로 전통적인 가족 기능들이 근대화 과정에서 변화를 겪게 되자 일부 부르주아들이 위기의식을 느끼게 되었다. 물론 그 위기가 실제적인 현실이었는지, 아니면 과장된 위기의식에 불과했는지에 대해서 여기서 자세히 다루지는 않았다. 다만 부르주아 언론매체가 다양한 사회현상들을 가족의 위기 현상으로 주목했고, 그 원인을 진단하고 해결책을 제시하려고 노력했던 것은 분명하다. 가족 위기 담론에서 이를 주도한 부르주아의 의도와 더불어 담론의 성격을 확인할 수 있었다.

먼저, 성차별적 의도와 성격을 주목할 수 있다. 가족은 전통사회처럼 동시대에도 경제적 생산 기능, 사회적 통제와 지배 및 사회화 기능, 문화적 기능을 지니는 것으로 간주됐다. 그리고 이러한 가족의 기능에 상응하게 여성은 가정에서 아내와 어머니로서, 그리고 주부와 가계 운영자로서 역할을 담당해야 했다. 결국 이 담론은 여성의 가정 내 역할을 특히 강조하면서 성적 역할 분담을 공고화하고자 하는 의도를 강하게 드러냈다. 가족이 붕괴한다는 위기의식이 확산되자 가족과 가정을 신성화하고, 가정 내 여성의 역할을 예찬하면서 여성을 '가정주부화' 하려고 노력했다.

다음으로, 계층별 차별 의식을 반영한 계급적 성격이 확인된다. 주부가 가사와 가족 관리에 전념할 수 있는 조건을 갖춘 부르주아 가정의 경우 부르주아적 인식에 따라 여성이 가정 내 역할과 책임을 감당할 수 있었다. 반면에 노동자와 농민 여성들의 경우 가정 밖에서 생업에 종사해야 했기에 가족 돌보는 일과 가사에 투여할 물리적인 시간이 부족했다. 이런 상황에서 여성이 가정주부로서 역할을 소홀히 해서 하층민 가족의 붕괴가 우려된다는 부르주아의 비판이 자주 제기되었다. 따라서 이 담론은 부르주아 계급이 사회적 지배력을 공고화하면서 하위 계층과의 차별성을 부각하려는 사회정치적 기제를 내포하고 있었다.

또한, 담론의 정치적 성격이 확인된다. 가족의 위기를 민족과 국가의 위기로 등치하고, 건강한 가족이 국가의 존망에 결정적인 역할을 담당하는 것으로 해석했다. 최근 국내 학계의 가족사 연구에서 연구자들이 공적 기구인 국가가 사적 영역인 가족에 대해 담론을 통해 통제와 지배를 가하는 측면을 주목했다.[97] 이런 국내 연구와 마찬가지의 경향을 19세기 후반기 독일 역사에서 확인할 수 있었다.

둘째로 당시 가족 위기는 주로 여성의 문제와 연결되어 논의되었다. 가족 위기를 여성문제로 치환하려는 경향은 잡지의 주요 독자층이 여성이라는 점을 고려한 편집자와 필자들의 의도 때문으로 해석할 수 있다. 그런데 무엇보다 가정을 여성의 영역으로 보고, 가정 문제를 여성의 문제로 간주한 동시대의 전형적이고 지배적인 부르주아적 인식 틀이 담론의 기저에 놓여 있었다. 남성들만의 공적인 영역과 구별되어 가족과 가정은 여성이 책임져야 할 사적 영역으로 여겨졌다. 그래서 가정과 가족의 위기는 여성문제에서 비롯되었고, 그 해결 방안도 여성에게서 찾아야 한다는 인식이 강하게 작용했다.

먼저, 부르주아 공론장의 가족과 가정 위기 담론은 무엇보다 부르주아 여성을 통제하려는 의도와 목적을 내포했던 것으로 보인다. 담론의 주체들은 가족의 위기가 가족의 해체, 가사 노동에 대한 혐오와 기피, 사치 문제, 여성의 가정 밖 직업 활동, 여성의 해방운동과 성정체성의 위기에서 비롯된 것으로 진단했다. 이런 위기를 해소하기 위해서 전통적인 성역할 차이를 공고화하고, 여성들로 하여금 가정에 충실하도록 강제하는 방안이 제시되었다. 결국 가족 담론의 목적은 부르주아 여성을 가정으로 복귀시키고, 이들의 역할을 가사 노동자로, 혹은 가계 운영자로 제한시키려는 것이었다. 이것은 부르주아 여성을 '가정주부화' 하려는 전략이었다. 이를 위해 부르주아 가족 잡지는 여성들의 가사 교육과 훈련의 중요성을 계속해서 강조하고, 이와 관련한 조언과 정보들을 제공하고자 노력했다.

다음으로, 가족 위기 담론은 19세기 후반기에 활발했던 여성해방 운동과도 직접적이고 간접적으로 연관되어 있었다. 종래의 시각에 따르면 19세기 말과 20세기 초의 여성운동은 '정치적'이고 '급진적'인 세력과 '비정치적'이고 '온건한' 부류로 대비되었다.[98] 전자는 당시의 부르주아 남성들과 마찬가지의 법적 평등과 정치적 참정권, 그리고 교육과 직업의 평등한 기회를 요구했다. 이와 달리 이 잡지의 담론은 후자를 지지하고 대변했다. 후자는 동시대의 전통적 가치관에 도전적이었던 '급진적' 페미니즘에 대한 대응으로 볼 만하다. 기존의 성별 관계와 성별 활동 영역의 이원화에 근거하여 여성의 영역을 가정으로 제한하고, 가정 내에서 여성의 지위를 개선하고 확대하려는 여성운동의 한 부류로서 후자를 '가정적 페미니즘'(domestic feminism)[99]으로 해석할 수 있겠다. 이 용어는 한편으로 성별 분리와 가정의 중요성을 강조함으로써 여성의 사회적 역할을 제한한다는 점에서 반페미니즘의 성격을 지니고 있지만, 다른 한편으로 가정 내에서 부인과 어머니와 가정주부로서 역할과 지위를 강화하려는 이데올로기이자 운동으로서 페미니즘의 한 부류로 간주할 수 있다. 이런 경향은 전통사회에서 근대 사회로 변화하는 시기에 다양한 양상이 분출되고 공존하는 이행기적 현상으로 보인다. 한 편에서는 사회의 급진적 변화를 추동하고자 하고, 다른 한편에서는 전통과 변화의 공존 속에서 온건한 개선을 추구하는 움직임이 분화하면서 공존하고 경쟁하는 현상이 나타났던 것이다.

셋째로 19세기 부르주아 공론장의 가족 담론은 '정상 가족'을 규범으로 삼아 정치적이고 경제적이며 사회적이고 문화적인 지배 전략을 구사한 것으로 해석될 수 있겠다. 헤게모니를 장악한 계급의 가족을 소위 '정상 가족'으로 상정하고 이러한 가족 모델을 하위 계층의 본보기로 제시하면서, 한편으로 하위 계층을 대상으로 지배와 통제의 기제를 활용하여 그들로부터 자신을 구별

지으려 했고, 다른 한편으로 그들을 자신의 가치관과 규범에 따라 계몽하려고 했다. 그러면서 자신들의 지배적 문화와 가치를 확산시켜서 하위 계층을 문화적으로 포섭하여 자기 지배력을 공고히 하려고 했던 것으로 보인다.

이 연구를 진행하면서 19세기 후반기 독일의 역사라는 거울에 우리 사회의 현재를 비추어 보게 되었다. 과거의 독일과 현재의 한국 사회와 한국 교회의 가족 담론, 둘 사이의 시간과 공간의 큰 차이에도 불구하고 유사점을 확인할 수 있다. 역사가 보여주듯이 오늘날의 가족 위기와 정상 가족 담론도 정치적이고 경제적이며 사회적이고 문화적인 맥락에서 분석하고 평가할 필요성이 있겠다. 그러면 정상 가족과 건강 가정이라는 논리가 어떻게 전략적으로 사용되는지를 유추할 수 있을 것이다. 한국 교회가 신앙의 이름으로 이런 담론을 대변하며 확산시키고 있는 것으로 보인다. 기독교 역사 속에서 정치적이고 경제적이며 사회적인 목적과 의도를 신앙의 이름으로 포장한 사례는 아주 많았다.

[미주]

1 독일어 die Familie는 우리말로 가족과 가정을 포괄하는 용어이며, 두 단어로 번역이 가능하다. 우리말에 가족은 가족 집단을 지칭하고, 가정은 가족의 생활공동체나 집을 주로 의미한다. 그래서 이 글에서는 die Familie를 필요에 따라 가족이나 가정으로 번역하여 사용하고자 한다.

2 강희경, "'건강 가족' 담론의 불건강성", 「경제와 사회」 65호 (2005): 155-178; 이숙진, "한국 개신교의 정상 가족 만들기 - 타자화와 주체화 전략을 중심으로 - ", 「종교연구」 제82집 1호 (2022): 87-112; 이재경, "한국 가족은 '위기'인가?-건강 가정 담론에 대한 비판", 「한국여성학」 제20권 1호 (2004): 229-244.

3 이숙진, "한국 개신교의 정상 가족 만들기", 87-112.

4 Statistics Explained (https://ec.europa.eu/eurostat/statisticsexplained/)- 22/05/2023.

5 대한민국 정부 누리집 지표누리 https://www.index.go.kr/unify/idx-info.do?idxCd=5065

6 Jürgen Kocka(ed.), *Bürgertum im 19. Jahrhundert*, Band 1 (München, 1988), 11-33; Jürgen Kocka & Allan Mitchell(ed.), *Bourgeois Society in Nineteenth-century Europe* (Oxford, 1993), 3-8; Gunilla Budde, *Blütezeit des Bürgertums. Bürgerlichkeit im 19. Jahrhundert* (Darmstadt, 2009), 11-14.

7 담론분석의 이론적 배경에 대해서는 다음 참고. P. Sarasin, *Geschichtswissenschaft und Diskursanalyse* (Frankfurt a. M, 2003); 조은 · 이정옥 · 조주현, 『근대 가족의 변모와 여성문제』 (서울: 서울대학교출판부, 1997), 610. 계급 결속과 배제의 방식으로서 부르주아 문화의 역할에 대한 논의는 다음 참고. H. Bausinger, "Bürgerlichkeit und Kultur", in *Bürger und Bürgerlichkeit im 19. Jahrhundert*, ed. J. Kocka (Göttingen, 1987), 121-142; W. Kaschuba, "Deutsche Bürgerlichkeit nach 1800. Kultur als symbolische Praxis", in *Bürgertum im 19. Jahrhundert*, Band 3, ed. J. Kocka (München, 1988), 9-44; M. Hettling, "Bürgerliche Kultur-Bürgerlichkeit als kulturelles System", in *Sozial- und Kulturgeschichte des Bürgertums*, ed. P. Lundgreen (Göttingen, 1987), 319-339.

8 Kocka & Allan, *Bourgeois Society in Nineteenth-century Europe*, 3-8; Budde, *Blütezeit des Bürgertums*, 11-14.

9 A. Schildt, "Das Jahrhundert der Massenmedien. Ansichten zu einer künftigen Geschichte der Öffentlichkeit", *Geschichte und Gesellschaft* 27/2 (2001): 177-206; J. Requate, "Öffentlichkeit und Medien als Gegenstände historischer Analyse", *Geschichte und Gesellschaft* 25 (1999): 13.

10 이 논의에 대해서는 다음 참고. E. A. Kirschstein, *Die Familienzeitschrift* (Berlin, 1937), 96; A. Stupperich, "'Die Gartenlaube.' Symbol einer Epoche", *Praxis Geschichte* 5 (1994): 51-54; H.-U. Wehler, *Deutsche Gesellschaftsgeschichte*, Bd. 3 (München, 1994), 435; M. Haardt, *"Die Gartenlaube" und "Die Bunte", Zwei Zeitschriften im empirisch-historischen Vergleich*, Magisterarbeit (Siegen, 1998). 128.

11 Ko, *Wissenschaftspopularisierung und Frauenberuf*, 28.

12 고재백, "19세기 후반기 독일 가족잡지의 역사-주간 가족화보 가르텐라우베(Die Gartenlaube)를 중심으로", 「독일연구」 제12호 (2006): 7.

13 이 잡지의 성격에 대해서는 다음 참고. Ko, *Wissenschaftspopularisierung und Frauenberuf*, 109-111; 고재백, "19세기 후반기 독일 가족 잡지의 역사", 3-46.

14 F. 쉴러/장상용 옮김, 『쉴러 명시선. 사상시편: 그리스의 신들』 (인천: 인하대학교출판부, 2000), 66-111.

15 *Die Gartenlaube- Familienblatt[=GL]* (Berlin/Leipzig: Keil, 1853), vol. 1, 1. 권두삽화.

16 19세기 부르주아 가족에 대해서는 다음 참고. Budde, *Blütezeit des Bürgertums*, 25-32.

17 J. Reulecke, "Die Mobilisierung der "Kräfte und Kapitale", der Wandel der Lebensverhältnisse im Gefolge von Industrialisierung und Verstdäterung, in *Geschichte des Wohnens*, vol. 3. 1800-1918, ed. J. Reulecke (Stuttgart, 1997), 15-144.

18 이 개념과 부르주아적 가족상에 대해서 다음 참고. P. 게이/고유경 옮김, 『부르주아전』 (서해문집, 2005), 63-64; 백지혜, 『스위트 홈의 기원』 (살림, 2005); M. 페로 편집/전수연 옮김, 『사생활의 역사 4 - 프랑스 혁명부터 제1차세계대전까지』 (서울: 새물결, 2002), 93-94.

19 K. Hausen, "Die Polarisierung der "Geschlechtscharaktere"-Eine Spiegelung der Dissoziation von Erwerbs- und Familienleben", in *Sozialgeschichte der Familie in der Neuzeit Europas*, ed. W. Conze (Stuttgart, 1976), 363-393; U. Frevert, "Mann und Weib und Weib und Mann" in *Geschlechter-Differenzen im der Moderne* (München, 1995); Ko, *Wissenschaftspopularisierung und Frauenberuf*, 207-245.

20 이에 대한 연구는 다음 참조. K. Schmersahl, *Medizin und Geschlecht, Zur Konstruktion der Kategorie Geschlecht im medizinischen Diskurs des 19. Jahrhunderts* (Opladen, 1998); C. Honegger, *Medizinische Deutungsmacht im sozialen Wandel des 19. und frühen 20. Jahrhunderts* (Bonn, 1989); C. Honegger, *Die Ordnung der Geschlechter. Die Wissenschaften vom Menschen und das Weib, 1750-1850* (Frankfurt a. M., 1991).

21 Blätter and Blüthen: "Wie schwer ein Mann und wie schwer ein Weib wiegt", *GL* (1853), 555.

22 Bock, "Die Anmaßung des sogenannten 'natürlichen Verstandes'", *GL* (1873), 372-374; Biedermann, "Über Frauenbestimmung", *GL* (1855), 136-137, 182-183, 222-223, 488-490, 666-667.

23 가사 노동을 생산적 활동으로서 직업적 노동으로 평가하면서 임금 지급을 요구하는 주장은 20세기 초에 여성운동 내 일부로부터 제기되었다. 따라서 19세기 중반에 가사 노동에 대한 직업(Beruf) 개념은 비영리적 활동으로서 소명이나 천직의 의미에 더 가깝다. 이에 대해서는 K. Schlegel-Matthies, "Im Haus und am Herd", in *Der Wandel des Hausfrauenbildes und der Hausarbeit 1880-1930* (Stuttgart, 1995), 28-36, 117-133.

24 이 주제에 관해서는 다음 참고. S. Meyer, *Das Theater mit der Hausarbeit. Bürgerliche Repräsentation in der Familie der wilhelminischen Zeit* (Frankfurt a. M., 1982), 9; Schlegel-Matthies, "Im Haus und am Herd", 13-18; M. Freudenthal, *Gestaltwandel der städtischen, bürgerlichen und proletarischen*

Hauswirtschaft zwischen 1760 und 1910 (Frankfurt a. M./Berlin, 1934; 1986); A. Weismann, *Froh erfülle Deine Pflicht. Die Entwicklung des Hausfrauenbildes im Spiegel trivialer Massenmedien in der Zeit zwischen Reichsgründung und Weltwirtschaftskrise* (Berlin, 1989), 35-42.

25 U. Wischermann, *Frauenfrage und Presse. Frauenarbeit und Frauenbewegung in der illustrierten Presse des 19. Jahrhunderts* (München, 1983), 7.

26 *GL*, 1871, 818.

27 M. Twellmann, *Die deutsche Frauenbewegung. Ihre Anfänge und erste Entwicklung 1843-1889* (Kronberg, 1976) 54-55; Schlegel-Matthies, "Im Haus und am Herd", 28-36.

28 Schlegel-Matthies, "Im Haus und am Herd", 84-116.

29 이 잡지에서 여성의 직업에 대해 다룬 대표적인 글로는 다음이 있다. (B), "Beruf und Bildung des Weibes", *GL* (1854), 305-306; K. Biedermann, "Über Wesen, Werth und Bedingungen wahrer Frauenbildung. Einleitungsworte zu den "Vorträgen für Frauen", gesprochen", *GL* (1854), 586-588; Biedermann, "Über Frauenbestimmung I-V", *GL* (1855), 136-137, 182-183, 222-223, 488-489, 666-667; Luise Otto, "Die Frauentage und die Frauenbewegung", *GL* (1883), 718-722; R. A. "Wirtschaftliche Hochschulen für Mädchen", *GL* (1896), 19-20.

30 Ko, *Wissenschaftspopularisierung und Frauenberuf*, 222-244.

31 Schlegel-Matthies, "Im Haus und am Herd", 149-150.

32 W. H., Riehl, *Die Naturgeschichte des deutschen Volkes*, zusammengefaßt und herausgegeben von Gunther Ipsen (Stuttgart, 1855; 1939), 161-217. W. H. Riel의 가족 이론과 그 의의에 대해서 다음 참고, U. Gerhard, *Verhältnisse und Verhinderungen. Frauenarbeit, Familie und Rechte der Frauen im 19. Jahrhundert* (Frankfurt a. M., 1978), 148-149; Schmersahl, *Medizin und Gesellschaft*, 18-19; Bärbel Kuhn, "Die Familie in Norm, Ideal und Wirklichkeit. Der Wandel von Geschlechterrollen und Geschlechterbeziehungen im Spiegel von Leben, Werk und Rezeption Wilhelm Heinrich Riehls", in *Bürgertum und Bürgerlichkeit zwischen Kaiserreich und Nationalsozialismus*, ed. Plumpe Werner/Jörg Lesczenski (Mainz, 2009), 71-79.

33 Lauckhardt, "Ästhetische Briefe für's Haus. 1. Die Welt des Schönen", *GL* (1863), 30-32.

34 "Die drei ersten Jahre des Kindes", *GL* (1875), 822-824.

35 이 논의에 대해서 다음 참고 I. Hardach-Pinke, *Kinderalltag, Aspekte von Kontinuitt und Wandel der Kindheit in autobiographischen Zeugnissen 1700 bis 1900* (Frankfurt a. M./New York, 1981); E. Badinter, *Die Mutterliebe. Geschichte eines Gefühls vom 17. Jahrhundert bis heute* (München, 1981); Y. Schütze, *Die gute Mutter. Zur Geschichte des normativen Musters Mutterliebe* (Bielefeld, 1986); G.-F. Budde, *Auf dem Weg ins Bürgerleben* (Göttingen, 1994), 194; A. Renonciat, "Das Kinderzimmer", in *Orte des Alltags*, ed. H.-G. Haupt (München, 1994), 153. 이 테제에 대한 비판적 논의에 대해서는 다음 참고. A.-C. Trepp, "Männerwelten privat", in *Männergeschichte Geschlechtergeschichte*, ed. T. Kühne,

31-50; R. Habermas, "Parent-Child Relationships in the Nineteenth Century", *German History* 16 (1998): 45-46.

36 Bock, "Gesundheits-Regeln I. Athmungs-Diätetik", *GL* (1853), 184-187, 184; Blätter und Blüthen, "Abnahme der Tuberkulose", *GL* (1895), 46.

37 R. Spree, "Der Rückzug des Todes", *Historical Social Research* 23 (1998): 18-23.

38 Dr. L. Fürst, "Die Ansteckungswege der Kinderkrankheiten", *GL* (1884), 363-364, 378-380.

39 E. Heinrich Kisch, "Im Fieber", *GL* (1894), 18.

40 R. Spree, *Soziale Ungleichheit vor Krankheit und Tod. Zur Sozialgeschichte des Gesundheitsbereichs im Deutschen Kaiserreich* (Göttingen, 1981), 30-31; R. Spree, "Der Rückzug des Todes", 14-15, 18-19; P. Weindling, *Health, race and German politics between national unification and Nazism, 1870-1945* (Cambridge, 1989), 13.

41 Karin Hausen, "Das Wohnzimmer", in *Orte des Alltags*, ed. H.-G. Haupt (München, 1994). 131-141; G. Mettele, "Der private Raum als öffentlicher Ort. Geselligkeit im bürgerlichen Haus", in *Bürgerkultur im 19. Jahrhundert. Bildung, Kunst und Lebenswelt*, ed. D. Hein & A. Schulz (München, 1996), 155-169.

42 Kocka & Allan, *Bourgeois Society in Nineteenth-century Europe*, 3-8; Budde, *Blütezeit des Bürgertums*, 11-14.

43 Prof. A. Eulenburg in Berlin, "Über Schulnervosität und Schulüberbürdung", *GL* (1896), 192-196.

44 조르주 뒤비 · 미셸 페로/권기돈 · 정나원 옮김, 『여성의 역사 4: 상, 하』 (서울: 새물결, 1999), 25-26. 참고.

45 H. Rosenbaum, *Formen der Familie* (Frankfurt a. M., 1982), 373-378; 김혜경, 『식민지하 근대가족의 형성과 젠더』 (서울: 창비, 2006), 83.

46 A. Boelte, "Für Mädchen und Frauen. Nr. 2 Der Frauenschutz in Dresden", *GL* (1854), 438-440; Luise Otto, "Die Frauentage und die Frauenbewegung", *GL* (1883), 718-722; Ferdinannd Sonnenberg, "Die höheren Töchterschulen", *GL* (1884), 296, 298-299, 315-317.

47 Frevert, *Women in German History*, 119.

48 M. Twellmann, *Die deutsche Frauenbewegung*, 27-29; Weber-Kellermann, *Frauenleben im 19. Jahrhundert*, 140; Klinger, "Frauenberuf und Frauenrolle", 517.

49 U. Frevert, *Women in German History, From Bourgeois Emancipation to Sexual Liberation* (Oxford, 1995). 39, 119-120.

50 Twellmann, *Die deutsche Frauenbewegung*, 28-29.

51 T. Nipperdey, *Deutsche Geschichte 1866-1918*, Bd. 1. *Arbeitswelt und Bürgergeist* (München, 1990), 73-76.

52 Twellmann, *Die deutsche Frauenbewegung*, 29.

53 조은 외, 『근대 가족의 변모와 여성문제』, 141, 144.

54 I. Weber-Kellermann, *Die deutsche Familie* (München, 1988), 98-99; Gerhard, *Verhältnisse und Verhinderungen*, 154-175.

55 D. Blasius, "Reform gegen die Frau: Das preußische Scheidungsrecht im frühen 19. Jahrhundert", in *Frauen in der Geschichte des Rechts*, ed. U. Gerhard (München, 1997), 663-666; L. Abrams, "The Personification of Inequality. Challenges to Gendered Power Relations in the Nineteenth Century Divorce Court", *Archiv für Sozialgeschichte* 38 (1998): 41.

56 Andreas Gestrich & Jens-Uwe Krause & Michael Mitterauer, *Geschichte der Familie* (München, 2003), 33-34.

57 A. Boelte, "Ein Kapitel für die Frauen", *GL* (1854), 100-101.

58 Luise Otto, "Die Frauenfrage und die Frauenbewegung", *GL* (1883), 718-722.

59 Biedermann, "Über Frauenbestimmung", *GL* (1855), 136-137, 182-183, 222-223, 488-490, 666-667.

60 A. Boelte, "Ein Kapitel für die Frauen", *GL* (1854), 100.

61 Ferdinand Sonnenburg, "Die höheren Töchterschulen", *GL* (1884), 296, 298-299, 315-317.

62 Blätter und Blüthen: "Wie schwer ein Mann und wie schwer ein Weib wiegt", *GL* (1853), 555.

63 Blätter und Blüthen: "Damentoilette sonst und jetzt", *GL* (1855), 590.

64 뒤비, 조르주/페로, 미셸, 『사생활의 역사 4: 프랑스 혁명부터 제1차세계대전까지』 (서울: 새물결, 2002), 693-694.

65 Amely Boelte, "Ein Kapitel für die Frauen", *GL* (1854), 100-101.

66 C. Biedermann, "Kulturgeschichtliche Bilder, 1. Theure Zeiten", *GL* (1854), 377-378.

67 Blätter und Blüthen: "Damentoilette sonst und jetzt", *GL* (1855), 590; *GL* (1854), 205-206; 19세기 사치 문제와 여성의 관계에 대해서는 다음 참고. W. G. Breckman, "Discipling Consumption: the Debate about Luxury in Wilhelmine Germany, 1890-1914", *Journal of Social History* V. 24, N. 3, (1991): 485-505; H.-G. Haupt, "Konsum und Geschlechterverhältnisse. Einführende Bemerkungen", in *Europäische Konsumgeschichte*, ed. H. Siegerist & H. Kaelble & J. Kocka, (Frankfurt a. M., 1997) 399-402; Budde, *Blütezeit des Bürgertums*, 83-87; Wiedemann, *Herrin im Hause*. 23-48; N. Reagin, "The Imagined Hausfrau. National Identity, Domesticity and olonialism in Imperial Germany", *Journal of Modern History* 73 (2001): 60-64.

68 B. Kerchner, *Beruf und Geschlecht. Frauenberufsverbände in Deutschland 1848-1908* (Göttingen, 1992), 211-212.

69 Wiedemann, *Herrin im Hause*, 69-75; Reagin, "The Imagined Hausfrau", 60, 68.

70 Reagin, "The Imagined Hausfrau", 72.

71 Breckman, "Discipling Consumption", 485-505; Haupt, "Konsum und Geschlechterverhältnisse", 395-397, 399-402; Budde, *Blütezeit des Bürgertums*, 83-87; Wiedemann, *Herrin im Hause*. 23-48;

Reagin, "The Imagined Hausfrau", 60-64.

72　W. G. Breckman, "Discipling Consumption", 485-505; H. Siegerist & H. Kaelble & J. Kocka (eds.), *Europäische Konsumgeschichte. Zur Gesellschafts- und Kulturgeschichte des Konsums vom 17. und 18. Jahrhundert* (Tübingen, 1994), 41-48.

73　Wiedemann, *Herrin im Hause*, 38-39, 69-75.

74　K. Tenfelde, "Klassenspezifische Konsummmuster im Deutschen Kaiserreich", in *Europäische Konsumgeschichte*, 245-281.

75　Wiedemann, *Herrin im Hause*, 23-48; Reagin, *The Imagined Hausfrau*, 60-64.

76　Königin Elisabeth von Rumänien (Carmen Sylva), "Der Frauen Beruf", *GL* (1903), 886-888.

77　이에 관해서는 다음 참고. U. Planert, *Antifeminismus im Kaiserreich. Diskurs, Soziale Formation und politische Mentalität* (Göttingen, 1998).

78　R. Artaria, "Die Führerinnen der Frauenbewegung in Deutschland", *GL* (1894), 256-259; "Die Berliner Blitzmädel", *GL*, 1875, 874-876; Helene Lange, "Vor der Berufswahl. Warnungen und Ratschl…" *GL*, 1895, 423-424, 425-427, 이 문제에 관한 연구는 다음 참고. Twellmann, *Die deutsche Frauenbewegung*, 26-27.

79　Kerchner, *Beruf und Geschlecht*, 25.

80　"Die Berliner Blitzmädel", *GL* (1875), 874-876.

81　Johnannes Scherr, "Nur eine Hausfrau", *GL* (1873), 158-159.

82　Königin Elisabeth von Rumänien (Carmen Sylva), "Der Frauen Beruf", *GL* (1903), 886-888.

83　Helene Lange, "Der Eisenacher Frauentag", *GL* (1901), 745-747.

84　Königin Elisabeth von Rumänien (Carmen Sylva), "Der Frauen Beruf", *GL* (1903), 886-888.

85　Illustration zum Roman "Ein Mutterherz" von Ferdinand Stolle", *GL*, 1853, 4; "Ein Liebeswerk ungarischer Hausfrauen", *GL* (1864), 283-286; Bild: "Die Weihnachtsfee", *GL* (1885), 844-845, 863-864.

86　사회노동의 개념과 역사에 대해 다음 참고, C. Sache, *Mütterlichkeit als Beruf. Sozialarbeit, Sozialreform und Frauenbewegung 1871-1929* (Frankfurt a, M., 1986); I. Stoehr, "Organisierte Mütterlichkeit. Zur Politik der deutschen Frauenbewegung um 1900", in *Frauen suchen ihre Geschichte, ed. K. Hausen* (München, 1983), 221-249; I. Schröder, "Soziale Frauenarbeit als bürgerliches Projekt. Differenz, Gleichheit und weiblicher Bürgersinn in der Frauenbewegung um 1900", in *Wege zur Geschichte des Bürgertums*, ed. K. Tenfelde & H.-U. Wehler (Göttingen, 1994), 209-230, 211-212.

87　Frau Tiburtius-Hirschfeld(Berlin), "Eine Mägdeherberge", *GL* (1885), 232, 234 Marie Calm, "Deutsche Elemente in Paris", *GL* (1886), 845-846. 이 주제에 관해서 다음 참고. Wischermann, *Frauenfrage und Presse*, 7.

88 Helene Lange, "Frauennot in Frauenberufen", *GL* (1903), 70-71.

89 (B), "Beruf und Bildung des Weibes", *GL* (1854), 305-306; K. Biedermann, "Über Wesen, Werth und Bedingungen wahrer Frauenbildung. Einleitungsworte zu den 'Vorträgen für Frauen', gesprochen", *GL* (1854), 586-588.

90 Prof. Biedermann, "Über Frauenbestimmung I", *GL* (1855), 136-137.

91 Riehl, *Naturgeschichte des deutschen Volkes*; Schmersahl, *Medizin und Geschlecht*, 169-170.

92 조르주 뒤비 · 미셸 페로/배영란 옮김, 『여성의 역사 4』, 604-605; Schmersahl, *Medizin und Gesellschaft*, 100-101.

93 Ibid.

94 Lange, "Frauennot in Frauenberufen", 70-71.

95 이 논의에 대해서 다음 참고, C. Klausmann & J. Schröder, "Geschlechterstreit um 1900", *Feministische Studien* 1 (2000): 3-7; U. Planert, "Mannweiber, Uriden und sterile Jungfern. Die Frauenbewegung und ihre Gegner im Kaiserreich", *Feministische Studien* 1 (2000): 42-49; D. Heinsohn, "Thermodynamik und Geschlechterdynamik um 1900", *Feministische Studien* 1 (2000): 50-68; U. Planert, *Antifeminismus im Kaiserreich. Diskurs, Soziale Formation und politische Mentalität* (Göttingen, 1998); Schmersahl, *Medizin und Geschlecht*, 302-345.

96 Blätter und Blüthen, "Die 'Frauenrechtsfrage' von Dr. G. Blöde", 555.

97 이 주제에 관련해서 다음을 참고하라. 김복례, "1980년대 가족사 연구 동향에 대한 소고", 「한성사학」 제8권 (1996); 김혜경, 『식민지하 근대가족의 형성과 젠더』; 김혜경, 정진성, "'핵가족'논의와 '식민지 근대성'. 식민지 시기 새로운 가족 개념의 도입과 변형", 「한국사회학」 제35집 (2001): 213-244; 이영아, "한국 근대 초기 '주부' 개념의 도입 양상 - 1900-1910년대를 중심으로", 「개념과 소통」 제22권 (2018): 75-117; 한국서양사학회 편, 『서양의 가족과 성』 (서울: 당대, 2003).

98 Schlegel-Matthies, "Im Haus und am Herd", 16-18.

99 이 개념에 대해서는 김혜경, 『식민지하 근대가족의 형성과 젠더』, 82-85를 참조하라.

제3장

부모와 자녀[*]
(EEK 4.2.3. 357~371쪽 발췌 번역)

오민수

I. 상황 인식(Wahrnehmung)

남자와 여자는 아버지와 어머니가 된다. 두 사람의 삶은 더 이상 동일한 것이 되지 않는다. 인간의 삶이 시작되었다. 부모가 되어 가면서 상반되는 감정이 움직인다. 미리 맛보는 기쁨과 감격 속에, 불안과 근심 섞인 질문들이 뒤섞이게 된다. 나는 이 모든 일을 감당하기에 충분히 성장하였는가? 우리 두 사람의 관계가 이것을 감당할 수 있는가? 내가 세운 여러 직장 계획은 어떻게 될 것인가? 부모와 자녀 간의 얽히고설킨 관계는 넓고도 극히 세분화된

---

[*] 이 글은 독일의 복음루터교회 연합(VELKD)의 청탁으로 복수의 저자가 성인 세례 교육에 사용되는 소요리문답, 즉 Evangelischer Erwachsenenkatechismus: suchen-glauben-leben (Gütersloher: Gütersloher Verlag, 2013) 중 일부(357-371쪽)를 번역한 것이다. 발췌본은 독일루터교회연합회/정일웅 · 오민수 공역, 『세상에서의 삶: 윤리』(한국코메니우스연구소, 2019)로 출판되었고, 이후 원본을 개정하고 윤문하여 오민수 박사가 다시 한번 독자들에게 소개한다.

갈등을 배태하는 장이 된다.

종종 그것은 공개적인 논점 안에 들어오는 주제가 되기도 한다. 부모나 편부모의 과중한 짐은 지극히 숨겨진 것임에도, 절망적인 사태가 놀람과 경악을 야기할 때 가능한 한 이를 경감시키는 방안에 대한 논의가 – 이내 다시금 쓸려 내려갈 것이지만 – 수면 위로 올라온다. "어린이 빈곤"(Kinderarmut)과 같은 표제어는 항상 기사의 전면에 나타난다. 그러나 이 뒤를 살펴보면 일상을 극복하고자 하는 절망적인 노력이 있다. 부모와 자녀가 같이 산다는 것은 우리 사회의 주변적인 주제가 아니다. 미래적 가능성의 본질적인 부분들은 부모와 자녀가 같이 사는 가정에서 결정된다. 이것은 또한 사회적 긴장이 고조되는 장이기도 한데, 예를 들면 남자들을 위한 양육휴가 실행과도 관련이 있다.

가정적인 공동생활은 목가적이고 지고지순한 섬나라가 아니다. 이것은 우선되어야 할 경험의 장으로, 인간의 삶에 지속적인 영향을 미치고 있다. 그럼에도 근본적으로 인간이 더불어 사는 생활에 있어 "네가 여기 있다는 것이 얼마나 아름다워!"라는 문장보다 더 나은 것은 없을 것이다. 가정이란 장에서 복음은 바로 이 한 문장으로 방향 지침을 마련할 것이고, 모든 역경과 위협의 한가운데 이 찬사가 울려 퍼지도록 격려할 것이다.

II. 방향 설정

1. 어린이와 함께 사는 것을 배운다

a) 아이는 자기 자리를 가지고 있다.

한 아기의 출생은 감격스럽고 동시에 두려운 것이다. 이제 이 '깜짝선물'을 완성하는 오랜 길이 시작된다. 부모들이 아기들에게 일어나는 성장과 발달의 매 단계의 변화를 자랑과 감격으로 환영하는 것은 기적은 아닐 것이다! 부모들은 하나님의 창조 속에 바로 자신들이 감싸져 있다는 것을 감지한다. 부모들은 작은 창조자로 자신들의 삶을 체험한다는 것에 감탄하고 또 감탄한다. 그리고 그 와중에도 신경이 많이 쓰이기도 한다. 부담감 또한 어린이들과 사는 생활의 실제에 속한다. 아이들은 부모를 미치게 만들 수도 있다. 이 작은 존재들이 그리 매력적이지 않고 항상 새로운 관심을 요구할 때, 그 어떤 사람도 이를 버텨 내지 못한다. 어린이들은 주는 것도 많고, 그 대가로 요구하는 것도 많다.

b) 세 가지 관계

어린이는 남녀 관계를 새로운 도전 앞으로 밀쳐 세운다. 두 사람은 지금까지 두 사람 관계에서만 살았다. 이제 둘은 단지 세 사람이 된 것이 아니라, 세 가지 관계가 되어 버렸다. 어머니와 아이의 관계, 아버지와 아이의 관계, 그리고 남자와 여자의 관계.

부모로서 이것을 의식하는 것이 중요하다. 왜냐하면 전례 된 가정에 대한 상은 어머니와 아이와의 관계만을, 천편일률적으로 엄마-아기의 관계만 강조한다. 그러나 실제 형성되는 것은 세 가지 관계이다. 젊은 부모 두 사람의 관계는 새롭게 조정되어야 한다. 이것은 - 아이의 활달성에 따라 차이가 있는데 - 그리 단순한 일이 아니다. 성적 관계 역시 새로운 조건하에 설계되어야 한다. 이따금 두 사람이 서로 새롭게 다가서고, 서로에게 사랑 얻음이 자극되고 필요하다.

성인이 된 두 사람 사이의 관계 설정은 가사일 분담에도 나타난다. 동등권을 의식하고 사는 엄마 아빠들이라면 이를 위해서 어떻게 노력해야 할 것인지를 느낀다; 계획을 세우고, 양보하기로 약속하고, 마지막까지 합의를 지킨다. 물론, 이런 설정은 두 사람 모두를 위해 유익할 것이다. 합의의 짐을 나누어질 수 있는 여자를 위해서도, 또한 단지 일 끝난 저녁만 아니라 주말에도 가정의 일상을 지고 있는 남자를 위해서도 특별히 남자는 가정 밖 활동인일 뿐만 아니라 집에서 적극적인 가족의 구성원으로서 산다. 세 가지 관계는 더 많은 시간과 힘이 필요하다. 물론, 이를 통해 얻어지는 유익 역시 세 배일 수 있음을 잊지 말아야 할 것이다.

c) 어린이를 양육한다는 것은 무엇을 뜻하는 것인가?

"양육"(Erziehung)이라는 말을 문자 그대로 - '끌어 당겨내다' - 받아들인다면, 그것 자체가 힘겨운 것으로 오도될 수 있다. 어린이와 함께하는 삶이 힘겹다는 것을 그 어떤 누구도 반대하지 않을 것이다. 그러나 문제는 부모가 - 그들이 또는 다른 사람이나 심지어 하나님이 - 원하는 지점까지 아이들을 양육하는 것이 반드시 힘겨워야 하는지, 어떻게 힘겨워지는 것인지이다. 많은 부모가 그들의 자녀들로부터 무엇인가를 만들어내려고, 엄청나게 힘들어한다. 그들은 그 아이가 어떻게 되는 것은 오로지 자신들에게 달려 있다고 생각한다. 바로 이 일방향적인 책임과 의무가 영적인 과중함을 야기한다.

이에 반하여 복음적인 말, "education"이 더 다정하고, 더 용기를 주는 것으로 들린다. education의 뜻은 "이끌어내다"(herausführen)로, 자유롭고 자립적인 성인을 목표로 한다. 이러한 관점에서 본다면, 부모도 자녀도 더불어 자라나고 성숙한다. 자녀들도 자신 안에 부모가 생각하는 것, 교육을 통해서 그들에게 주고자 하는 많은 것들을 감내한다. 자녀들도 의문을 제기하고, 감정을 표현하고, 그들도 실수하고, 그리고 이를 통해 또 다른 실수에 대한 시각을 가진다. 부모도 자녀도 필요 궁금함을 가지고 있다. 바로 이것이 갈등을 야기한다. 그러하기에 가족이 더불어 사는 데 대한 규칙과 갈등 해소를 위한 가내 규정을 개발하고 배양하는 것이 중요하다. 부모에게는 이중적 역할이 있는데, 그것은 절충안을 찾은 협상파트너 중의 한 사람(Verhandlungspartner)이 되는 것, 그리고 그다음의 절충안에 이르기까지 결정된 것이 유효함을 보증하는 것이다. 이것이 익숙해진다면, 그와 동시에 자녀들은 민주적인 사회적 속에서의 생활이 준비되는 것이다.

d) 자녀의 신앙을 돕는 것

그리스도교적인 양육은 하나님이 자녀의 신앙에 관하여 말씀하시고서야 시작되는 것이 아니다. 그리스도교적인 양육은 처음부터 자녀가 있음을 기뻐하는 사랑이 넘치는 온정(Zuwendung)에서 생겨난다. 만일 한 어린이에게 부모가 신뢰로써 체험되고, 위로와 자유롭게 하는 분으로 경험된다면, 그 아이는 하나님을 향해서도 역시도, 그분이 우리를 보호하시고, 위로하시고, 자유롭게 하시는 분으로 그들 편에 계시는 분으로 신뢰하게 된다. 자녀들은 때로는 부모를 완전하지 못하고 갈등에 얽히는 존재로도 경험한다. 그러나 만일 부모들이 싸움 후에 스스로 다시 화해한다면, 자녀들은 하나님 역시도 갈등이 따라다니는 여정에 화해의 손으로 그들을 맞아주시는 분으로 신뢰하게 된다.

신앙 양육은 성경 이야기의 교육과정을 단계적으로 마치는 것이 관건이 아니라, 자녀들에게 하나님이 우리 자신을 선대하신 이야기에 참여하게 하고, 그럼으로써 자녀들 역시도 하나님 곁에 우리 자신이 보호로 감싸져 있다는 것을 받아들이게 하는 것이다. 일부 부모들은 자기 자녀들에게 자신의 신앙을 알려주는 것을 수줍어한다. 왜냐하면 부모들은 자녀들의 인격적인 결정에 먼저 뛰어들고 싶지 않기 때문이다. 자녀들에게 특정 세계관 하나만을 강력하게 지향하도록 하는 것은 좋지 않을 수 있다. 그러나 부모가 매번 자신들의 입장을 회피하고 평가를 전적으로 거절한다는 것은 대안이 될 수 없다. 왜냐하면 아이들은 어른들이 무엇을 가치 있게 여기는지, 그리고 무엇을 거절하는지를 주지하고 있기 때문이다. 그 어떤 사람도 "가치 중립적으로"(wertfrei) 양육하지 않으며, 도리어 가치들을 언급한다면 그들은 도움받을 것이다. 비록 자녀들이 그들 부모의 견해들을 무비평적으로 인계하지는 않더라도, 부모의 견해들은 그냥 가만히 내버려지는 것이 아니다. 그들은 생의 과정에 나름의 척도를 발전시키고, 경험을 쌓고, 절망과 마찬가지로 신앙도 체험한다.

2. 가정의 형태와 가정의 위기

아버지, 어머니 그리고 두 자녀. 우리는 아직 이런 가정을 만나본다. 오랫동안 이것을 "정상"(or normal '보통')으로 받아들여졌다. 대부분의 어린이들과 청소년들은 자매 또는 형제와 함께 자라나고 있음에도, 두 자녀 가정은 더 이상 지배적인 가족 유형이 아니다. 한 자녀 가정이 더 자주 나타난다. 좀 더 정확히 바라보자면, 우리나라의 가족 형태는 대단한 다양성을 나타낸다. 외-부모 가족, 두 종류의 부모 가족, 다세대 가정, 양육원 가족과 입양가족, 과도기 가족과 주말 방문가족, 이혼 후 가족. 이러한 발전은 전례 된 가족상이 현실의 모든 것을 포용하고 있지 못함을 말한다. 우리는 가족 형태의 다양성에 적응해야 한다.

a) 이혼가정

우리 사회에서 결혼은 1/3(시골 지역)에서 1/2(대도시 지역)이 이혼으로 끝난다. 비혼인 파트너십인 경우 더욱 나누어질 가능성이 있다.

> 별거와 이혼은 오늘내일에 생겨난 일이 아니다. 이들은 마음 맞지 않게 살아가는, 길고 짧은 과정이 앞서고서야 생겨난다. 일부 가정은 다시 안정을 찾기도 하고, 다른 가정은 해체를 맞이하고 과도기적 시간 이후에 새롭게 구성된다. 과도기 가정에서는 감정교차, 즉 파괴적이고 충동적이고, 마비되거나 단념되는 그러한 감정들이 국면마다 결정적인 역할을 한다. 만일 - 비난, 분노, 괴롭힘으로 통해 상호 간의 이해가 차단되었기에 - 아버지 편에서도 어머니 편에도 함께 살 것인지 아닌지 말해 줄 수 없다면, 가족구성원 개인은 더 발전하지도 못하고 가정 전체가 성장할 수 없게 된다. 그 시기는 어린이들에게는 트라우마로 귀결된다. 그들에게 가족이 부서진다는 공포는 기초적인 것이 되고, 동시에 그들은 부모가 나누어지는 과정을 통해서 도구화된다. 이 상황에서 어린이들과 청소년들은 부모가 두 사람 사이의 싸움과 부모로서 역할 사이를 얼마나 잘 구분하고, 그리고 자녀들을 자신들의 갈등 속에 휘말리지 않게 하느냐에 의존되어 있다. 또한 부모는 그들의 자녀들에게 가정을 둘러싼 것이 어떤 것인지, 그들 나이에 맞는 정보, 그리고 자녀들에게 가능한 한 두 사람이 함께 분명한 정보를 주어야 한다.

자녀들에게 이혼과 그에 따른 결과를 기다리게 하는 것은 간단한 절차가 아니다. 심지어 이따금 부모가 "아이들 때문에" 파괴적으로 되어 버린 관계를 여전히 붙들고 있고, 가족에 연루된 모든 사람에게 해를 입히기도 한다. 이혼에는 여러 감정이 뒤섞이는데, 거절과 과오, 체념과 서러움의 감정이 무기력과 분노, 실망과 치고받은 상처의 감정과 혼합된다.

　이러한 상황 속에서도 부모는 그들의 자녀에 대한 책임이 있다. 그러한 까닭에 부모가 자녀들이 잃어버린 안정성을 위해 최소한의 외적 보상에 노력을 기울이는 것은 중요하다. 이혼 결과에 관한 분명한 약속과 규율이 이들에게는 많은 도움이 될 것이다. 자녀들에게 절대적으로 필요한 것은 이혼한 부모일지라도 존경으로 만나고, 또한 부모를 완전한 존경으로 대하는 것이다. 즉, 두 사람은 아직 책임이 남아 있는 아이의 어머니 또는 아버지로 그들에게 다가가야 한다. 그 밖에 이런 시련을 맞은 자녀들은 - 때론 물러나 있거나 대화 중 - 슬퍼할 기회가 필요하다. 쓰라린 상실감에 대한 슬픔은, 이 시간이 설령 오래 지속되더라도, 반드시 허락되어야 한다.

　이혼 위기를 통과한 사람은 이혼이 반드시 그 흔적으로 남긴다는 것을 알아야 한다. 이혼은 상처들을 뒤로 남긴다. 그러나 사람이 이 상처들을 존중하고 보살필 경우, 치유될 수 있다. 이혼에 가담했던 사람들이 자신과 이전의 사람과 평화롭게 지내는 일에 성공한다면, 특별히 치유력이 강하다. 그리스도인은 관계 죽음이나 거절, 절망일지라도 받아주시고 치유하시는 하나님의 사랑(cf. 롬 8:38f)으로부터 우리를 끊을 수 없다는 소망과 확신 속에 산다. 이 사랑은 죄(과오)를 언급하고, 서로 용서하고, 용서받은 죄란 경험으로부터 나와 새롭게 시작하는 것을 허락한다.

b) 이혼 후, 가족이 새로이 시작할 경우

우리에게는 아직 별거나 이혼 위기 이후 새롭게 제자리를 찾아가는 가족에 대한 적당한 용어가 부재하다. 어떤 명칭이든 그 명칭은 새로운 가정 상황의 한 측면을 말하지, 그 전부를 말하는 것은 아니다. 이혼의 경험을 "배낭" 속에 넣고 다니는 가족을 "두 번째 가족"이라고 말한다면 단순히 그 절반만 말한 것이다. 우리나라에서 이미 한 번 결혼을 경험했던 사람 중 29%가 재혼한다. 이혼한 사람 중 많은 이들이 다시 결혼하지는 않지만, 그럼에도 새 가족은 형성된다. 관계와 감정의 변화에 대한 다양성은 "두 번째 가족"에게 그들의 상황을 성찰하고 책임성 있게 살라고 도전한다.

다음의 질문이 도움이 될 것이다.

- 우리는 우리가 나온 첫 번째 가족과 다르다는 것을 재차 용납하고 있는가?
- 우리 가족은 우리 자신의 다중적인 가족 소속 관계를 인정하고 받아들이고 있는가? 어떻게 나는 자녀로서, 내가 살고 있는 가족에게 충실하면서도, 동시에 내가 주말에 만나는 엄마와 아빠에게도 무엇인가 충실할 수 있는가?
- 어제와 그제 우리의 모든 감정의 자리는 새 가족 속에 있는가? 나는 내 마음의 한 부분은 옛 가족에 있다는 것을 허용하며 (예를 들면, 이따금 슬퍼지고) – 그리고 다른 사람들도 나의 이러한 모습을 용인해 주는가?
- 새 가족 속에서는 우리의 삶에 대한 소망과 생활연령이 서로 다름에 대한 자리가 있는가?

"두 번째 가족"은 모든 가능한 기회를 가지고 있을 뿐만 아니라, 첫 번째 가족 또한 가지고 있던 모든 문제를 가지고 있는 가족이다. 그리고 그 "두 번째 가족" 역시 별도의 다른 가족이다. 부모들은 한 단계 더 낮아진 부모 됨을 배워야 한다. 무엇보다도 요구사항과 경계를 둠에 있어서 친자녀가 아닌 자녀들에 대해 조신함을 연습해야 한다. 그와 동시에 그들에게 가족적인 개방성을 가지며, 밖으로 따뜻함과 안으로 보호하고 감싸주는 것을 표현하는 것은 중요하다.

c) 한 부모 가정

홀로 자녀를 양육하는 사람들인 경우, 부모와 자녀 사이의 관계는 자주 한눈에 보인다. 부모 사이의 싸움은 없다. 어머니나 아버지의 짐을 덜어줄 파트너나, 어머니나 아버지의 자리를 채워주는 파트너도 없다. 서로 조언하고 위로해 줄 수도 없다. 책임을 나눌 어깨의 폭은 더욱 좁다. 그래서 자녀들은 자주, 스스로 더 많은 책임을 지게 된다. 이것이 근본적으로 해가 되지는 않겠지만 말이다. 그러나 이들의 자녀들은 자주 부모 중 한쪽의 역할을 담당해야 하기도 하는데, 이럴 때 그것은 그들에게 무리한 요구이다. 또 다른 경우를 살펴보면, 어머니나 아버지가 죄책감이 있기 때문에, 또는 자녀들이 그들에게 남아 있는 유일한 것이기 때문에, 자녀가 과보호되기도 한다. 그래서 친밀함에도 불구하고 고독함이 생겨날 수 있다. 이와 더불어 자녀들의 발달 과정에서 상대 파트너의 역할을 누가 담당하는가라는 질문이 제기된다.

홀로 자녀를 양육하는 어머니나 아버지의 경우, 일상적인 책무를 다스리거나 푸는 일에 있어 더 많은 실제적 지원이 필요하다. 그들은 법적이고 경제적이고, 사회적이고 양육적인 문제에 대해 정보와 안내가 필요하다. 그들은 많은 짐들을 굳건히 감당할 수 있도록 이해와 승인과 격려가 필요하며, 새로운 관점들을 찾는 것이 필요하다.

d) 입양가족

태생이 다른 한 아이를 입양하는 데 있어 더 높은 수준의 가정의 안정성이 요구된다. 법리적인 측면에서 일반적으로는 혼인이 전제되며, 새 부모가 될 사람들은 특정 연령을 넘지 말아야 한다.

한 아이가 어느 연령에서 입양되는가가 많은 것을 다르게 할 수 있다. 출생에서부터 입양가족에 속하게 되어, 혈육인 부모를 실제적으로 알아보지 못하였거나, 또는 혈육인 부모나 다른 가정 또는 고아원 경험이 있었는가 등이다. 입양 부모에게는 이따금 아이와 자기 자신에 대한 많은 인내가 요구된다. 입양아동에게 자기의 사연에 대해서 이른 시기에 친숙하게 만드는 것이 좋다. 자신의 태생에 대해서 자연스럽게 이야기되는 만큼, 입양 부모를 더욱 자기 부모로서 경험하게 된다.

3. 가족계획과 성

a) 가족계획

오늘날 "가족계획"은 인생 계획의 한 부분이다. 가족계획의 주제는 자녀의 수와 자녀 출생의 시점, 그리고 부모라는 바뀐 조건에서 적응하는 것 등이다. 피임 수단과 그 활용에 대한 지식은 단순 도구적인 역할을 하고 있다. 이런 도구들은 이런 가족계획을 보증하고 가정을 위해 최적 가능한 조건들을 만들어 주는 것이 근본적으로 가능하게 하였다.

피임 수단은 모든 세기에 존재하였으며, 그것들은 우리가 오늘날 아는 바와 같이 기계적인 많은 피임 수단의 선두 주자가 되었다. 호르몬을 통제하는 피임약의 발견으로 오래된 안전 수단보다 훨씬 뛰어넘는 피임약들이 시장에 도착하였다. 이를 통해 젊은 여성들의 인생 설계의 변화 가능성은 눈에 띄게 확대되고 남자들의 인생계획과 근접하게 되었다. 이제 여성들도 사랑과 성이라는 것을 포기하지 않으면서도 직능이 부여되는 장기간의 직업교육을 위해 노력하는 것이 가능하게 되었다. 또한 동시에 수정되지 않게 하는 수단의 활용을 통하여, 종종 임신은 여성이 결정하는 문제로 인식되고 있다. 여성들은 아이를 원하는지 선택의 가능성을 가지게 하였다. 바로 이런 가능성이 여성의 자의식과 역할 행동을 변화시켰다. 그래서 오늘날 양 파트너들의 육아일 분담은 최소한 사전에 주제화되고, 종종 두 사람의 합의하에 의식적으로 결단하는 것이 되었다. 이런 자유는 자신의 성에 관한 지식을 포함하는 높은 의사소통 능력을 요구한다.

b) 성(性)

성은 "인생의 모든 단계에서 신체적, 영적-정신적 그리고 사회적으로 효과를 미치는" 인간 생의 에너지이다. 그리고 성은 임의적이고, 창조적인 즐김과 두려움을 만들어내는 부분으로 생을 결정한다. 성적 정체성은 인간 정체성의 한 부분이며, 인간의 정체성처럼 성적 정체성 역시 역동적이다. 생리학적으로 갖추어진 기본 바탕이 있고, 그리고 그에 일치하는 신체적 성숙의 과정이 있는데, 그 마지막 과정은 사회적, 문화적 그리고 개인적인 배움으로 형성되는 것이다.

• 성은 사람의 연령대에 따라 종류와 의미가 구별된다.

- 유년기에 신체적인 접촉을 통한 감각적인 경험, 쓰다듬으며 깊은 애정을 교환하는 것은 대단히 중요하다. 발달 과정이 진행됨에 따라 자신과 타인의 신체에 관한 관심이 자라나고, 성역할은 인지되고 시험, 검증된다. 가족은 이 시기에 성교육에 가장 중요한 기관이다.

- 청소년 시기는 정체성 발견이라는 틀에서 신체적이고 심정적인 변화에 대한 논의를 전면에 부각시킨다. 깊은 애정, 자기 만족감, "첫 번째 경험", 누군가에게 반하는 것, 무엇인가를 수다 떨고, 그들 사이의 우정을 나눈 것 등과 같은 것들이 중심적인 주제로 떠오르게 된다. 청소년들은 이미 대부분의 날들을 가족 밖에서 시간을 보내게 된다. 왜냐하면 그들에게는 동년배가 가장 중요한 관계그룹이기 때문이다.

- 성인 기간은 파트너십, 관계와 가족 형성을 통하여 다양한 갈등을 만들어내지만, 또한 성이라는 구별되고 즐김이 있는 삶에 가능성을 가지고 있다. 이제부터 바로 성적 필요성에 있어서, 자신의 기대와 파트너의 기대 사이의 역동적인 발란스를 찾는 것에 가치를 두게 된다.

- 성년 후기에는 신체적 변화가 두드러지게 된다. 임신 능력 상실과 함께 겪는 날들의 변화는 이 시기 여성의 경험에 결정적이다. 남성은 경우에 따라 발기 능력이 느슨해지는 것과 씨름하게 된다. 물론 이러한 신체적 형태의 변화는 자아상과 파트너십에 작용하게 된다. 이른 시기에는 터부시되었던 "노년의 성"이라는 것이 점점 주제화된다. 성적 충족감은 노년에 들어서기까지 가능하다.

c) 성교육

아이들과 청소년들에게 성정체성 발달과 함께 성적 양육이 수반된다. 성적 양육은 타인의 필요를 고려하면서도 자기 결정적이고, 책임성 있는 행위를 하도록 목표하고 있다. 이러한 의미에서 성적 양육 또한 고전적인 측면의 '성

계몽'일 것이다. 이 교육은 사춘기, 임신, 변성기, 배란주기와 피임 수단처럼, 신체적 과정의 변화에 대한 지식을 알게 한다. 성적 양육은 선입견과 환상을 감소시키고, – 예를 들면, 희망하지 않았던 임신과 같은 – 갈등적인 상황을 예방하는 데 도움이 된다.

교육은 또한 실패와 실망을 다루는 법을 포괄해야 한다. 그것은 각별히 성적 양육에 해당한다. 왜냐하면 성은 단순히 즐거움과 아름다운 것이 아니기 때문이다. 양가감정들이 있으며, 거절 또는 무시당한 느낌도 있다. 무엇인가가 충족되지 않는 것이 성생활의 일상이다.

부모와 교사의 성교육은, 의존관계 남용, 성매매 또는 성폭력과 같은, 성이 지닌 어두운 부분을 침묵하지 않고, 성정체성 강화를 통해서 남용 사건을 예방한다. 미디어에서 상품화된 성에 대해 비판적인 거리를 두도록 하는 것은 특별히 중요하다.

d) 성과 신앙

성과 신앙은 인간 실존에 있어서 서로 요원하게 떨어져 분리되어 있는 차원이 아니다. 왜냐하면 단지 두 개념을 축소함으로써 이 관점이 생겨나기 때문이다. 실제로 많은 부분에 있어서 사람은 자기의 성에 축소되어 있다. 다른 한편, 신앙을 내면적인 것으로 내모는 일에 대한 조치가 너무나 적다. 그러나 만일 영적인 존재와 신체적인 존재를 밀접한 맥락에서 보고 책임성 있는 공동의 삶이란 측면에서 묶어 본다면, 두 영역의 분열과 편파성을 피할 수 있을 것이다.

4. 임신 갈등

a) "나 임신되었어, 그런데 결코 원하지 않아!"

여러 감정과 생각이 한꺼번에 머리를 통과하여 지나간다. '이것은 사실이 아닐 수 있다!', '왜 하필 지금이지?', '어떻게 통과해 가지?', '내 파트너는 무엇이라고 말할까?', '나는 두려워!', '내가 이것과 관련해 말할 수 있는 사람은 아무도 없어!', '계속 이렇게 있어야 하나?', '내 일자리에서 어떻게 되는 걸까? 원치 않는 임신은 당사자에게 서로 상반된 감정과 생각들을 불러일으킨다.

이 아기는 당신 것이야! 너는 이 아이를 받아들여야 해! 아기는 자라길 원해! 너는 해낼 것이고, 거기에 대한 힘이 있어!	이것은 너의 삶이야! 너 역시 거기에 대한 권리가 있어! 살리고 더 키워보자! 너는 마지막에 있어! 거의 무너질 거야!
이미 두 아이가 있잖아, 셋째가 필요한 것일까?	이미 두 명이 있잖아 – 종종 이 둘에게 제대로 해주지 못하고 있잖아.
이번이 네가 엄마가 되는 마지막 기회이고 그런 다음에는 직장 스트레스와는 안녕이 될 거야.	이번이 아마도 직장 생활 마지막 기회일 거야! 항상 집에만 있게 돼, 너는 아마 공황 상태가 될 거야.
그 아이가 그때 너의 파트너와의 관계를 구출했었지.	결혼 생활 중 또 다른 아기는 어려울 거야.
네 남자 친구가 너를 떠난다면 너는 이것을 홀로 해내야 한다.	만약 네 남자 친구가 너를 떠난다면, 어떻게 아이를 홀로 키울 수 있을까?

b) 조언이 도울 수 있다.

임신한 여자는 상반된 감정 속에서 위축되거나 결론을 미리 낼 필요는 없다. 임산부를 도울 수 있는 사람들이 있다. 그들의 말을 주의하여 듣고, 모순을 표현하고 해명하고, 한번은 이쪽으로 한번은 저쪽으로 생각해 보고, 달아보고, 또한 윤리적인 관점에서 볼 때 더 좋은 결정이 무엇인지 이해하는 데 도움이 될 것이다.

임신 갈등을 위해 법으로 정착된 상담 의무가 가지고 있는 선한 의도는 바로 이것이다. 상담 의무는 – 외적인 압력이 없이 – 당사자들을 자기 책임성이 있는 결정에 이르게 할 수 있는 여지를 제공해 준다. 교회적인 상담 또한 하나님 앞에서의 책임성이라는 관점하에서 이루어진다. 그러나 근본적인 차원에서 한 여자가 자기 안에 자라고 있는 생명을 품고, 태어난 아기를 사랑으로 키워가고 있다면, 자신에게 – 경우에 따라 부부에게 – 있던 임산부 갈등에 대한 하나의 해결점에 도달한 것이다. 이런 관점을 견지하고 있는 사람들의 경우 임신중절 빈도는 가장 낮다.

임산부들의 사회 주변 환경도 태어나지 못한 생명에 대한 책임에 대한 한 몫을 담당해야 한다. 책임의 몫은 각별히 책임에 합당하게 갈 만한 길을 찾아야 하는 남자들에게도 여전히 있는 것이다. 서로에 대한 태도 존중은 두 사람 공통의 결정을 찾는 데 도움이 될 것이다.

c) 삶의 용기를 주기

아이를 품고 가는 것과 임신중절 사이의 결정은 당사자들에게 깊은 갈등을 초래한다. 그러나 이 결정은 윤리적인 관점에서 두 개의 동등한 가치에서 하나의 대안을 선택하는 것으로 볼 수 없다. 오히려 출생하지 못한 생명의 삶의 권리가 철저히 인정받고 있다. 5계 – "살인하지 말라!(독어성경: '죽이지 말라!')" – 의 의무는 모든 사람이 지니고 있다. 이 계명은 인간 생명의 전 단계를 보호한다. 낙태는 사람의 생명을 죽이는 것이다.

낙태라는 불가역적인 시술은 명확히 기술되는 상황하에서만 허용될 수 있다.

- 만일 임신 상태의 지속이 여자의 생명을 위협할 수 있을 경우(의료적인 지표)

- 만일 임신한 여자에게 임신 상태의 지속이 최선의(崔善意)에 따라 진실하고 양심적으로 점검할 때 가망성 없는 위급상황에 봉착했다면, 그리고 그 위급상황이 무리가 없는 방식으로 제거될 수 없을 경우(위급상황 지표)

임신 갈등 상담은 이러한 관점에서 본다면 그 결과에 있어서는 열렸지만, 목적에 있어서 중립적일 수 없다. 상담은 갈등의 원인을 민감하게 인식한 상태에서 아이를 위한 결정이 가능하게 하며, 이를 위한 환경적인 테두리를 열어두는 데 이바지하고 있다. 독일 연방의 현행 법체계는 의무 상담 이후 최종적인 결정을 당사자인 여자가 내리도록 하고 있다.

임신 갈등은 당사자들을 인간적인 책임 감당을 강제하는 상황으로 안내한다. 낙태 이후 – 이따금 아주 긴 시간 이후 – 슬픔, 죄책, 거절의 감정이 생기게 된다. 여기에는 심리학적인 조치와 나란히 교회의 영적 돌봄이 요청되고 있다. 교회의 보살핌은 감수성 있게 동반되어야 하며, 용서와 새로운 시작을 위한 차원을 열어주어야 한다. – 이미 독일의 복음교회는 1990년 이 입장을 강조하고 있다.

"국가 법률에서 그리스도인들은 자신의 행위 자체를 윤리적으로 생각하는 의무에서 면제되고 있지 않다. 특정 지표하에서 임신중절의 엄중함은 윤리적으로도 신학적으로도 여자에게나, 파트너에게, 그리고 가족과 의사와 전 사회에 살인에 정당성을 부여하지 않는다. 제5계명은 살인을 반대하고 있다. 그 계명은 생명을 장려할 것이며, 사람을 사람으로 받아들이고, 그 존엄에 합당하게 대하도록 붙들어 주고 있다. 이것은 단지 아이뿐만 아니라, 임신 갈등 중인 여자에게도 가치가 있다. 교회는 얽혀 있고 종종 극한의 중압감의 상황에 처한 당사자들에게 연대와 참여를 가져야 하고, 은혜로 인한 하나님의 의롭다 하심을 증거해야 한다. 교회는 생명의 보전에 진력해야 한다. 또한 이와 동일한 가치 무게로 인간적인 삶의 조건들을 창출하고 보존하는 것을 옹호해야 한다. 사회 공동체의 바른 보존과 부모 지원, 평화, 또는 자연의 위협을 통한 세계적 규모의 생명 위협을 감소시키는 것 등이 이에 속한다. 출생치 못한 생명을 죽음으로 귀결하게 할 수 있는 삶의 가능성 또한 제5계명에 반하는 것이다."

5. 성경의 가족

성경은, 무엇보다도 구약성경은, 가족들의 역사로 가득하다. 그럼에도 우리는 오늘날 우리 사회에 일치하는 가족상의 표본을 그곳에서 찾을 수 없다. 성경의 가족들은 범절과 당시 문화에서는 일상이었던 관례들을 따랐다. 미화되지 않는 가족사의 사실성은 우리를 가족상에 대해 재고하도록 자극할 수 있다. 형제자매 간의 조화와 더불어, 또한 라이벌 관계가 소개된다. 가인은 아벨과 싸웠다(창 4). 요셉은 형제들의 투기를 자극하였다(창 37ff.). 부모의 존재가 이상화되어 있지 않다. 그들은 모든 자녀를 공평히 좋아하지 않았다. 이삭은 그의 아들 에서를 사랑하는 반면, 그의 아내 리브가는 야곱을 선호한다. 그리고 여기에, 두 아들 간의 갈등은 폭풍이 몰아치듯 불붙는다(창 27ff.). 아버지는 자기 딸들을 궁지에 몰아넣고, 아들은 아버지에게 노하여 대든다. 다윗, 다말과 압살롬과 같은 이름들과 이런 장면들은 연결되어 있다(삼하 13ff.). 위기, 해함, 전투와 가뭄의 시기는 가족 일상에 속한 것이었다. 사랑이 부상했던 지점은 이런 갈등적인 현상과 엮어져 있었다(창 29; 삼상 1).

우리는 신약성경에서도 가족을 과하게 높이는 부분을 찾아볼 수 없다. 그러나 예수님의 이야기는 - 그 당시 사회에서는 아주 이례적으로 - 아이들을 높여주고 있다. 예수님은 그들에게 아주 특별한 방식으로 바라보셨으며, 그들에게 아주 애정 깊으셨고, 그들을 중하게 받아주시고, 그들을 보호하시기 위해 싸우셨다(마 21:15ff.). 예수님은 어린이들의 태도를 어른들이 따라야 할 모범으로 만드셨다(마 18:3). 아이는 전적으로 그 부모의 보살핌 덕택으로 살아간다. 자녀에 대한 부모의 온정은 유아적인 신뢰를 일깨운다. 큰 자들은 작은 자들로부터 바로 이것을 배울 수 있다. 우리는 아이들처럼 자신에게 하나님으로부터 선사받는 것을 기꺼이 허용하며 이를 마음으로부터 즐거워한다.

> 하나님은 예수 그리스도를 통하여 모든 신자의 아버지가 되시기 때문에, 신자들은 그의 "자녀들"이며(cf. 눅 6:35; 롬 8:14,17; 갈 4:6), 서로에게 형제자매가 된다. 그러한 까닭에 (교회)공동체는 "하나님의 가족"이라 지칭될 수 있다. 육신의 가족이 분쟁이 생길 경우 (이 가족이 하나님의 뜻에 거스르는 것을 행하거나 요구할 경우) 공동체는 이들의 자리를 대신한다(막 3:20f.). 예수님은 하나님의 나라로 인하여, 그분의 후계자들에게 본래 가족을 떠날 것을 요구할 수 있었다(눅 14:26). 그럼에도 이것은 가족의 가치를 근본적으로 낮게 평가하는 것을 의미하지 않는다. 가족은 이웃 사랑과 제4계명의 틀에서 존중되어야 한다(막 7:10-13; 12:30f).
>
> 그리스도인 부모가 그들의 자녀들과 함께 더불어 산다는 것은 당시 시대에 일상적인 것이 아니었을 뿐 아니라 거의 혁명에 가까운 것이었다(엡 5:22-33; 골 3:18-4:1; 벧전 2:18-3:7; 딤전 5). 소위 그리스도인의 "가정 규례"(Haustafeln)는 자녀들에게 그들의 부모님에 대해 순종할 것을 요청하였다. 또한 역으로 아비 된 자들에게는 복음의 뜻 안에서 자녀를 규모 있게 양육하도록 권고하고 있다. 이런 규례들은 임의와 힘(권력) 남용을 배제하고 있으며, 상호성에 길들어 있는 타인에 대한 존엄을 존경할 것을 요구한다.
>
> "자녀들아 주 안에서 너희 부모에게 순종하라 이것이 옳으니라[…]또 아비들아 너희 자녀를 노엽게 하지 말고 오직 주의 교훈과 훈계로 양육하라"(엡 6:1, 4)

부모, 특별히 아버지는, 오랜 기간 인간의 생활 질서의 중추로 되어 있었다.

성경의 제4계명이 "너는 네 부모를 공경하라"라고 할 때는, 바로 이 질서를 보호하려 한다. 제4계명 역시도 많이 남용되었다. 왜냐하면 그 계명은 "공경"하라고 말하지, "맹종"하라고 하지 않는다. 이에 더하여, 이 계명은 우선적으로 아이들에게가 아니라 어른들에게 말하고 있다. '세대 계약'이라는 틀에서 어른들은 노인, 그리고 그와 더불어 자신들의 태생을 보호해야 한다.

성경은 양육을 위한 그 어떤 구체적인 지침을 알려주지는 않음에도 – 이 지침은 저마다의 시대 기류에 종속되어 있다 – 모든 시대를 넘어 지속되는 부모와 자녀의 기본 태도를 보여주고 있다. 어머니와 아버지들은 하나님이 체험시켜 주신 '사랑'과 '용납'을 자녀들 앞에서 살아야 하며, 자녀들에게 바로 자신들이 체험한 것들을 이어서 전달해 주어야 한다.

6. 사회 속에 가족과 교회

가족은 사회의 구성적인 존속 요소이다. 가족은 사회를 위하여 없어서는 안 될 절대 필요한 것들을 산출해 준다. 그럼에도 이 책무는 이어지는 세대의 시야에서는 사라져 없어지려는 위협을 받고 있다. 자녀에 대한 책임은 성인 중 약 1/3에게만 고유한 과제가 되었다. 왜냐하면 현재 우리 사회에서 성인은 세 가지 대그룹으로 나뉘는데,

- 여러 이유로 무자녀로 사는 사람들
- 아이들을 가질 것이거나 가졌었던 사람들, 그러니까 가정사 전의 젊은 사람들 또는 가정사 후의 늙은 사람들
- 자녀를 가지고 있는 부모

세 번째 그룹이 오늘날 전체 사회를 위한 이어지는 세대를 돌보는 임무를

넘겨받고 있다.

국가는 이러한 부모들의 공헌의 존엄함을, 조세와 보험 분야 혜택을 통하여, 그리고 유치원과 학교에서 유익한 비용과 가족들의 짐을 만회시켜 줌을 통하여 기리고 있다. 후자의 경우, 무자녀인 사람들과 비교하여 자녀 있는 가족에게 발생하게 될 훨씬 많은 비용 부담을 양육비(Erziehungsgeld)와 자녀수당(Kindergeld)의 형태로 국가가 지원함으로써 이루어진다. 이런 지원책은 자녀들에게 드는 비용 분담으로는 다방면에서 부족하다. 그리고 부모가 자녀를 돌보고 양육하기 위해 사용하고 있는 사회적 무임금의 노동시간에 대한 비례 균형은 더욱 말할 것도 못 될 것이다. 세 자녀 이상의 자녀들을 가진 가족들이, 한 부모나 무(無)노동자, 그리고 국내 외국 가정들보다 더 높은 정도의 빈곤 위협을 부담하는 현상이 점점 증가하고 있다. 교회는 그 짐들을 더욱 공평하게 분담시키는 일에 가담하고 있으며, 그 맥락에서 교회는 정치적인 관심사의 대변인으로서 가족의 공헌과 정당한 요구가 최선의 유익임을 공적으로 역설하고 있다.

전통적으로 교회가 행하고 있는 많은 사역은 가정을 향하고 있다. 혼인과 유아세례, 입교식, 장례는 가족의 삶의 순환과정 속에 의미심장한 순간들을 받아들인 것이다. 어린이 예배, 어린이 성경 주간과 가정예배에서 어린이와 가족들에게 적응하는 방식의 복음 선포가 이루어지고 있다. 단지 지역 교회 공동체뿐만 아니라, 특화된 중심 지역에서도 가족을 관련시킨 사역의 형태들을 교회 내에서 발전시켰다.

- '부모-자녀 그룹'(Eltern-Kind-Gruppe)은 어린 자녀와 함께한 어머니와 어버지들에게 양육과 삶의 형태에 관해 의사소통할 수 있는 기회를 마련해 준다.

- 편모, 편모인(Alleinerziehende) 어머니와 아버지들은 만남의 장을 통해서 그들에게 있는 다중적 난관 극복을 위해 서로를 뒷받침해 주고 있다.
- 되어가는 부모들(Werdende Eltern)은 가정-교육기관(Familien-Bildungsstätten)에서 셋 이루는 삶을 준비하며, 아내와 남편 아이들이 가족의 일상적인 형태를 위해 필수가 되어야 할 역량을 습득하고 있다.
- 가족 상담(Familienberatung)에서 부모가 자기 자녀들과 겪게 되는 위기와 갈등 상황을 전문적으로 다룰 수 있도록 돕고 있다.
- 수많은 교회공동체가 어린이 보육시설을 설립하고 유지하는 데 참여하고 있다.
- 디아코니 내의 기구들은 가족을 위한 다방면의 원조를 제공하고 있는데, 예를 들면 입양 알선, 가족 케어와 가족 휴양, 사회 청소년 사업, 장애와 중독 상담 등이 있다.
- 가정 문제를 위한 '복음교회의 행동 연합'(Die Evangelische Aktionsgemeinschaft)은 연방이나 지방정부 차원에서 가족 정치적인 의견 형성을 기여하고 있으며, 의회나 정부에 가족들의 관심사들을 대변하고 있다.
- 교회의 많은 활동은 친가족적 구성을 위하고 있다. 산업과 지방 교육청에서의 교회 사업들이 그 예일 것이다. →4.3.2. 남자와 여자

III. 생활 설계(Gestaltung)

예수님은 부모와 자녀들의 일상적인 경험을 그의 선포 속에서 말씀하셨다: "너희 중에 누가 아들이 떡을 달라 하는데 돌을 주며"(마 7:9); "네 동생은 죽었다가 살아났으며 내가 잃었다가 얻었기로 우리가 즐거워하고 기뻐하는 것이 마땅하다 하니라"(눅 15:32). 이사야서에서는 다음과 같은 하나님의 약속이 있다: "여인이 어찌 그 젖 먹는 자식을 잊겠으며 자기 태에서 난 아들을 긍

흉히 여기지 않겠느냐 그들은 혹시 잊을지라도 나는 너를 잊지 아니할 것이라"(사 49:15).

여기에는 부모가 두 가지 참고할 것을 찾아볼 수 있다.

- 자식을 위한 그들 자신의 사랑과 주의는 하나님의 사랑과 온정이 무엇인가를 반영하고 있다. 이런 '원경험'으로부터 어린이는 하나님을 향한 신뢰를 맨 처음 알게 될 것이다.

- 그러한 까닭에 부모는 "하나님처럼" 되지 말아야 한다. 그들은 아이가 필요로 하는 것을 할 수 있고, 아이의 필요함을 뒤로할 수도 있을 것이다. 부모는 믿음 중에 소망을 가진다. 하나님은 이것보다 많은 것을 하실 것이며, 부모가 마다하여 그만하고 공란으로 남겨둔 부분에 계실 것이다. "그들은 혹시 잊을지라도 나는 너를 잊지 아니할 것이라."

EKD: Gott ist ein Freud des Lebens, 1990.

Familie - von der Bedeutung und vom Wandel einer elementaren Lebensform. Bericht
    von der Klausurtagung der Bischofskonferenz der VELKD, Texte aus der VELKD
    151, 2009.

Jul, J.: Das kompentente Kind: auf dem Weg zu einer neuen Wertgrundlage für die
    ganze Familie, 1997.

Käßmann, M.: Erziehen als Herausforderung, 5. Aufl. 2010.

Kast, V.: Wege zur Autonomie, 1993.

Kast-Zahn, A.: Jedes Kind kann Regeln lernen, 1997.

Schwab, U.: Familienreligiosität. Religiöse Traditionen im Prozess der Generationen,
    1995.

Tschirch, R.: Gott für Kinder, 2000.

Wingen, M.: Familienpolitik. Grundlagen und aktuelle Probleme. Bundeszentrale für
    politische Bildung, 1997.

Zachmann, D.: Gibt es im Himmel und Erdbeereis? 2000.

가족 제도의 새로운 의미를 찾아서

초판인쇄 2025년 1월 24일
초판발행 2025년 1월 24일

지은이   고재백, 김미화, 김민정, 김순영
        박유미, 안주봉, 오민수, 조내연
책임편집 박성철
펴낸이   채종준
펴낸곳   한국학술정보(주)
주 소   경기도 파주시 회동길 230(문발동)
전 화   031-908-3181(대표)
팩 스   031-908-3189
홈페이지   http://ebook.kstudy.com
E-mail   출판사업부 publish@kstudy.com
등 록   제일산-115호(2000. 6. 19)

ISBN   979-11-7318-184-9 93230